AF349186

EL ARTE DE MORIR

EL ARTE DE MORIR

CHARLAS SOBRE
HASIDISMO

OSHO

Gulaab

Primera reimpresión: noviembre de 2004
Segunda reimpresión: octubre de 2010

Título original: *The Art of Dying*

Diseño de cubierta: Rafael Soria

Traducción: Aquiles Balle Blanes

Foto de Osho: © Osho International Foundation

De la presente edición española:
© Gulaab Ediciones, 1998
    Alquimia, 6 - 28933 Móstoles (Madrid) - España
    Tels.: 91 614 53 46 / 58 49
    Fax: 91 618 40 12
    e-mail: alfaomega@alfaomega.es
    www.alfaomega.es

Depósito Legal: M. 38.716-2010
I.S.B.N.: 978-84-86797-66-9

Impreso en España por: Artes Gráficas COFÁS, S.A. - Móstoles (Madrid)

ÍNDICE

I

EL ARTE
DE MORIR

Cuando el rabino Birnham yacía en su lecho de muerte, su esposa se echó a llorar.

El le dijo, «¿Por qué lloras? Toda mi vida no ha sido otra cosa que un aprender a morir».

La vida es vivir. No es una cosa, es un proceso. No hay otra forma de conocer lo que es la vida más que viviendo, estando vivo, fluyendo, discurriendo con ella. Si buscas el significado de la vida en algún dogma, en una determinada filosofía, en una teología, da por seguro que te perderás lo que es la vida y su significado.

La vida no te está esperando en ninguna parte; te está sucediendo. No se encuentra en el futuro como una meta que has de alcanzar, está aquí y ahora, en este mismo momento, en tu respirar, en la circulación de tu sangre, en el latir de tu corazón. Cualquier cosa que seas, es tu vida y si te pones a buscar significados en otra parte, te la perderás. El hombre ha estado haciendo esto durante siglos.

Los conceptos se han vuelto muy importantes, las explicaciones se han vuelto muy importantes y lo real ha sido olvidado por completo. No vemos lo que de hecho ya está aquí, queremos racionalizaciones.

Oí una hermosa historia.

Hace unos años un americano de renombre tuvo una crisis de identidad. Buscó la ayuda de la psiquiatría, pero no resolvió nada porque no encontró a nadie que pudiera revelarle el significado de la vida, que era lo que él deseaba conocer. Poco a poco se fue enterando de la existencia de un venerable e increíblemente sabio gurú que vivía en una misteriosa y casi inaccesible región de los Himalayas. Llegó a creer que solamente ese gurú le podría revelar lo que la vida significaba y cuál debía ser su destino.

De modo que vendió todas sus posesiones y empezó su búsqueda del gurú que todo lo sabía. Estuvo ocho años yendo de pueblo en pueblo por todos los Himalayas, buscándole. Y un día acertó a encontrarse con un pastor que le dijo dónde vivía el gurú y como debía llegar a ese lugar.

Tardó casi un año en encontrarle, pero lo consiguió. Se presentó a ese gurú, que desde luego era venerable y tenía más de cien años de edad. El gurú accedió a ayudarle, especialmente cuando escuchó todos los sacrificios que el hombre había realizado buscándole.

«¿Qué es lo que puedo hacer por ti, hijo mío?», le preguntó el gurú.

«Necesito conocer el significado de la vida», le contestó el hombre.

A lo que, sin dudar un instante, replicó el gurú, «La vida», dijo, «es un río sin fin».

«¿Un río sin fin?», dijo el hombre con asombro. «¿Después de recorrer todo este camino para encontrarte, todo lo que tienes que decirme es que la vida es un río sin fin?»

El gurú se quedó estupefacto, anonadado. Se enfadó mucho y le dijo, «¿Quieres decir que no lo es?»

Nadie puede darte el significado de tu vida. Es tu vida y el significado ha de ser también el tuyo. Los Himalayas no te servirán de ayuda. Nadie más que tú puede encontrarlo. Es tu vida y solamente es accesible a ti. Solamente con el vivir te será revelado el misterio.

Lo primero que me gustaría decirte es: no lo busques en ninguna otra parte. No lo busques en mí, no lo busques en las escrituras, no lo busques en inteligentes explicaciones; son sólo justificaciones, no explican nada. Simplemente atiborran tu mente vacía, no te hacen consciente de lo que es. Y cuanto más está la mente atiborrada de conocimiento muerto, más torpe y estúpido te vuelves. El conocimiento hace a la gente estúpida, adormece su sensibilidad. Se atiborran de él, cargan con él, refuerzan su ego con él, pero no les aporta luz y no les indica el camino. No puede hacerlo.

La vida ya está burbujeando en tu interior. Solamente puedes contactar con ella allí. El templo no está en el exterior;

tú eres su santuario. Por eso lo primero que has de recordar, si quieres saber lo que es la vida, es: nunca la busques en lo exterior, nunca trates de descubrirla en alguien. El significado no puede ser transferido de este modo. Los Maestros más grandes nunca han dicho nada sobre la vida, siempre te han devuelto a ti mismo.

Lo segundo que has de recordar es: una vez que sepas lo que es la vida, sabrás lo que es la muerte. La muerte es parte del mismo proceso. Por lo general creemos que la muerte llega al final, por lo general creemos que la muerte se opone a la vida, por lo general creemos que la muerte es el enemigo, pero la muerte no es el enemigo. Y si consideras a la muerte como el enemigo esto simplemente demuestra que no has sido capaz de saber lo que es la vida.

La muerte y la vida son dos polaridades de una misma energía, del mismo fenómeno, el flujo y el reflujo, el día y la noche, el verano y el invierno. No están separados y no son opuestos ni contrarios. Son complementarios. La muerte no es el fin de la vida; de hecho es una culminación de una vida, la cresta de la vida, el clímax, el gran final. Y una vez conoces tu vida y su proceso, entonces comprendes lo que es la muerte.

La muerte es una parte orgánica, integral de la vida y es muy amistosa con ella. Sin ella la vida no puede existir. La vida existe debido a la muerte, la muerte le da un trasfondo. La muerte es, en efecto, un proceso de renovación. Y la muerte sucede a cada instante. En el instante en que inhalas y en el instante en que exhalas, ambas se dan. Al inspirar, la vida entra; al expirar, viene la muerte. Por eso al nacer un niño lo primero que hace es inspirar; entonces la vida empieza. Y cuando un viejo muere, lo último que hace es exhalar; entonces la vida se va. El exhalar es la muerte, el inspirar es la vida. Son como las dos ruedas de una carreta. Vives tanto debido a que inspiras como a que expiras. El exhalar es parte del inhalar. No puedes inhalar si dejas de exhalar. No puedes vivir si dejas de morir.

El hombre que ha comprendido lo que es su vida, permite que la muerte suceda, le da la bienvenida. Muere a cada instante y a cada instante resucita. Su cruz y su resurrección suceden continuamente como un proceso. Muere al pasado a cada momento y nace una y otra vez al futuro.

Si observas lo que es la vida podrás saber lo que es la muerte. Si comprendes lo que es la muerte, solamente entonces serás capaz de comprender lo que es la vida. Forman un organismo. Por lo general, debido al miedo, hemos creado la división. Creemos que la vida es buena y que la muerte es mala. Creemos que ha de desearse la vida y que ha de evitarse la muerte. Creemos que, de alguna forma, hemos de protegernos contra la muerte. Esta idea absurda crea interminables desgracias en nuestras vidas, porque una persona que se protege contra la muerte se vuelve incapaz de vivir. Es la persona que teme exhalar y entonces es incapaz de inhalar y se queda embarrancada. Entonces simplemente mal vive, su vida deja de ser un fluir, su vida deja de ser un río.

Si realmente deseas vivir has de estar dispuesto a morir. ¿Quién en ti teme a la muerte? ¿Teme la vida a la muerte? No es posible. ¿Cómo puede la vida sentirse asustada por su proceso integral? En ti hay algo más que está asustado. El ego es el que teme en ti. La vida y la muerte no son opuestos. El ego y la muerte sí son opuestos. La vida y la muerte no son opuestos. El ego y la vida sí son opuestos. El ego está en contra de los dos, de la vida y de la muerte. El ego teme el vivir y el ego teme el morir. Teme vivir porque a cada paso, al esforzarse en pos de la vida, hace que la muerte se acerque.

Si vives, te estás acercando a la muerte. El ego teme morir, de ahí que también tema vivir. El ego simplemente mal vive. Hay mucha gente que ni está viva, ni está muerta. Esto es lo peor. Un hombre que está vivo plenamente también está lleno de muerte. Ese es el significado de Jesús en la cruz. Jesús acarreando con su propia cruz no ha sido plenamente comprendido. Y les dice a sus discípulos, «Tendréis que llevar vuestra propia cruz». El significado de Jesús llevando su cruz es muy simple, no es nada más que esto: todo el mundo a de acarrear continuamente con su muerte, todo el mundo ha de morir a cada momento, todo el mundo ha de estar en la cruz porque éste es el único modo de vivir plenamente, totalmente.

Siempre que te encuentres con un momento de total vitalidad, de repente también verás ahí a la muerte. Sucede en el amor. En el amor, la vida alcanza un clímax, de ahí que la gente tema al amor.

Me siento asombrado continuamente por la gente que viene a mí y que me dice que teme al amor. ¿De dónde proviene este temor al amor? Se debe a que cuando realmente amas a alguien tu ego empieza a desaparecer y a fundirse. No puedes amar con el ego, el ego se convierte en la barrera. Y cuando quieres destruir la barrera, el ego te dice, «Esto se convertirá en una muerte, ¡cuidado!»

La muerte del ego no es tu muerte. La muerte del ego es en realidad tu posibilidad de vida. El ego es simplemente una cáscara sin vida a tu alrededor. Tiene que ser hecha pedazos y tirada. Surge de forma natural, del mismo modo que cuando un transeúnte pasa, el polvo se deposita sobre sus ropas, sobre su cuerpo y ha de darse un baño para limpiarse de ese polvo.

Al movernos en el tiempo, el polvo de las experiencias, del conocimiento, de la vida vivida, del pasado, se acumula. Ese polvo se convierte en tu ego. Al acumularse, se convierte en una cáscara que ha de ser rota y tirada. Uno se ha de bañar continuamente, cada día, de hecho, a cada instante, de forma que esta cáscara nunca se convierta en una prisión. El ego teme al amor porque en el amor la vida alcanza una culminación. Pero siempre que hay una culminación de la vida también hay una culminación de la muerte. Van de la mano.

En el amor mueres y renaces. Lo mismo sucede cuando meditas o rezas o cuando acudes a un Maestro y te entregas. El ego crea toda suerte de dificultades, de justificaciones, para que no te entregues. «Piénsatelo, medítalo, sé inteligente». Cuando acudes a un Maestro, el ego sospecha, se llena de dudas, crea ansiedad porque de nuevo estás volviendo a la vida, estás volviendo a una llama donde la muerte va a estar tan viva como la vida. Recuerda que la muerte y la vida se alimentan mutuamente, nunca están separados.Si estás un poco, mínimamente vivo, en el mínimo, entonces verás a la vida y a la muerte como dos cosas separadas. Cuanto más te acerques a la cima, más se irán aproximando. En el ápice, se encuentran y se funden en uno solo. En el amor, en la meditación, en la confianza, en la oración, siempre que la vida es algo total, la muerte está allí. Sin muerte, la vida no puede ser total.

Pero el ego siempre está pensando en divisiones, en dualidades. Lo divide todo. La Existencia es indivisible, no puede ser dividida. Eras un niño, luego te hiciste mayor. ¿Puedes delimitar cuándo te hiciste mayor? ¿Puedes señalar el lugar en el tiempo cuándo de repente dejaste de ser un niño y te volviste un joven? Un día te vuelves viejo. ¿Puedes indicar cuándo te vuelves viejo?

Los procesos no pueden ser delimitados. Sucede exactamente lo mismo cuando naces. ¿Puedes señalar cuándo naciste? ¿Cuándo comienza realmente la vida? ¿Comienza cuando el niño empieza a respirar, cuando el doctor da unos azotes al niño y el niño empieza a respirar? ¿Es entonces cuando nace la vida? ¿O es cuando el niño entra en el útero, cuando la madre se queda embarazada, cuando el niño es concebido? ¿Empieza entonces la vida? ¿O incluso antes que esto? ¿Cuándo comienza exactamente la vida?

Es un proceso que no tiene ni fin ni comienzo. Nunca empieza. ¿Cuándo está muerta una persona? ¿Muere cuando deja de respirar? Muchos yoguis han demostrado científicamente que pueden dejar de respirar y seguir vivos y luego regresar. De modo que el dejar de respirar no puede ser el final. ¿Dónde acaba la vida?

Nunca acaba en parte alguna, nunca empieza en ninguna parte. Estamos sumergidos en la eternidad. Hemos estado aquí desde el mismo comienzo, si es que hubo alguna vez un comienzo, y vamos a seguir aquí hasta el final, si es que va a haber un final. De hecho no puede haber un principio ni puede haber un final. Somos vida, aun cuando la forma cambie, los cuerpos cambien, la mente cambie. Lo que llamamos vida es solamente la identificación con un determinado cuerpo, con una determinada mente, con una determinada actitud, y lo que llamamos muerte no es más que el salirse de esa forma, de ese cuerpo, de esa idea.

Cambias de casa. Si te identificas demasiado con una casa entonces el cambiar de casa será algo muy doloroso. Creerás que te mueres porque la casa antigua era lo que tú eras; esa era tu identidad. Pero esto no sucede porque sabes que solamente estás cambiando de casa, que tú sigues siendo el mismo. Aquellos que han mirado en su propio interior, aquellos que han descubierto quién son, llegan a descubrir un proceso eterno, sin fin. La vida es un proceso sin tiempo, más allá del tiempo. La muerte forma parte de él.

La muerte es un revivir continuo, una ayuda para que la vida resucite una y otra vez, una ayuda para que la vida se libre de las viejas formas, para librarse de los edificios desvencijados, para librarse de las anticuadas estructuras de modo que seas capaz de fluir y puedas de nuevo volverte fresco y joven y seas otra vez virgen.

Oí una vez.

Un hombre estaba mirando antigüedades en un anticuario cerca del Monte Vernon cuando se encontró con un hacha aparentemente antigua.

«Tiene una gran hacha antigua aquí», le dijo al anticuario. «Sí», le contestó el hombre, «perteneció a George Washington».

«¿De verdad?», le replicó el cliente, «Se conserva en muy buen estado».

«Desde luego», le dijo el anticuario, «Se le ha cambiado tres veces la empuñadura y dos veces la hoja».

Pero así es como es la vida, se cambian las empuñaduras y las hojas. De hecho parece que todo cambia y aun así hay algo que permanece eternamente igual. Tan sólo observa. Eras un niño, ¿qué es lo que queda ahora? Solamente un recuerdo. Tu cuerpo ha cambiado, tu mente ha cambiado, tu identidad ha cambiado. ¿Qué subsiste de tu infancia? Nada queda, sólo un recuerdo. No puedes saber si realmente ocurrió o si lo soñaste o si lo leíste en un libro o si alguien te lo dijo. ¿Fue tu infancia o fue la infancia de alguien? Hojea el álbum de viejas fotos.

Simplemente observa; ése eras tú. No podrás creértelo de tanto que has cambiado. Todo ha cambiado, las empuñaduras, las hojas, todo, pero aun así en lo más profundo, en alguna parte, algo sigue como una continuidad; algo que testifica, sigue ahí.

Hay un hilo, por invisible que sea. Y todo va cambiando, pero ese hilo invisible sigue siendo el mismo. Ese hilo está más allá de la vida y de la muerte. La vida y la muerte son las dos alas de «eso» que está más allá de la vida y de la muerte. «Eso» que está más allá continúa empleando a la vida y a la muerte como a las dos ruedas de un carro, como complementarios. «Eso» vive a través de la vida, «Eso» vive a través de la muerte. La muerte y la vida forman su proceso, como el inspirar y el expirar, pero hay algo en ti que lo trasciende. «*Eso* eres tú...», «Eso» que lo trasciende.

Pero nos hallamos identificados en exceso con la forma. Esto crea el ego. Esto es lo que llamamos «yo». Por supuesto que el «yo» ha de morir repetidas veces. Por esto está constantemente atemorizado, temblando, agitado, siempre asustado, protegiéndose, asegurándose.

Un místico sufí llamó a las puertas de un hombre muy rico. El era un mendigo y solamente quería comer algo.

El rico le gritó y le dijo, «¡Nadie te conoce por aquí!».

«Pero yo me conozco a mí mismo», le dijo el derviche. «¡Qué triste sería si lo contrario fuera cierto! Si todo el mundo me conociera, pero yo no fuera consciente de quien soy. ¡Qué triste sería! Estás en lo cierto. Nadie me conoce, pero yo me conozco a mí mismo».

Esas son las dos únicas situaciones posibles y tú estás en la triste. Puede que todo el mundo te conozca, que sepa quién eres, pero tú desconoces por completo tu trascendencia, tu verdadera naturaleza, tu auténtico ser. Esta es la única tristeza en la vida. Puedes encontrar muchas excusas, pero la auténtica pena es ésta: no sabes quién eres.

¿Cómo puedes ser feliz sin saber quién eres, sin saber de dónde provienes, sin saber adónde vas? Mil y un problemas surgen de esta ignorancia fundamental.

Un grupo de hormigas salió de la oscuridad de su hormiguero bajo la tierra, en busca de comida. Era el amanecer. Acertaron a pasar cerca de una planta cuyas hojas estaban cubiertas de rocío matutino.

«¿Qué es eso?», preguntó una de las hormigas señalando las gotas de rocío. «¿De dónde provienen?»

Unas contestaron, «Vienen de la tierra».

Otras dijeron, «Vienen del mar».

Pronto se entabló una disputa. Un grupo sostenía la teoría del mar mientras que el otro grupo afirmaba la teoría de la tierra. Solamente una, una hormiga sabia e inteligente, permanecía observando. Dijo, «Dejemos esto por un instante y busquemos indicios, porque todo sufre una atracción hacia lo que es su origen. Y, como se dice, todo regresa a su origen. No importa lo alto que lances un ladrillo, siempre cae al suelo. Todo lo que tiende a la luz, debe, en su origen, ser luz».

Las hormigas no se sintieron totalmente convencidas y estaban dispuestas a reanudar su disputa, pero entonces el sol ya había salido y las gotas de rocío estaban desapareciendo de las hojas, ascendiendo, subiendo hacia el sol y fundiéndose en él.

Todo regresa a su fuente original, ha de volver a su fuente original. Si comprendes la vida, también comprenderás la muerte. La vida es un olvidarse de la fuente original y la muerte es recordarla de nuevo. La vida es alejarse de la fuente original; la muerte es regresar a casa. La muerte no es algo repugnante, la muerte es hermosa. Pero la muerte es bella solamente para aquellos que han vivido la vida sin inhibiciones, plenamente, sin represión. La muerte es hermosa solamente para aquellos que han vivido su vida de forma bella, que no se han sentido asustados de vivir, que han tenido el coraje suficiente para vivir, que han amado, que han bailado, que han gozado.

La muerte se convierte en la celebración suprema si tu vida ha sido una celebración. Déjame que te lo diga de este modo:

lo que tu vida ha sido, la muerte lo desvelará. Si has sido un desdichado en la vida, la muerte revelará esa desdicha. La muerte es el gran revelador. Si has sido feliz en tu vida, la muerte revelará esa felicidad. Si solamente has vivido una vida de comodidades físicas y de placeres físicos, entonces por supuesto, la muerte será algo muy desagradable e incómodo porque has de abandonar el cuerpo. El cuerpo solamente es una morada temporal, un refugio en el que pasamos la noche y que dejamos por la mañana. No es tu morada permanente. No es tu casa.

De modo que si has vivido solamente una vida corporal y no has conocido nunca nada más allá del cuerpo, la muerte será algo muy, muy desagradable, doloroso. La muerte será angustiosa. Pero si has vivido un poco por encima de tu cuerpo, si has gustado de la música y de la poesía, si has amado y si has contemplado las flores y las estrellas y algo de lo perteneciente a lo que no es físico ha penetrado en tu conciencia, entonces la muerte no será tan mala, entonces la muerte no será tan dolorosa. Podrás llevarla con ecuanimidad, pero aún no será una celebración.

Si has acariciado algo de lo que hay de trascendental en ti, si has penetrado en tu propia vacuidad en el centro, en el centro de tu ser, donde dejas de ser un cuerpo y dejas de ser una mente, donde los placeres físicos quedan lejos y donde los placeres mentales - tales como la música, la poesía, la literatura y la pintura - quedan muy lejanos. Donde tú eres simplemente pura consciencia, un puro estar alerta, entonces la muerte se convertirá en una gran celebración, en una gran comprensión, en una gran revelación.

Si has conocido algo de lo trascendental que hay en ti, la muerte te revelará lo que de trascendente hay en el universo. Entonces la muerte no será más una muerte, sino un encuentro con Dios, una cita con Dios.

Podemos encontrar tres expresiones de lo que es la muerte en la historia de la mente humana.

Una expresión es la del hombre corriente que vive apegado a su cuerpo, que nunca ha conocido nada superior al placer del comer y del sexo, cuya vida no ha sido nada más que comer y sexo, que ha disfrutado del comer, que ha disfrutado del sexo, cuya vida ha sido muy primitiva, cuya vida ha sido burda, que ha vivido en la antesala de su palacio sin haber entrado nunca en él y que siempre ha creído que eso es todo lo que la vida es. En el momento de morir tratará de aferrase. Se resistirá a la muerte, luchará contra la muerte. La muerte se le presentará como su enemigo.

Por eso, en todo el mundo, en todas las sociedades, la muerte ha sido presentada como algo oscuro, diabólico. En la India decimos que el mensajero de la muerte es muy feo, oscuro, negro, y llega sentado en un búfalo enorme. Esta es la actitud corriente. Esa gente se lo ha perdido, no han sido capaces de conocer todas las dimensiones de la vida. No han sido capaces de llegar a las profundidades de la vida y no han sido capaces de ascender a las alturas de la vida. Se han perdido la plenitud, se han perdido la dicha.

Luego hay un segundo tipo de expresión. Los poetas, los filósofos a veces han dicho que la muerte no es algo malo, que es sólo un descanso, un gran descanso; como un sueño. Esto es mejor que el primero. Al menos esa gente ha conocido algo más allá del cuerpo, han conocido algo de la mente. No han vivido solamente del comer y del sexo, su vida no ha sido simplemente un comer y reproducirse. Poseen algo de la sofisticación del alma, son algo más aristocráticos, más cultos. Ellos dicen que la muerte es como un gran descanso. Uno se encuentra cansado y se muere y descansa. Es reponedor. Pero ellos también están lejos de la verdad.

Aquellos que han conocido la vida en su centro más interno, afirman que la muerte es Dios. Que no es solamente un descanso, sino una resurrección, una nueva vida, un nuevo comienzo. Una nueva puerta se abre.

Cuando un místico sufí, Bayazid, se estaba muriendo, la gente que se había congregado a su alrededor, sus discípulos, se vieron sorprendidos de repente, porque cuando llegó el instante final, su rostro se volvió radiante, tremendamente radiante. Tenía una hermosa aura.

Bayazid fue un hermoso hombre y sus discípulos siempre habían percibido un aura a su alrededor, pero nunca habían visto nada como esto, tan radiante.

Le preguntaron, «Bayazid, dinos qué es lo que te ha sucedido, qué es lo que te está sucediendo. Antes de que nos dejes, entréganos tu último mensaje».

El abrió sus ojos y dijo, «Dios me está dando la bienvenida, voy a su encuentro. Adiós». Cerró sus ojos y dejó de respirar, pero en el momento en que dejó de respirar hubo una explosión de luz. La habitación se inundó de luz y luego esa luz desapareció.

Cuando una persona ha conocido la trascendencia en sí mismo, la muerte no es más que otra cara de Dios. Entonces la muerte es una danza en su honor. Y a menos que seas capaz de celebrar la muerte misma, recuérdalo, te habrás perdido la vida. Toda la vida no es más que una preparación para esta culminación.

Este es el significado de esta bella historia.

Cuando el rabino Birnham yacía en su lecho de muerte, su esposa se echó a llorar.

El le dijo, «¿Por qué lloras? Toda mi vida no ha sido otra cosa que un aprender a morir».

Toda su vida había sido simplemente una preparación, una preparación para aprender los secretos del morir.

Todas las religiones no son nada más que una ciencia, o un arte, para enseñarte cómo morir. Y el único modo de enseñarte cómo morir es enseñarte cómo vivir. No están separados. Si conoces el modo correcto de vivir, sabrás cuál es el modo correcto de morir.

Por eso lo primero, lo más fundamental es cómo vivir.

Déjame decirte unas cuantas cosas. Primero, tu vida es tu vida, no es la vida de nadie más. No permitas que nadie te domine, no dejes que otros te dicten lo que has de hacer. Eso es una traición a la vida. Si dejas que otros te digan lo que has de hacer, sean tus padres, la sociedad, tu sistema educativo, tus políticos, tus sacerdotes, sean los que sean, si te dejas dominar por los demás, te perderás tu vida. Porque el dominar proviene del exterior y la vida está en tu interior. Nunca se encuentran. No te estoy diciendo que tengas que ser alguien que siempre diga no a todo. Eso tampoco sirve.

Hay dos clases de gente. Una pertenece al tipo obediente, dispuesto a entregarse a cualquiera. No poseen en su interior un alma independiente. Son inmaduros, infantiles, siempre buscando la figura del padre, buscando a alguien que les diga lo que han o lo que no han de hacer. No son capaces de confiar en sí mismos. Esa gente forma la mayor parte de la población mundial, las masas.

Luego, en oposición a esa gente, existe una pequeña minoría que rechaza la sociedad, que rechaza los valores de la sociedad. Ellos creen que son rebeldes. No lo son; son sólo reaccionarios. Tanto si escuchas a la sociedad como si rechazas la sociedad, si la sociedad permanece siendo el factor determinate, entonces eres dominado por la sociedad.

Déjame que te cuente una anécdota.

Una vez Mulla Nasrudin había partido de viaje y al regresar a su ciudad llevaba una gran barba. Sus amigos, naturalmente, bromeaban sobre la barba y le preguntaban cómo se había decidido a dejársela tan larga. El Mulla empezó a quejarse y a maldecir la barba en unos términos no muy claros. Sus amigos se sorprendieron por el modo en que estaba hablando y le preguntaron la razón por la cual seguía llevando la barba si eso no le gustaba.

«Odio esa maldita cosa», les dijo el Mulla.

«Si la odias ¿por qué no te la afeitas y te libras de ella?», le preguntó uno de sus amigos.

Un destello diabólico brilló en los ojos del Mulla mientras le respondía, «¡Porque mi esposa también la odia!»

Pero eso no te hace libre. Los *hippies*, los *yupies* y esa gente no son realmente unos rebeldes; son unos reaccionarios. Han reaccionado en contra de la sociedad. Unos cuantos son obedientes, otros son desobedientes, pero el centro de la dominación es el mismo. Unos pocos obedecen, otros pocos desobedecen, pero nadie mira el interior de su propia alma.

Una persona realmente rebelde es aquella que no está ni a favor, ni en contra de la sociedad. Aquella que simplemente vive de acuerdo con su propia comprensión. Si va en contra la sociedad o si va a su favor es irrelevante, no importa. Puede que a veces vaya a favor de la sociedad, a veces puede no ir a favor de la sociedad, pero ése no es el tema a considerar. Vive de acuerdo a su propia comprensión, de acuerdo a esa pequeña luz. Y no estoy diciendo que se vuelve muy egoísta con respecto a eso. No, es muy humilde. Sabe que su luz es escasa, pero que esa es toda la luz que posee. No es altanero, es muy humilde. Dice, «Puede que esté equivocado, pero por favor, permíteme que esté equivocado de acuerdo conmigo mismo». Esta es la única forma de aprender. El cometer errores es la única forma de aprender. El actuar según la propia comprensión es la única forma de crecer y madurar. Si buscas siempre a alguien para que te dicte lo que has de hacer, tanto si obedeces como si no lo haces, carece de importancia. Si buscas a alguien para que te dirija, para que decida a favor o en contra, nunca serás capaz de conocer lo que es la vida. Ha de ser vivida y tú has de seguir tu propia y diminuta luz.

No siempre existe una certeza sobre lo que hay que hacer. Te encuentras muy confundido. Deja que sea así, pero descubre una salida para tu confusión. Es muy fácil y cómodo escuchar a los demás porque te pueden suministrar dogmas sin vida, te pueden dar mandamientos: no hagas esto, haz lo otro. Y están muy seguros de sus mandamientos. La certeza no es lo que se ha de buscar. La comprensión es lo que se ha de buscar. Si buscas la certeza serás víctima de alguna trampa. No busques la certeza, busca el comprender. La certeza se te puede dar fácilmente, cualquiera puede dártela, pero a la hora del análisis final serás un perdedor. Habrás desperdiciado tu vida tan sólo para permanecer en la seguridad y en la certeza; y la vida no es una certeza, la vida no es segura.

La vida es inseguridad. A cada momento se dirige hacia una inseguridad mayor. Es un continuo apostar. Uno nunca sabe lo que va a suceder. Y es hermoso que uno nunca lo sepa. Si fuera predecible, no valdría la pena vivir la vida. Si todo fuera como te gustaría que fuese y si todo fuera una certeza, no serías un hombre, serías una máquina. Sólo existen certezas y seguridades para las máquinas.

El hombre vive en libertad. La libertad necesita inseguridad, incertidumbre. Un hombre verdaderamente inteligente siempre está dudando porque no posee dogma alguno en el que confiar, en el que descansar. Ha de observar y responder.

Lao Tse dice, «Dudo y me muevo por la vida estando alerta porque no sé qué es lo que va a suceder. Y no tengo ningún principio que seguir. He de decidir a cada instante. Nunca decido de antemano. He de decidir cuando llega el momento». Entonces uno ha de tener la capacidad de responder. Eso es lo que la responsabilidad es. La responsabilidad no es una obligación, la responsabilidad no es un deber, es una capacidad de respuesta. Un hombre que desea saber lo que es la vida ha de saber responder. Eso es lo que no ocurre. Siglos de condicionamientos te han hecho similar a las máquinas. Has perdido tu humanidad, la has cambiado por seguridad. Estás seguro y confortable y todo ha sido planeado por los demás. Y ellos lo han puesto todo en el mapa, lo han medido todo. Esto es una absoluta estupidez porque la vida no puede ser medida, es inmensurable. Y no es posible tener ningún mapa porque la vida está en un constante flujo. Todo cambia. Nada es permanente excepto el cambio. Dice Heráclito, «No puedes entrar dos veces en el mismo río».

Y los modos de la vida son muy zigzagueantes. Los modos de la vida no son como las vías de un tren. No, no va sobre vías. Y esa es su belleza, su gloria, su poesía, su música. El que siempre sea una sorpresa.

Si buscas seguridad, certeza, tus ojos estarán cerrados y tú te irás sorprendiendo cada vez menos y perderás tu capacidad de maravillarte. Una vez has perdido tu capacidad de asombro, has perdido la religión. La religión es abrirse a tu corazón que se asombra. La religión es una receptividad hacia lo maravilloso que nos rodea.

No busques la seguridad, no busques consejo sobre cómo vivir tu vida. La gente acude a mí y me dice, «Osho, dinos cómo deberíamos vivir nuestras vidas». No estás interesado en conocer lo que es la vida, estás más interesado en construirte un modelo fijo. Estás más interesado en acabar con la vida que en vivirla. Deseas tener una disciplina impuesta sobre ti.

Existen, desde luego, sacerdotes y políticos en todo el mundo dispuestos, expectantes, por ayudarte. Acude a ellos y ellos estarán listos para imponer sus disciplinas sobre ti. Ellos disfrutan del poder que proviene del imponer sus propias ideas sobre los demás.

Yo no estoy aquí para esto. Yo estoy aquí para ayudarte a ser libre. Y cuando digo que estoy aquí para ayudarte a ser libre, me incluyo a mí. También estoy aquí para ayudarte a que te liberes de mí. Mi *sanyas* es algo muy paradójico. Te entregas a mí para poder ser libre. Yo te acepto y te inicio en el *sanyas* para ayudarte a que te liberes de todo dogma, de toda escritura, de toda filosofía, y yo estoy incluido en eso. El *sanyas* es tan paradójico - debería serlo - como la vida misma. Entonces sí está vivo.

Por esto lo primero es: no le pidas a nadie cómo deberías vivir tu vida. La vida es muy valiosa. Vívela. No te estoy diciendo que no cometas errores; los cometerás. Recuerda solamente una cosa: no cometas los mismos errores una y otra vez. Con eso hay suficiente. Si puedes descubrir un nuevo error cada día, comételo, pero no repitas los errores. Eso es una estupidez. El hombre que es capaz de encontrar nuevos errores que cometer cada día, estará creciendo continuamente. Ese es el único modo de aprender, ésa es la única forma de descubrir tu propia luz interior.

Oí una vez.

Una noche el poeta Awadi de Kerman, un gran poeta musulmán, estaba sentado en su porche inclinado sobre un cubo. Shams-el-Tabrizi, un gran místico sufí acertó a pasar por allí.

Shams-el-Tabrizi miró al poeta y lo que hacía. Le preguntó al poeta, «¿Qué es lo que haces?»

El poeta le contestó, «Estoy contemplando la luna en un cubo de agua».

Shams-el-Tabrizi empezó a reír, con una tremenda carcajada, con una risa loca. El poeta empezó a sentirse incómodo. Una multitud se congregó.

Y el poeta le dijo, «¿Qué es lo que ocurre?¿Por qué te ríes tanto? ¿Por qué me estás ridiculizando?»

Shams-el-Tabrizi le dijo, «A no ser que te hayas roto el cuello, ¿por qué no miras directamente a la luna en el cielo?»

La luna está allí, la luna llena está allí y ese poeta estaba sentado junto a un barreño con agua y contemplaba en el barreño de agua el reflejo de la luna.

Buscar en las escrituras, buscar la verdad a través de las filosofías es mirar el reflejo. Si le pides a alguien cómo deberías vivir tu vida, estás pidiendo un mal consejo porque ese hombre solamente podrá hablar sobre su propia vida. Y nunca, jamás, hay dos vidas que sean iguales. Sea lo que sea que te pueda decir o impartir será algo sobre su propia vida, y eso solamente si es que él ha vivido. Puede que él también haya preguntado a algún otro, puede que él mismo haya sido un imitador. Entonces es un reflejo de un reflejo. Y los siglos pasan y la gente sigue reflejando el reflejo del reflejo del reflejo, y la verdadera luna llena está siempre en el cielo esperándote. Es tu luna, es tu cielo. Mírala directamente. Hazlo directamente. ¿Por qué pedir prestados mis ojos o los ojos de alguien? Se te han dado ojos, hermosos ojos para ver, y ver directamente. ¿Por qué pedir comprensión prestada? Recuérdalo, puede que sea comprensión para mí, pero desde el instante en que la tomas prestada, se convierte para ti en conocimiento. Deja de ser comprensión.

Comprensión es eso que ha experimentado uno mismo. Puede que sea comprensión para mí, si yo he mirado a la luna, pero en el instante en que te lo digo a ti, se convierte en conocimiento, deja de ser comprensión. Entonces sólo es algo verbal, es pura lingüística. Y el lenguaje es una mentira.

Deja que te cuente una anécdota.

Un avicultor descontento con la productividad de sus gallinas decidió usar un poco de psicología con ellas. Compró un loro parlanchín de vivos colores y lo puso en el gallinero. Sin pensárselo, las gallinas se encariñaron de inmediato con el atractivo extranjero; con gozosos cloqueos le mostraban los mejores bocados para que él se los comiera y le seguían por todo como un grupo de quinceañeras persiguiendo a una nueva estrella de la canción. Para contento del granjero incluso sus capacidades ponedoras mejoraron.

El gallo del gallinero, naturalmente celoso al ser ignorado por su harén, se echó sobre el atractivo intruso, le empezó a picotear y clavarle los espolones, arrancándole las plumas rojas y verdes una tras otra. Con lo cual el asustado loro se puso a gritar vehementemente, «¡Déjelo señor! ¡Le pido que desista! ¡Después de todo, sólo estoy aquí como profesor de lenguaje!»

Mucha gente vive su vida como profesores de lengua. Esa es la clase de vida más falsa. La realidad no necesita de lenguaje alguno; está a tu alcance a un nivel no verbal. La luna está ahí, no necesita ni de cubo, ni de agua, no necesita de medio alguno. Solamente has de mirar hacia ella. Es una comunicación no verbal. La totalidad de la vida está disponible; solamente has de aprender a comunicarte con ella de un modo no verbal.

De eso es de lo que trata la meditación. Del estar en un espacio donde el lenguaje no interfiera, donde los conceptos aprendidos no se interpongan entre tú y lo real.

Cuando ames a una mujer, no te preocupes por lo que los demás han dicho sobre el amor, porque esto se convertirá en una interferencia. Amas a una mujer, el amor está ahí, olvídate de todo lo que has aprendido sobre el amor. Olvídate de todos los Kinseys, de los Masters y los Johnsons, olvídate de los

Freuds y de los Jungs. Por favor, no te conviertas en un profesor de lengua. Simplemente ama a la mujer y deja que el amor exista y deja que el amor te muestre sus más recónditos secretos, sus misterios. Entonces serás capaz de saber lo que es el amor.

Y lo que los demás digan sobre la meditación carece de sentido. Una vez me encontré con un libro sobre meditación escrito por un monje jaino. Era realmente bonito, pero había algunos pasajes en los que podía ver claramente que aquel hombre nunca había meditado, pues si no, esos pasajes no estarían allí. Pero eran pocos y escasos. El libro en su conjunto, casi en el noventa y nueve por ciento, era perfecto. Me gustaba el libro.

Luego me olvidé de él. Durante diez años viajé por todo el país. Una vez en un pueblo del Rajastán, ese santo vino a verme. Su nombre me resultó familiar y de repente me acordé del libro. Pregunté al santo que porqué había acudido a mí. Me contestó, «He venido para conocer lo que es la meditación». Yo le dije, «Me acuerdo de tu libro. Me acuerdo muy bien porque me impresionó grandemente. Excepto por unos pocos defectos que delataban que tú nunca habías meditado, el libro estaba perfectamente bien, en un noventa y nueve por ciento bien. Y ahora vienes aquí para aprender sobre la meditación. ¿No has meditado nunca?»

Me miró con cierto embarazo porque sus discípulos estaban también presentes. Le dije, «Sé franco, porque si me contestas que sabes lo que es meditación, entonces no hablaré de ella. ¡Se acabó! No hay porqué. Si me dices con franqueza - al menos sé franco por una vez - si me dices con franqueza que nunca has meditado, solamente entonces te conduciré a la meditación». Era un chantaje, por eso tuvo que confesar. Dijo, «Sí, nunca se lo he dicho a nadie. He leído muchos libros sobre meditación y todos los textos antiguos. Y he estado enseñando a la gente, por eso me siento avergonzado ante mis discípulos. He estado enseñando meditación a miles y he escrito libros sobre ello, pero yo nunca he meditado».

Puedes escribir libros sobre meditación y no descubrir

nunca el espacio que supone el meditar. Puedes volverte altamente eficiente verbalizando, puedes ser muy ducho en abstracciones, en argumentaciones intelectuales y puedes olvidarte completamente de que todo el tiempo en que has estado envuelto en esas actividades intelectuales ha sido un puro desperdicio.

Le pregunté al viejo, «¿Durante cuánto tiempo has estado interesado en la meditación?» El contestó, «Durante toda mi vida». Tenía casi setenta años. Me dijo, «Cuando tenía veinte años tomé *sanyas*, me convertí en un monje jaino y durante esos cincuenta años siguientes he estado leyendo, leyendo y pensando en el meditar». ¡Cincuenta años de leer y pensar y escribir sobre meditación, incluso introduciendo a la gente en la meditación, y ni una sola vez había probado lo que es la meditación!

Pero ese es el caso de millones de personas. Hablan del amor, conocen toda la poesía que existe sobre el amor, pero nunca han amado. O incluso aunque piensen que estuvieron alguna vez enamorados, nunca se enamoraron. Eso también fue algo «cerebral», no fue del corazón. La gente vive y sigue perdiéndose la vida. Se necesita valor. Se necesita valor para ser realista, se necesita coraje para ir con la vida dondequiera que te lleve porque los caminos no están cartografiados, porque no existen mapas. Uno ha de penetrar en lo desconocido.

La vida solamente puede ser entendida si estás dispuesto a penetrar en lo desconocido. Si te apegas a lo que conoces, te aferras a la mente y la mente no es la vida. La vida es no-mental, no es intelectual, porque la vida es total. Tu totalidad ha de estar plenamente implicada; no puedes únicamente pensar sobre ello. Pensar sobre la vida, no es vivir. Cuidado con eso. Uno piensa y piensa. Hay gente que piensa en Dios, hay gente que piensa en la vida, hay gente que piensa en el amor, hay gente que piensa en esto y en lo otro.

Mulla Nasrudin se había vuelto muy viejo y acudió a su médico. Parecía estar muy débil y el médico le dijo, «Solamente te puedo decir una cosa: Tendrás que reducir tu vida marital a la mitad».

El Mulla dijo, «De acuerdo. ¿A qué mitad? ¿A la de pensar en ella o a la de hablar de ella?»

Eso es todo. No te conviertas en un profesor de lengua, no te conviertas en un loro. Los loros son profesores de lengua. Viven de palabras, de conceptos, de teorías, de teologías y la vida sigue transcurriendo, escapándoseles de sus manos. Entonces un día, de improviso, se asustan de la muerte. Cuando una persona teme a la muerte, da por seguro que esta persona se ha perdido la vida. Si no se hubiera perdido la vida, no tendría temor a la muerte. Si la persona ha vivido la vida, estará dispuesto a vivir también la muerte. Estará casi encantado del acontecimiento que supone morir.

Cuando Sócrates se estaba muriendo se encontraba tan a gusto que sus discípulos casi no lo podían creer, no podían comprender cómo podía sentirse tan feliz de morir. Un discípulo, Credo, le preguntó, «¿Por qué parece que estás tan feliz? Nosotros lloramos y estamos tristes». Sócrates le dijo, «¿Por qué no debería estar feliz? He conocido lo que es la vida y ahora me gustaría conocer lo que es la muerte. Estoy a las puertas de un gran misterio y estoy emocionado. Voy a empezar un gran viaje por lo desconocido. ¡Simplemente estoy expectante! ¡No puedo esperar!» Y recuerda, Sócrates no era un hombre religioso, Sócrates no era en modo alguno un creyente.

Alguien le preguntó, «¿Tienes la certeza de que el alma sobrevivirá a la muerte?» Sócrates le contestó, «No lo sé».

El decir, «No lo sé», requiere el mayor valor del mundo. Es muy difícil para un profesor de lengua el decir «No lo sé». Es difícil para los loros. Sócrates fue un hombre muy sincero y honesto. El dijo, «No lo sé».

Entonces el discípulo le preguntó, «Entonces, ¿por qué te sientes tan feliz? Si el alma no sobrevive, entonces...» Sócrates dijo, «He de verlo. Si sobrevivo no tengo porque tener miedo. Si no sobrevivo, ¿cómo podré tener miedo? Si no sobrevivo, no sobrevivo. así que, ¿dónde está el miedo? No hay nadie ahí, de modo que no puede haber miedo. Si sobrevivo, sobrevivo. No hay porqué tener miedo. Pero no sé exactamente qué es lo que va a suceder. Por eso estoy tan expectante y dispuesto a averiguarlo. No lo sé».

Para mí, así es como un hombre religioso debería ser. Un hombre religioso no es un cristiano, un hindú o un budista o un musulmán. Todos esos son sólo modos de conocimiento. Un cristiano dice, «Yo sé». Y su saber proviene de los dogmas cristianos. El hindú dice, «Yo también sé», y su saber proviene de los Vedas y de los Gitas y de sus dogmas. Y un hindú está en contra del cristiano porque afirma, «Si yo estoy en lo cierto, tú no puedes estarlo. Si tú estás en lo cierto, entonces yo me equivoco». De modo que surge una gran disputa y discusión y debates y conflictos innecesarios.

Un hombre religioso, un hombre verdaderamente religioso - no esa gente a la que llamas religiosa - es uno que dice, «Yo no sé». Cuando dices, «Yo no sé», estás abierto, estás dispuesto a aprender. Cuando dices, «Yo no sé», no tienes prejuicios en favor de esto o en contra de lo otro, no posees creencias y no posees conocimiento alguno. Solamente posees consciencia. Dices, «Soy consciente y veré qué sucede. No acarrearé con ningún dogma del pasado».

Esta es la actitud de un discípulo, la actitud de uno que desea aprender. Y disciplina quiere decir simplemente: aprender. Un discípulo quiere decir uno que aprende, uno que está dispuesto a aprender, y disciplina quiere decir aprendizaje.No estoy aquí parar impartirte dogmas, no te estoy impartiendo conocimiento alguno. Simplemente te estoy ayudando a ver lo que hay que ver. Vive tu vida a cualquier precio. Has de estar dispuesto a jugártela.

Oí de un hombre de negocios. Estaba caminando desde su oficina a un restaurante para almorzar cuando le detuvo un desconocido que le dijo, «No creo que te acuerdes de mí, pero hace diez años llegué a esta ciudad sin un céntimo. Te pedí un préstamo y me diste veinte dólares porque dijiste que querías dar una oportunidad a un hombre para que empezará su camino hacia el éxito».

Aquel hombre se lo pensó un rato y entonces le dijo, «Sí, recuerdo el incidente. Sigue con tu historia».

«Bien», dijo el desconocido, «¿quieres seguir apostando?»

La vida te plantea la pregunta una y otra vez, «¿Quieres seguir apostando?» Nunca hay nada seguro. La vida no tiene seguros, es una pura apertura, una tremenda apertura, una caótica apertura. Puedes construirte una casa a tu alrededor, segura, pero entonces se convertirá en tu tumba. Vive con la vida.

Y hemos estado haciendo esto de muchas formas. El matrimonio ha sido creado por el hombre; el amor es parte de la vida. Cuando creas el matrimonio en torno al amor, estás creando seguridad. Estás haciendo algo que no puede hacerse; el amor no puede ser "hecho" legal. Estás tratando de hacer lo imposible y si, en este esfuerzo, el amor muere, no tienes que sorprenderte. Te conviertes en un marido, tu amada se convierte en una esposa. Dejáis de ser dos personas que están vivas. Sois dos funcionarios. El marido tiene una determinada función, la esposa tiene una determinada función. Tienen ciertos deberes que realizar. Entonces la vida ha dejado de fluir, se ha congelado.

Observa a un esposo y a una esposa. Siempre verás a dos personas congeladas, sentadas una junto a la otra, sin saber lo que están haciendo ahí, sin saber porqué están ahí sentadas. Puede que no tengan sitio alguno adónde ir.

Cuando ves amor entre dos personas, algo está fluyendo, moviéndose, cambiando. Cuando hay amor entre dos personas, viven en un aura, hay un constante compartir. Sus vibraciones se intercambian, están radiando su ser entre ellos. No hay paredes entre ellos, son dos y no son dos. Son también uno.

El marido y la esposa están tan lejos como es posible estarlo, incluso aunque estén sentados el uno junto al otro. El marido nunca escucha lo que la esposa le está diciendo. Hace tiempo que se ha vuelto sordo. La esposa nunca ve lo que le está sucediendo al marido. Se ha vuelto ciega para él. Ambos se dan por conocidos, se han convertido en cosas. Han dejado de ser personas porque las personas están siempre abiertas, las personas no tienen certezas, las personas están siempre cambiando. Ahora se tiene un papel fijo con el que cumplir. Murieron el día en que se casaron. Desde ese día dejaron de vivir.

No estoy diciendo que no te cases, pero recuerda que el amor es lo verdadero. Y si él muere, entonces el matrimonio pierde su valor.

Y lo mismo es válido para todo en la vida, para todo. O bien puedes vivir, y entonces tendrás que vivir con esta duda sin saber lo que va a suceder al momento siguiente, o puedes convertirlo en una certeza.

Hay gente que ha adquirido tal grado de certeza en todo, que nunca se sorprenden. Hay gente a la que nunca podrás sorprender. Y yo estoy aquí para entregarte un mensaje que es muy sorprendente; no lo vas a creer. Lo sé. No vas a poder creértelo, lo sé. Estoy aquí para decirte algo que es absolutamente increíble: que vosotros sois dioses y diosas. Lo habéis olvidado.

Deja que te cuente una anécdota.

Harvey Firestone, Thomas A. Edison, John Burroughs y Henry Ford se detuvieron en una gasolinera en su camino hacia Florida para pasar el invierno.

«Queremos bombillas para los faros», dijo Ford, «Y, por cierto, éste que está sentado en el coche es Thomas Edison y yo soy Henry Ford».

El encargado de la gasolinera ni siquiera levantó la cabeza, tan sólo escupió un poco de tabaco con obvio desdén.

«Y», dijo Ford, «nos gustaría comprar un neumático nuevo si es que los tienes Firestone. Y ese otro del coche es Harvey Firestone en persona».

El encargado siguió sin decir nada. Mientras estaba montando el neumático en la rueda, John Burroughs, con su larga barba, sacó su cabeza fuera de la ventanilla y le dijo, «¿Cómo estás forastero?»

Por fin el viejo encargado volvió a la vida. Echó una mirada a Burroughs y le dijo, «Si me dices que eres Papá Noel, maldito seré si no te rompo la cabeza con esta llave inglesa».

No podía creer que en el mismo coche fueran Harvey Firestone, Thomas A. Edison, John Burroughs y Henry Ford. Todos ellos eran amigos y solían viajar juntos.

Cuando te digo que vosotros sois dioses y diosas, no te lo crees porque has olvidado por completo quién es el que está viajando en tu interior, quién es el que está sentado en tu interior, quién es el que me está escuchando, quién es el que me está mirando. Te has olvidado por completo. Te han suministrado unas etiquetas desde el exterior y has confiado en esas etiquetas, en tu nombre, en tu religión, en tu país. ¡Todo mentira! No importa si eres un hindú o un cristiano o un musulmán si no te conoces a ti mismo. Esas etiquetas no tienen valor alguno a parte de servir para algo específico. ¿Qué importa si eres un hindú, o un cristiano, o un musulmán, o un indio, o un americano, o un chino? ¿Cómo va a importar, cómo te va a ayudar a conocer tu propio ser? Todo esto es irrelevante porque el ser no es ni indio, ni chino, ni americano, y el ser no es ni hindú, ni musulmán, ni cristiano. El ser es sencillamente puro «ser».

Al puro «ser» es a lo que llamo Dios. Puedes comprender tu propia divinidad interior si has comprendido lo que es la vida. En caso contrario, es que todavía no has sido capaz de decodificar la vida. Este es el mensaje. La vida entera está señalando la misma cosa, continuamente: que vosotros sois dioses. Una vez lo has comprendido, entonces la muerte deja de existir. Entonces has aprendido la lección. Entonces, al morir, los dioses regresan a su hogar.

Cuando el rabino Birnham yacía en su lecho de muerte, su esposa se echó a llorar.

El le dijo, «¿Por qué lloras? Toda mi vida no ha sido otra cosa que aprender a morir».

La vida entera... tan sólo un aprendizaje de cómo regresar a casa, de cómo morir, de cómo desaparecer. Porque en el instante en que desapareces, Dios aparece en ti. Tu presencia es la ausencia de Dios. Tu ausencia es la presencia de Dios.

II

LA CONFUSIÓN
ES MI MÉTODO

¿Cómo podemos prepararnos para morir?

*Amor y meditación: las vías fundamentales
para la Iluminación*

¿Cuál es el significado del celibato espontáneo?

*¿Cómo encaja esto con el estar asequible
y el entregarse a ti?*

¿Por qué nos das esos títulos religiosos?

*¿Por qué es esta vida,
que no tiene ni principio ni final, tan misteriosa?*

*¿Por qué prefieres llamar a la meditación «el arte de
morir» en vez del «arte de crecer»?*

¿Puede uno entregar aquello que nunca ha tenido?

¿Cómo pudiste darme sanyas?

L a primera pregunta

¿Cómo podemos prepararnos para morir?

No acumules nada, sea lo que sea: prestigio, poder, dinero, virtud, conocimiento, ni incluso las mal llamadas experiencias espirituales.

No acumules. Si no acumulas estarás dispuesto a morir a cada instante porque no tendrás nada que perder. El miedo a la muerte no es realmente el miedo a la muerte. El miedo a la muerte nace del acumular en la vida. Entonces tienes mucho que perder y te aferras a ello. Ese es el significado del dicho de Jesús, «Bienaventurados los pobres de espíritu».

No te digo que te conviertas en un mendigo, ni quiero decir con esto que renuncies al mundo. Quiero decir que estés en el mundo, pero que no pertenezcas al mundo. No acumules en tu interior; sé pobre de espíritu. Nunca poseas nada y entonces estarás listo para morir. La posesividad es el problema, no la vida en sí. Cuanto más posees, más miedo tienes de perderlo. Si no posees nada, si tu pureza, tu espíritu, no están contaminados por nada, si simplemente estás solo, puedes desaparecer en cualquier instante. En cualquier momento en que la muerte llame a la puerta te encontrará dispuesto. No pierdes nada. Al irte con la muerte no te conviertes en un perdedor. Te estarás adentrando en una nueva experiencia.

Y cuando te digo que no acumules, lo digo como una exigencia absoluta. No te digo que no acumules cosas de este mundo, pero que sí sigas acumulando virtud, sabiduría y eso que llamas experiencias espirituales, visiones. No. Estoy hablando en términos absolutos: no acumules. Hay gente, particularmente en Oriente, que enseña la renunciación. Te dicen, «No acumules nada de este mundo porque todo te será arrebatado cuando mueras». Esa gente es básicamente más codiciosa que la gente corriente. Su lógica es: no acumules nada en este mundo porque la muerte te lo arrebatará. Acumula pues, eso que la muerte no puede arrebatarte. Acumula virtud, *punya*, acumula personalidad, moralidad, conocimiento; acumula experiencias, experiencias espirituales, experiencias de la *kundalini*, de la meditación, de esto y de lo otro; acumula algo que la muerte no pueda llevarse.

Pero si acumulas, con el acumular se introduce el miedo. Al acumular, el miedo se introduce en la misma proporción... entonces te asustas. No acumules y el miedo desaparecerá. No te estoy enseñando renunciación en el sentido clásico. Mi *sanyas* es un concepto absolutamente nuevo. Te enseña a permanecer en el mundo sin pertenecer a él. Entonces siempre estás dispuesto.

Oí de un gran místico sufí, Abraham Adam. Una vez fue el emperador de Bokara. Luego lo dejó todo y se convirtió en un mendigo sufí. Mientras estaba con otro místico sufí se sentía perplejo porque aquel hombre cada día se quejaba de su pobreza.

Abraham Adam le dijo, «Por la forma en que abusas de ella, puede que hayas adquirido tu pobreza a bajo costo».

«¡Qué estúpido eres!, le contestó el hombre sin saber con quien estaba hablando, sin saber que Abraham había sido una vez el emperador. Le dijo, «Qué estúpido eres al creer que la pobreza se compra».

Abraham le replicó, «En mi caso, pagué con mi reino por ella. Hubiera dado incluso cientos de mundos por un solo instante de ella porque cada día su valor se incrementa para mí. No te maravilles de que yo dé gracias por ella mientras tú te lamentas».

La pureza de espíritu es la verdadera pobreza. La palabra «sufí» proviene de la palabra arábiga «*safa*». «*Safa*» significa pureza. «Sufí» significa uno que es puro de corazón.

¿Y qué es pureza? No me malentiendas, pureza no tiene nada que ver con moralidad. No me interpretes de un modo moralista. La pureza no tiene nada que ver con los puritanos. La pureza sencillamente quiere decir un estado de mente no contaminado, cuando sólo tu consciencia existe y nada más. No hay nada más que penetre realmente en tu consciencia. Pero si tú anhelas poseer, este anhelo te contamina. El oro no puede entrar en tu consciencia. No puede. El dinero no puede penetrar en tu consciencia, pero si tú anhelas poseer, esa posesividad sí puede entrar en tu consciencia. Entonces te vuelves impuro. Si no deseas poseer nada, te vuelves intrépido. Entonces incluso la muerte es una hermosa experiencia que hay que atravesar.

Un hombre que es realmente espiritual tiene tremendas experiencias, pero nunca las acumula. Una vez le suceden, las olvida. Nunca las recuerda, nunca las proyecta en el futuro. Nunca suspira porque se repitan o porque le sucedan de nuevo. Nunca reza por ellas. Una vez le suceden, le han sucedido. ¡Se acabó! Ha acabado con ellas y se aleja de ellas. Está asequible a lo nuevo, nunca acarrea con lo viejo.

Y si no acarreas con lo viejo, descubrirás la vida como algo absolutamente nuevo, increíble, inexplicablemente nuevo, a cada paso que des. La vida es novedad, solamente la mente es caduca, y si miras a través de la mente, también la vida te parecerá una repetición, algo aburrido. Si no miras a través de la mente... La mente quiere decir tu pasado, la mente significa tus experiencias acumuladas, el conocimiento que posees. La mente significa eso por lo que has pasado, pero a lo que aún estás aferrado. La mente es un apego, polvo del pasado que cubre tu consciencia especular. Si entonces miras a través de ella, todo se distorsiona. La mente es la facultad de distorsionar. Si no miras a través de la mente sabrás lo que es la vida eterna. Sólo la mente muere. Sin la mente, tú eres inmortal. Sin la mente nada ha muerto nunca, la vida sigue y sigue para siempre. No tiene ni principio ni final.

Acumula y entonces tendrás un principio y tendrás un final.

¿Cómo prepararte para la muerte... ? Cuando te digo que te prepares para la muerte no me refiero a que te prepares para la muerte que llegará al final. Esa está muy lejos. Si te preparas para ella te estarás preparando para el futuro y de nuevo la mente se entrometerá. No, cuando te digo que te prepares para morir, no me refiero a esa muerte que llegará al final. Me refiero a la muerte que te visita a cada instante, con cada exhalación. Acepta esa muerte a cada instante y entonces estarás listo para aceptar la muerte final cuando se presente.

Empieza a morir a cada instante al pasado. Límpiate del pasado a cada instante. Muere a lo conocido para que así seas asequible a lo desconocido. Al morir y al renacer a cada instante serás capaz de vivir la vida y también serás capaz de vivir la muerte.

Y de eso es de lo que trata la espiritualidad. De vivir la muerte intensamente, de vivir la vida con intensidad, de vivir ambos tan apasionadamente que nada quede atrás sin ser vivido, ni incluso la muerte. Si vives la vida y la muerte plenamente, los trasciendes. En esa tremenda pasión e intensidad de vida y muerte, trasciendes la dualidad, trasciendes la dicotomía, llegas al Uno. Ese Uno es realmente la Verdad. Puedes llamarlo Dios, puedes llamarlo Vida, puedes llamarlo Verdad, *Samadhi*, Extasis o lo que quieras.

La segunda pregunta,

A veces parece que tratas de confundirnos respecto al amor y a la meditación. A veces resaltas la futilidad extrema del amor, pero en otras ocasiones te refieres a la meditación como a algo inútil. Y a veces dices que las dos cosas, amor y meditación, son las vías fundamentales para la Iluminación.

El que pregunta dice, *«A veces parece que tratas de confundirnos»*. No, no me has escuchado con atención. Siempre te estoy confundiendo, no solamente en ocasiones. La confusión es mi método.

Lo que estoy tratando de hacer al confundirte es desarraigarte de tu mente. Me gustaría que no tuvieras ninguna raíz arraigada en la mente, en el nombre del amor, en el nombre de la meditación o en el nombre de Dios. Tu mente es muy astuta. Puede arraigar en lo que sea. Puede arraigar en el amor, en la meditación. En el instante en que percibo que tu mente se asienta en lo que sea, de inmediato he de arrancarte de eso. Todo mi esfuerzo es crear un estado de no-mente en ti. No estoy aquí para convencerte de nada. No estoy aquí para darte dogma alguno, ni un credo con el que vivir. Estoy aquí para arrebatarte todos los credos porque solamente entonces podrá la vida suceder en ti. No te voy a dar nada sobre lo que puedas vivir. Simplemente te estoy quitando todos los apoyos, todas las muletas.

La mente es muy inteligente. Si dices, «Abandona el dinero», la mente dice, «De acuerdo. ¿Puedo aferrarme a la meditación?» Si le dices a la mente, «Renuncia al mundo», la mente te dirá, «De acuerdo. ¿Puedo tener experiencias espirituales?» Si dices, «Renuncia al mundo», la mente te dirá, «Puedo renunciar al mundo, pero me aferraré a la idea de Dios».

Y no hay una mayor barrera hasta Dios que la idea de Dios.

La palabra «Dios» se ha convertido en la mayor barrera, la creencia en Dios se ha convertido en la barrera más grande. Si deseas llegar a Dios, has de desprenderte de toda idea sobre Dios, de todas las creencias sobre Dios, sean hindúes, cristianas o musulmanas. Has de permanecer absolutamente en silencio, sin aferrarte, sin saber. En esta profunda ignorancia, Dios se te revela. Solamente en esta profunda ignorancia.

Mi esfuerzo es totalmente distinto de tu esfuerzo. Lo que tú estás haciendo aquí es diametralmente opuesto a lo que yo estoy haciendo aquí. Mi esfuerzo es cómo crear una profunda ignorancia en ti; por eso he de confundirte. Siempre que veo que acumulas cierto conocimiento, inmediatamente salto sobre él y lo destruyo. Poco a poco aprenderás, estando cerca de mí te verás obligado a aprender que es inútil acumular porque este hombre no te va a dejar en paz. Si te aferras a algo, él te lo va a quitar. Así qué, ¿por qué aferrarse? Un día simplemente me escucharás, sin aferrarte, sin construirte con ello ninguna creencia, sin crear una filosofía, sin crear a partir de ello una teología. Simplemente escuchando como escuchas a los pájaros, como escuchas al viento silbando entre los pinos, como escuchas al río dirigiéndose hacia el océano, como escuchas el bramido salvaje de las olas del océano. Entonces no crearás una filosofía. Simplemente escucharás.

Deja que yo sea el océano salvaje rugiendo ante ti, o el viento que silba entre los árboles, o los pájaros cantando por la mañana. No soy un filósofo, no te estoy impartiendo conocimiento alguno. Te estoy tratando de indicar algo que está más allá de todo conocimiento.

Por eso, en el instante en que veo que estás asintiendo, en el momento en que veo que dices, «Sí, esto es así», en el instante en que veo que estás acumulando algo, inmediatamente me lanzó sobre ello y lo contradigo para confundirte. La confusión es mi método. Lo voy a estar haciendo en todo momento. No te voy a dejar descansar a menos que abandones todo esfuerzo por filosofar, a menos que empieces a escucharme sin mente, por puro placer de escucharme tal y como escuchas música. Cuando me empieces a escuchar así entonces nunca te sentirás confundido. Te sientes confundido porque tratas de aferrarte a algo, y al paso siguiente yo lo destruyo. Te sientes confundido. Estabas construyéndote una casa y una y otra vez voy yo y te la destruyo.

De hecho, tú mismo estás creando tu confusión. No levantes esa casa y entonces no tendré que destruírtela. Si la creas, la voy a derribar. Si dejas de levantar casas, casas de naipes, si dejas de edificar casas, si dices, «Este hombre vendrá y me la destruirá», si simplemente esperas y escuchas y no te preocupas por hacer una casa en la que vivir, entonces no podré confundirte. Y el día en que no sea capaz de confundirte, será un día de gran regocijo para ti porque en ese mismo momento serás capaz de entenderme, no mediante el intelecto, sino mediante tu ser. Será una comunión, no una comunicación. Será una transferencia de energía, no de palabras. Habrás entrado en mi casa.

No te voy a permitir que levantes casa alguna porque se convertirá en una barrera. Entonces empezarás a vivir en esa casa y yo estoy tratando de que entres en mi casa. Jesús les dijo a sus discípulos, «En la casa de mi Dios hay muchas mansiones». Yo también te digo, «Te estoy llevando en un viaje en el que un gran palacio te está esperando». Pero te veo construyendo casas junto a la carretera y he de destruírtelas, si no, nunca alcanzarás la meta. Empiezas a rendir culto a cualquier cosa. Tienes tanta prisa, estás tan impaciente que, diga lo que te diga, simplemente te agarras a ello.

No voy a permitir que esto suceda. Mantente pues alerta. Si te mantienes alerta no habrá necesidad de que te confunda. En realidad, si estás alerta, haga lo que haga no podré confundirte. El día en que puedas decir, «Ahora, Osho, no puedes confundirme. Digas lo que digas, escucharé, me regocijaré en ello, pero no formularé conceptualizaciones», será el día en que dejaré de confundirte. Hasta entonces voy a confundirte una y otra vez.

La tercera pregunta,

Ya que el sexo guarda estrecha relación con la muerte, ¿cuál es el significado del celibato espontáneo?

El sexo guarda una relación más estrecha con el nacimiento que con la muerte. El nacer surge del sexo. El nacer es un fenómeno sexual. Por supuesto que el sexo también está relacionado con la muerte, pero como subproducto. Debido a que el nacer proviene del sexo, la muerte también provendrá del sexo. De ahí que en Oriente haya surgido la estúpida idea de que si permaneces como *brahmachari*, si trasciendes el sexo, nunca morirás. Te convertirás en inmortal. Eso es una tontería porque la muerte no es algo que vaya a suceder en el futuro, sino que está sucediendo ya al nacer. No puedes evitarlo. Puedes excederte en el sexo o puedes excederte en el celibato; esto no constituirá diferencia alguna.

Mulla Nasrudin había cumplido su centenario y unos periodistas habían acudido a entrevistarle. El era el primero en su ciudad en haber llegado a los cien años. Le preguntaron que cómo había llegado a esa edad centenaria.

El contestó, «Nunca he probado el vino, nunca he estado interesado en las mujeres. Esa debe de ser la razón».

Acto seguido se oyó algo caer en la habitación de al lado con gran estrépito y se armó un gran revuelo. Los periodistas se alarmaron y dijeron, «¿Qué ha sido eso?»

Mulla dijo, «Debe de haber sido mi padre. Parece que está persiguiendo de nuevo a la sirvienta y que otra vez está borracho».

El viejo debía de haber cumplido los ciento veinticinco. Mulla había dicho, «He llegado a esta edad debido al celibato y a que nunca he probado el vino. He permanecido alejado de las mujeres», pero ahí estaba su padre, borracho, persiguiendo y tratando de dar alcance a una mujer.

La muerte ya había sucedido en el momento en que te encarnaste en el cuerpo. En el instante en que entraste en el vientre, la muerte ya había sucedido. Tu reloj, el reloj de tu vida solamente puede marcar setenta, ochenta años, depende de cientos de factores. Pero tu reloj solamente puede llegar hasta ahí. No importa cómo vivas tu vida. La muerte llegará. La muerte no puede evitarse.

El que pregunta dice, *«Ya que el sexo guarda estrecha relación con la muerte, ¿cuál es el significado del celibato espontáneo?»*

Lo primero es que el nacimiento y la muerte están ambos relacionados con el sexo, pero con sólo ser célibe no vas a trascenderlos. La muerte ya ha sucedido cuando naces, no hay forma de trascenderla. Es una certeza porque de hecho ya ha sucedido. Solamente es cuestión de que el tiempo corra. Estás corriendo hacia ella a cada momento.

Por eso, no trates de ser célibe solamente para evitar la

muerte ,porque eso es, de nuevo, miedo. La gente que trata de ser célibe tiene miedo a la muerte y uno que tiene miedo a la muerte nunca podrá conocer lo que es la muerte, nunca podrá conocer aquello que no muere. No temas pues.

Y el celibato solamente puede ser espontáneo. Tú preguntas: *«¿Cuál es el significado del celibato espontáneo?»*

El celibato solamente puede ser espontáneo. No hay otra clase de celibato. Si no es espontáneo, no es celibato. Puedes forzarlo, puedes controlar tu sexualidad, pero eso no te va a ayudar. No serás célibe, tan sólo serás más y más sexual. El sexo se esparcirá por todo tu ser. Se convertirá en parte de tu inconsciente. Aparecerá en tus sueños, se convertirá en el motivo de tus sueños, se convertirá en pura fantasía. De hecho te volverás más sexual que antes. Pensarás más en ello y tendrás que reprimirlo una y otra vez. Y todo aquello que se reprime ha de reprimirse continuamente porque la victoria nunca será completa. No hay forma de destruir el sexo por la fuerza, mediante la violencia. No hay forma de controlarlo y someterlo. La gente que lo ha intentado ha convertido al mundo en pornográfico. Tus mal llamados santos tienen una mente pornográfica. Si se pudiera abrir una ventana o un agujero en sus cabezas, podrías ver únicamente sexo, pornografía. Ha de ser así. Es natural.

Nunca fuerces el celibato en ti. Trata de entender lo que es la sexualidad, profundiza en ella. Tiene una tremenda belleza que le es propia. Es uno de los misterios más profundos de la vida. La vida surge de ella; ha de ser un gran misterio. El sexo no es pecado; el reprimir es pecado. El sexo es algo muy natural, muy espontáneo. No has de hacer nada para que venga, es innato, es parte de tu ser. No lo condenes, no lo juzgues, no le temas, no luches con él. Simplemente sumérgete en él cada vez más, más meditativamente. Déjalo que surja en un silencio tal, en tan profunda aceptación que puedas conocer su mismísimo centro. En el instante en que penetres el corazón mismo del orgasmo sexual descubrirás que el sexo va perdiendo su atractivo para ti, que tu energía va ascendiendo a un plano más elevado, que te vas volviendo más tierno y menos sexual. Y eso sucede espontáneamente.

No te estoy diciendo que te vuelvas más tierno. Te estoy diciendo que si te sumerges en la profundidades del misterio del sexo, el amor brotará espontáneamente. Te volverás más amoroso y la sexualidad irá desapareciendo poco a poco. Y un día solamente habrá una pura llama de amor; todo el humo del sexo habrá desaparecido. La cruda energía sexual se habrá transformado en un perfume más sutil: el perfume del amor.

Sumérgete entonces en el amor. Si te sumerges en el amor, llegarás de nuevo a su centro y en ese instante surgirá la oración. Eso también sucede de forma espontánea. En el sexo te ocupas más del cuerpo; en el amor estás implicado con la psique; en la oración, repentinamente, te ocupas del alma. Esas son las tres posibilidades ocultas en la semilla del sexo. Y cuando el sexo ha desaparecido dentro del amor, y cuando el amor ha desaparecido en la oración, surge el celibato espontáneo.

La palabra india que lo define es muy bella. Es *brahmacharya*. Literalmente significa «Vivir como un Dios». *Brahmacharya* significa vivir como un Dios. Toda la energía es pura oración, toda la energía es pura gracia, gratitud, dicha. Uno se vuelve absolutamente divino.

Pero no te estoy diciendo que el sexo no sea divino. Es la semilla. El amor es el árbol; la oración es la flor. La oración surge de la energía sexual. Has de sentirte muy agradecido hacia ella, has de respetarla. Se debería respetar el sexo porque todo sucede a través de él. La vida ha surgido a su través, la muerte vendrá por él, la oración y Dios surgirán de él. El sexo lleva la impronta de tu destino. Para mí, el sexo no es solamente sexo. El sexo lo es todo.

Por eso, si desde el comienzo adoptas una actitud contraria, estarás perdiéndote todo el viaje que es la vida y te verás envuelto en una lucha que no conduce a ninguna parte; te verás envuelto en una lucha en la cual tu derrota es segura. No puedes derrotar tu energía sexual porque en la energía sexual está Dios escondido, en la energía sexual la oración y el amor están escondidos. ¿Cómo puedes derrotarla? Eres muy pequeño y la energía sexual es universal. La Existencia entera está plena de energía sexual.

Pero la palabra «sexo» ha sido muy condenada. Ha de ser recuperada del fango. Ha de ser limpiada. Se ha de construir un templo a su alrededor. Y recuerda, el celibato solamente puede ser espontáneo, no hay otra clase de celibato. No es controlar, no es una disciplina; es una tremenda comprensión de tus energías y de tus posibilidades.

La cuarta pregunta,

Dijiste que nadie debería dictarte lo que has de hacer con tu vida. ¿Cómo encaja esto con el estar asequible y el entregarse a ti?

En primer lugar, yo soy un «nadie» (*).

Escucha ahora la pregunta de nuevo. «*Dijiste que «nadie» debería dictarte lo que has de hacer con tu vida*». No te entregues a mí porque yo te lo esté dictando, pero si tú sientes que te has de entregar, ¿qué puedo hacer yo? Si sientes que te has de entregar, ese es tu sentir. Si soy yo el que te está dictando que te entregues a mí, no me escuches, pero si es tu corazón el que te lo está diciendo, entonces ¿qué vas a hacer? Si te digo que permanezcas asequible a mí, no me escuches, pero si de tu propia comprensión surge el «Sé asequible a este hombre», entonces hazlo.

Y aquí no hay nadie. Si me miras en mi interior no descubrirás a nadie. La casa está vacía, todo el espacio es tuyo; todo para que preguntes. Soy puro espacio. El hombre que ves sentado aquí en la silla murió hace ya mucho tiempo. No hay entidad alguna que te esté dictando nada.

* N. del T.- Juego de palabras en inglés, en el original, *I am a nobody=* «Yo no soy nadie» o lit. «Yo soy un nadie»

La noche anterior una «buscadora» estaba diciendo, «Me gustaría hacer lo que otros *sanyasins* están haciendo, pero no puedo entregarme. No puedo perder mi libertad. He vivido muchas reclusiones desde mi infancia, he vivido bajo muchas disciplinas. Ahora me asusta el que pueda implicarme en otro encierro». Le dije, «No te preocupes. Te otorgo la libertad, la libertad absoluta». *Sanyas* es libertad. Si lo entiendes debidamente es absoluta libertad.

Y la mujer entendió el porqué cuando le dije, «Ahora te sientes temerosa de verte atrapada en otra trampa, pero ¿te das cuenta de que, en sí, tu ego puede convertirse en la trampa, en la mayor de todas?» Has vivido en muchas otras reclusiones y a todas las has visto como encierros, pero tu propio ego puede convertirse en la cárcel. Cuando te entregas a alguien que no es nadie, él no puede encarcelarte y el peligro mismo de que el ego se convierta en tu prisión también desaparece. Cuando te entregas a mí, realmente no te estás entregando a mí porque yo no estoy aquí. Y yo no estoy disfrutando en absoluto con tu entrega. Tanto si te entregas como si no, para mí no hay diferencia. De hecho, cuando te entregas, te entregas a ti misma. No te entregas a mí. Simplemente entregas tu ego. Solamente soy un artilugio, una excusa. Sería difícil para ti el ir y entregarte al río, o al cielo o a las estrellas. Sería muy difícil para ti y te parecería un poco ridículo. Por eso pretendo estar aquí tan sólo para ayudarte, de modo que no te sientas ridícula. Puedes depositar aquí tu ego. No hay nadie para recibirlo y nadie se alegrará por ello; pero sirve de ayuda.

Buda solía llamar a estas cosas, artilugios, *upaya*. Es solamente una *upaya*, una estratagema para ayudar a aquellos que no pueden decapitar sus egos a menos que encuentren unos pies donde ponerlo. Te dejo mis pies para que lo hagas, pero dentro de mí no hay nadie.

La quinta pregunta,

¿Por qué nos das esos títulos religiosos? Parecen

absurdos. Fuera del ashram *los indios rara vez me llaman* swami *con una expresión seria.*

Tú debes estar suspirando por ello. No te he puesto *swami* para que seas un *swami* para los demás. La palabra *swami* significa «señor». No anheles que los demás te llamen señor. Te he puesto *swami* únicamente para señalarte tu camino, para que te conviertas en el señor de ti mismo. No es para que los demás sean tus esclavos; solamente es para hacer de ti un amo. La palabra "*swami*" apunta hacia el ser amo de uno mismo. No te sientas pues frustrado si nadie te llama *swami*. En realidad si alguien te llama *swami* mantente alerta, porque hay peligro. Puedes que empieces a pensar que eres un *swami*. Puede que empieces a pensar que eres algún santón o algo así. No alimentes esas tonterías. No estoy aquí para santificarte o consagrarte o lo que sea.

Preguntas que porqué os doy esos títulos religiosos, pues parecen absurdos. Lo son. Realmente mi intención es ridiculizaros tanto, hasta tal punto, que los demás se rían de vosotros y que tú te puedas reír de ti mismo. Ese es el truco.

Y también te llamo *swami* por otra razón. Os doy esos títulos religiosos porque para mí lo profano y lo sagrado no son dos cosas separadas. Lo profano es sagrado, lo ordinario es extraordinario y lo natural es sobrenatural.

Dios no está en alguna parte alejado del mundo. Dios está en el mundo, inmanente... Esa es mi visión... que todo es divino tal y como es. El antiguo concepto de hombre religioso es el de aquél que está en contra de la vida. El condena esta vida, esta vida corriente; él la llama mundana, profana, ilusoria. El la censura. Yo estoy tan profundamente enamorado de esta vida que no puedo denostarla. Estoy aquí para resaltar mi amor por ella.

Cuando os doy esos títulos religiosos no os estoy haciendo en modo alguno superiores a los demás. No alimentéis ideas de «más santo que tú», no deis sostén a ideas de esta clase. Eso es estúpido.

Te doy esas ropas de color naranja. Esas ropas han sido

usadas desde hace siglos para un propósito específico, para establecer la demarcación entre la vida religiosa y la vida ordinaria. Yo quiero disolver esas diferencias. Por eso te doy esas ropas y no te aparto de la vida.

Vivirás en la vida corriente, trabajarás en la vida corriente, caminarás por la vida corriente. Estarás en el mercado, estarás en la tienda o en la fábrica, o serás un obrero, un médico o un ingeniero. No te estoy convirtiendo de ninguna manera en alguien especial, porque este mismo deseo de ser alguien especial es irreligioso. Y te he dado esas ropas para destruir esa idea por completo. Por eso es que los tradicionales *sanyasins* están tan en contra mía.

Estoy destruyendo su superioridad. Antes o después dejará de haber distinciones. Mis *swamis* están aumentando en número de forma tan rápida que los *swamis* tradicionales se perderán en la selva de mis *swamis*. Y la gente no sabrá quién es quién. Ese es el propósito oculto. Quiero convertir la vida religiosa en vida corriente porque esta es la única vida que existe. Todo lo demás es una fantasía del ego. Y esta vida es tan hermosa que no hay necesidad de crear otra vida superior a ella.

Sumérgete en sus profundidades, adéntrate en ellas y nuevas honduras te serán reveladas. Esta vida corriente contiene tremendas posibilidades. Por eso no quiero que te vuelvas religioso del modo en que los demás no son religiosos. Quiero que abandones toda distinción entre profano y sagrado, entre lo santo y lo impío. Esta es una gran revolución. Puede que no te estés ni dando cuenta de que está llevándose a cabo.

Y si los tradicionalistas están en mi contra, los entiendo. Estoy acabando con su actitud de «Soy más santo que tú».

Por eso he escogido el color naranja. Esa ha sido la vestimenta tradicional de los *sanyasins*. Pero solamente he escogido el vestido, no otra cosa, no hay nada de la disciplina tradicional. Unicamente hay consciencia, un amor por la vida, un respeto por la vida, una reverencia por la vida. Te he dado las ropas naranja, pero el día en que vea que la distinción tradicional ha sido destruida, te liberaré de esas ropas de color naranja. Entonces no habrá necesidad. Pero llevará un tiempo porque esta distinción la han ido creando durante siglos.

No puedes ni imaginarte lo que está sucediendo. Cuando un *sanyasin* vestido de naranja camina por la calle con su compañera, no te puedes ni imaginar lo que está ocurriendo. Nunca antes había sucedido en la India; ni en diez mil años. La gente no puede creerlo, ¿y tú esperas que ellos te llamen *swami*? ¡Ya es suficiente con que no te maten! Estás destruyendo toda su tradición. Un *sanyasin* siempre fue uno que nunca miró a las mujeres. Tocarlas era impensable ¡y el darse la mano, imposible! Eso era suficiente para que fuera lanzado al infierno.

He hecho de ti una clase totalmente nueva de *sanyasin*. Es un *neosanyas*. Y tras todo lo que estoy haciendo hay un método, te des cuenta o no. Quiero acabar con toda la actitud tradicionalista. La vida debería ser religiosa y la religión no debería tener vida alguna. La distinción entre el mercado y el monasterio no debiera existir. El monasterio debería estar en el mercado. La dimensión divina debería formar parte de la vida cotidiana.

Alguien le preguntó a Bokuju, «¿Qué sueles hacer? ¿Cuál es tu disciplina religiosa?»

El contestó, «Vivo una existencia corriente. Esa es mi disciplina. Cuando tengo hambre, como; cuando tengo sueño, duermo».

Sí, así es exactamente como debería ser.

El que preguntaba se quedó asombrado. Dijo, «Pero no veo nada de especial en eso».

Bokuju contestó, «Esa es la clave. No hay nada de especial».

Todo anhelo por lo especial pertenece al ego.

El que preguntaba estaba aún asombrado. Le dijo, «Pero eso es lo que todo el mundo está haciendo. Cuando se está hambriento, se come; cuando se tiene sueño, se duerme».

Bokuju se rió. Le dijo, «No, cuando tú comes haces al mismo tiempo mil y una cosas. Piensas, sueñas, imaginas, recuerdas. No estás solamente comiendo. Cuando yo como, sólo como. No existe nada más que el comer. Es puro. Cuando tú duermes haces además mil y una cosas. Sueñas, peleas, tienes pesadillas. Cuando yo duermo, sólo duermo y nada más. Cuando se presenta el sueño, sólo hay sueño. Ni Bokuju existe. Cuando se presenta el comer, sólo existe el comer. Ni Bokuju existe. Cuando se camina, sólo hay el caminar. Bokuju no está. Solamente existe el caminar, simplemente el caminar».

Así es como me gustaría que fueras. Sé corriente, pero aporta una cualidad de consciencia a tu vida corriente. Lleva a Dios a tu vida corriente, introduce a Dios en tu vida corriente. Duerme, come, ama, reza, medita, pero no creas que estás haciendo algo especial. Y así tú serás especial. Un hombre que está dispuesto a vivir una vida corriente es un hombre extraordinario porque ser extraordinario, el desear ser extraordinario, es un deseo muy ordinario. Relajarse y ser ordinario es realmente extraordinario.

La sexta pregunta,

¿Por qué es esta vida, que no tiene ni principio ni final, tan misteriosa? Explícalo, por favor.

Ahora no soy solamente yo el que doy absurdas respuestas sino que tú has empezado a plantear preguntas absurdas. ¿Por qué es esta vida tan misteriosa? ¿Cómo lo voy a saber? ¡Es así! Es un hecho, no estoy hablando de teorías, no te estoy diciendo que es una teoría mía el que la vida sea un misterio. Si así fuera entonces podrías preguntar porqué. Simplemente es así. Los árboles son verdes. Tú preguntas porqué. Los árboles son verdes porque son verdes. No hay un porqué.

Si pudieras preguntar el porqué y la pregunta se pudiera contestar entonces la vida no sería un misterio. Si puedes contestar el porqué, entonces la vida deja de ser un misterio. La vida es un misterio al no haber un porqué.

«¿Por qué es esta vida, que no tiene ni principio ni final, tan misteriosa? Explícalo, por favor». Ahora me haces sentir culpable como si yo fuera el responsable de que la vida no tenga ni principio ni final. Estoy perfectamente de acuerdo contigo en que debería tenerlo, pero ¿qué vamos a hacer? No tiene ni principio ni final.

Oí una vez.

Mulla Nasrudin le estaba diciendo a uno de sus discípulos que la vida es como una mujer. Yo me quedé sorprendido así que me puse a escuchar con atención lo que estaba diciendo.

El decía, «El hombre que dice que comprende a las mujeres está fanfarroneando. El hombre que piensa que las entiende es un ingenuo. El hombre que pretende que las entiende miente. El hombre que quiere entenderlas es un iluso. Por otra parte el hombre que no dice que las entiende, que no cree entenderlas, que no pretende entenderlas, que ni tan sólo desea comprenderlas, ¡él las comprende!»

Y así es como también es la vida. La vida es una mujer. Trata de entender la vida y te verás envuelto en un lío. Olvídate de entenderla. Sencillamente vívela y la entenderás. La comprensión no será intelectual, teórica. La comprensión será total. La comprensión no será verbal, será no-verbal. Eso es lo que queremos decir cuando decimos que la vida es un misterio. Puede ser vivida, pero no resuelta.

Puedes conocer lo que es, pero no puedes decir lo que es. Ese es el significado de «misterio». Cuando decimos que la vida es un misterio, estamos diciendo que la vida no es un problema. Un problema puede ser resuelto. Un misterio es eso que no puede ser resuelto. Lleva su indisolubilidad impresa. Y es bueno que la vida no pueda ser resuelta, si no ¿qué harías? Simplemente piénsalo. Si la vida no fuera un misterio y alguien llegara y te la explicara, ¿qué harías? No quedaría nada que hacer más que suicidarse. Incluso eso carecería de sentido.

La vida es un misterio. Cuanto más sabes de ellal, más bella es. Llega un momento en que, de repente, empiezas a vivirla, empiezas a fluir con ella. Una relación orgásmica evoluciona entre tú y la vida, pero tú no puedes imaginarte qué es lo que es. Esa es su belleza, esa es su infinita profundidad.

Y es verdad; no hay ni principio ni final. ¿Cómo puede haber un comienzo para la vida y un final para la vida? Un comienzo significaría que algo surgió de la nada y un final significaría que algo que estaba allí desapareció en la nada. Eso sería un misterio aun mayor. Cuando decimos que la vida no tiene un principio queremos decir que la vida siempre ha estado ahí. ¿Cómo va a tener un principio? ¿Puedes trazar una línea y decir que desde ese momento la vida empezó tal y como los teólogos cristianos solían decir? Cuatro mil años antes de Cristo, dicen, la vida empezó un determinado lunes. Desde luego que debe de haber sido por la mañana, pero ¿cómo vas a decir que era un lunes si antes no había un domingo? ¿Y cómo puedes decir que era por la mañana si la noche anterior no existía? Piensa en ello.

No, no puedes trazar una línea, es una tontería. No es posible trazar una línea porque incluso para trazar una línea se requiere de algo. Se necesita algo que ya esté allí; si no, no se puede trazar. Puedes trazar una línea si existen dos cosas, pero si sólo existe una cosa ¿cómo vas a marcar una línea? La valla alrededor de tu casa es posible porque tienes un vecino. Si no existiera el vecino, si no hubiera nada más allá de la valla, la valla no existiría. Piensa en ello. Si no hay absolutamente nada más allá de tu valla, tu valla desaparecerá en la nada. ¿Cómo va a poder existir? Se necesita algo más allá de la valla para sostenerla.

Si la vida comenzó un determinado lunes, se necesita un domingo que lo preceda; si no, el lunes se desmoronará, caerá y desaparecerá. Y de la misma forma no hay posibilidad alguna de un final. La vida es, la vida simplemente es, ha sido y será. Es eternidad.

Y no empieces a pensar en ello. Sino, te la perderás porque todo el tiempo que desperdicias pensando en eso, es pura pérdida. Emplea ese tiempo, emplea ese espacio, emplea esa energía para vivirla.

La séptima pregunta,

¿Por qué prefieres llamar a la meditación «el arte de morir» en vez del «arte de crecer»?

Porque sé que a tu ego le gustaría mucho que la llamase «el arte de crecer». El arte de morir es como un shock.

Deja que te cuente una anécdota.

Un día Mulla Nasrudin vio a una multitud congregada entorno al pozo de la ciudad. Un sacerdote musulmán con un enorme turbante en su cabeza había caído al pozo y gritaba en demanda de ayuda. La gente, inclinada sobre el pozo, le decía, «Denos la mano, reverendo, denos la mano». Pero el sacerdote no prestaba atención a su ofrecimiento. Seguía agitándose en el agua y pidiendo auxilio.

Finalmente Mulla Nasrudin se acercó y dijo, «¡Dejadme a mí!» Tendió su mano hacía el sacerdote y le gritó, «¡Tome mi mano!» El sacerdote se agarró a la mano de Mulla y así fue sacado del pozo.

La gente estaba muy sorprendida y le preguntó a Mulla por el secreto de esta estrategia. «Es muy sencillo», dijo él, «Conozco a este avaro y sé que no da nada a nadie, ni tan siquiera su mano. Sabía que era tan tacaño que no daba su mano a nadie, por eso en vez de decir «¡Deme su mano!» le dije, «¡Tome mi mano, reverendo!» Y desde luego que la cogió».

Sé que te gustaría que lo llamara «el arte de crecer», así tu ego se sentiría perfectamente a gusto. «Como es una cuestión de crecer, voy a seguir aquí y crecer». Eso es lo que siempre desea el ego.

A sabiendas, lo he llamado «el arte de morir». La meditación es el arte de morir. Entonces tu ego se conmocionará.

Y también es cierto que es el arte de morir porque tu ego no crecerá; tu ego morirá con la meditación. Esas son las dos únicas posibilidades: o bien tu ego sigue creciendo, volviéndose más fuerte, o desaparece. Si tu ego sigue creciendo y se vuelve más y más fuerte, tú te vas enfangando más y más, te vas encadenando más y más en su prisión. Te sofocarás. Toda tu vida se convertirá en un infierno.

El crecimiento del ego es el crecimiento de un cáncer. Es como el cáncer: te mata. La meditación no es el crecimiento del ego; es la muerte del ego.

La octava pregunta,

Cuanto más hablas de la muerte, mayor es mi deseo por la vida. Me he dado cuenta de que en realidad no he vivido. Aunque comprendo que la vida y la muerte van de la mano hay una ansia en mí que pide, que grita por la vida, por el amor y por la intensidad apasionada. He descubierto que me angustia el pensar que he de entregar mis deseos no satisfechos aún. ¿Puede uno entregar aquello que nunca ha tenido? Siento que retornaría solamente al cuerpo de nuevo . Sea o no ilusión, he de admitir para sorpresa mía que aún tengo deseos y que nunca he sentido esa necesidad.

Cuando digo «morir» quiero decir: vive intensamente. En realidad quiero decir: vive apasionadamente. ¿Cómo vas a morir a menos que hayas vivido plenamente? En la vida plena se encuentra la muerte y esa muerte es hermosa. En una vida intensa, apasionada, la muerte llega espontáneamente como un silencio, como un gozo profundo. Cuando digo «morir» no estoy diciendo nada en contra de la vida. En realidad si temes a la muerte, también temerás a la vida. Eso es lo que le ha ocurrido al que pregunta.

Un hombre que teme a la muerte, también temerá a la vida porque la vida conlleva la muerte. Si temes al enemigo y le cierras la puerta, también prohíbes entrar al amigo. Y tú temes tanto al enemigo que cierras la puerta. Pudiera ser que el enemigo entrase, de modo que cierras la puerta también al amigo. Y estás tan asustado que no abres la puerta ni para el amigo porque, ¿quién sabe?, puede que el amigo resulte ser el enemigo. Que, cuando abras la puerta, también entre el enemigo.

La gente se ha vuelto temerosa de la vida porque teme a la muerte. No viven, porque en las cimas, en las cumbres, la muerte siempre penetra la vida. ¿Has visto cómo ocurre? La mayoría de las mujeres han vivido una vida de frigidez, temiendo al orgasmo, temerosas de esa salvaje explosión de energía. Durante siglos las mujeres han sido frígidas, no han conocido lo que es el orgasmo.

Y la mayoría de los hombres también sufren este miedo; el noventa y nueve por ciento de los hombres sufren de eyaculación precoz. Temen al orgasmo. Tienen tanto miedo que quieren acabar con eso del modo que sea, en alguna forma quieren librarse de ello.

Una y otra vez hacen el amor y surge el miedo. La mujer permanece frígida y el hombre se asusta tanto que no puede seguir en ese estado por más tiempo. El miedo mismo le hace eyacular antes de lo que sería natural, mientras que la mujer permanece rígida, cerrada, conteniéndose. Hoy en día el orgasmo ha desaparecido del mundo debido al miedo. En el orgasmo más profundo, la muerte penetra en ti; te sientes como si te fueras a morir. Si una mujer se sumerge en ese orgasmo empieza a gritar, a gemir, a llorar. Puede que hasta se ponga a gritar, «¡Me muero!¡No me mates!» Realmente eso es lo que sucede. Si una mujer se sumerge en el orgasmo empieza a emitir susurros, empieza a decir «¡Me estoy muriendo! ¡No me mates! ¡Párate!» Llega un momento en el orgasmo profundo que el ego no puede existir, que la muerte entra. Pero ésa es la belleza del orgasmo.

La gente se asusta del amor porque también en el amor penetra la muerte. Si dos amantes están sentados el uno junto al otro en una intimidad y en un amor profundo, sin ni siquiera hablar... El hablar es un escape, un escapar del amor. Cuando dos amantes hablan, eso simplemente revela que están evitando la intimidad. Las palabras distancian; sin palabras, las distancias desaparecen. La muerte aparece. En silencio, allí solamente existe la muerte, acechando. Un hermoso fenómeno. Pero la gente está tan temerosa que siguen hablando sobre si es o no es necesario, siguen hablando sobre cualquier cosa, de todas las cosas, pero son incapaces de guardar silencio.

Si dos amantes se sientan en silencio, de repente la muerte les rodea. Y cuando dos amantes guardan silencio podrás apreciar cierta felicidad y cierta tristeza también. Felicidad porque la vida está en su culminación y tristeza porque en esa cima la muerte también penetra. Siempre que guardes silencio podrás percibir un cierto grado de tristeza. Incluso mirando una rosa, si guardas silencio, sin decir ni una palabra sobre la rosa, simplemente mirándola, en ese silencio percibirás de repente lo que está ahí: la muerte. Verás a la flor marchitarse; en unos momentos habrá desaparecido, se habrá ido para siempre. ¡Tanta belleza y tan frágil! ¡Tan bella y tan vulnerable! Tanta belleza, un milagro tan enorme y pronto habrá desaparecido para siempre y ya no volverá nunca. De repente te entristeces.

Siempre que medites descubrirás a la muerte a tu alrededor. En el amor, en el orgasmo, en las experiencias estéticas, en la música, al cantar, en la poesía, en el baile. Siempre que, de improviso, desaparezca tu ego, la muerte estará presente.

Déjame decirte una cosa. Temes a la vida porque temes a la muerte y me gustaría enseñarte cómo morir para que perdieras todo el miedo a la muerte. En el instante en que pierdes el miedo a morir, te vuelves capaz de vivir.

No estoy hablando en contra de la vida. ¿Cómo voy a hablar en contra de la vida? ¡Estoy locamente enamorado de la vida! Estoy tan perdidamente enamorado de la vida que debido a esto también me he enamorado de la muerte. Es parte de la vida. Cuando amas la vida totalmente, ¿cómo vas a evitar la muerte? También has de morir. Cuando amas profundamente a una flor, tu amor también se está marchitando. Cuando amas a una mujer profundamente, la amas también cuando envejece y un día amarás su muerte. Es parte, forma parte de la mujer. La vejez no ha surgido desde el exterior, proviene del interior. En la hermosa cara han aparecido arrugas; tú amas también esas arrugas. Son parte de tu mujer. Amas a un hombre y su pelo ha encanecido; tú también amas esos cabellos. No provienen del exterior, no surgen por accidente. La vida se está desplegando. El pelo negro ha desaparecido y las canas han hecho acto de presencia. No las rechaces, ámalas, son también una parte. Luego tu hombre envejece, se vuelve débil; ama también eso. Entonces, un día, el hombre se habrá ido; ama también eso.

El amor lo ama todo. El amor no conoce nada más que el amor. Por eso te digo: ama a la muerte. Si eres capaz de amar la muerte, te será muy fácil amar la vida. Si eres capaz de amar incluso a la muerte, no habrá ningún problema.

El problema surge porque el que pregunta debe de haber estado reprimiendo algo, debe de estar asustado de la vida. Y esa represión puede traer funestas consecuencias. Si continúas reprimiendo, reprimiendo, llegará un día en que perderás todo sentido estético. Perderás todo sentido de la belleza, de la gracia, de la divinidad. Entonces la represión misma se convertirá en un estado tan febril que serás capaz de hacer todo eso que es desagradable.

Deja que te cuente una hermosa anécdota. Chinmaya me la ha enviado. ¡Me envía bonitos chistes!

Un *marine* es enviado a un destacamento de una alejada isla donde no hay mujeres. Solamente hay una gran población de monos. Se sorprende al ver que, sin excepción, todos sus compañeros *marines* hacen el amor con las monas, y él jura que nunca llegará a esos extremos de lascivia. Ellos le dicen que no se haga el estrecho y mientras los meses van pasando, el *marine* no puede aguantarse más. Agarra la primera mona que pasa por allí y en el acto es visto por sus compañeros que empiezan a partirse de risa.

Sorprendido, él les dice, «¿De qué os estáis riendo? ¡Siempre me decíais que lo hiciera!»

Ellos le contestan, «Sí, pero ¿por qué cogiste la más fea?»

Si te reprimes, existe la mayor probabilidad de que elijas la vida más desagradable. La fiebre que tendrás será tanta que no estarás en tus cabales. Estarás casi neurótico. Antes de que la represión alcance niveles excesivos, relájate, fluye con la vida. ¡Es tu vida! No te sientas culpable. Es tu vida para que la vivas y ames y sepas y seas. Y sean cualesquiera los instintos que Dios te ha dado son simples indicaciones de por dónde te has de mover, de por dónde has de buscar, de dónde has de descubrir tu plenitud.

Sé que esta vida no lo es todo, que hay una vida mayor oculta detrás. Pero está escondida detrás. No podrás descubrir esa vida mayor yendo en contra de esta vida; tendrás que descubrir esa vida mayor complaciéndote sin reparos en esta vida. En el océano hay olas. El océano está oculto tras las olas. Si, viendo la agitación y el caos, escapas de las olas, también estarás escapando del océano y de sus profundidades. Lánzate a ellas; esas olas forman parte de él. Sumérgete en ellas y las olas desaparecerán y entonces aparecerá la profundidad, el silencio absoluto del océano.

Este es mi consejo para el que ha preguntado: has esperado demasiado, ¡ya basta!. Cuando ya está bien, ya está bien.

Dejadme que os cuente una anécdota, una antigua broma italiana.

El asistente personal del Papa estaba sirviendo a Su Santidad el desayuno cuando resbaló y volcó toda la comida por el suelo. «¡Maldición!» gritó mientras se caía.

Su Santidad salió de su habitación y le dijo, «No se puede maldecir aquí. En vez de decir eso dí Ave María».

A la mañana siguiente mientras servía su desayuno a Su Santidad, resbaló de nuevo, tirando todo el almuerzo por el suelo. «¡Maldita sea!» exclamó el pobre hombre.

«No, hijo mío» dijo el Papa. «Ave María».

Al tercer día el asistente estaba temblando de miedo, pero esta vez se acordó. «Ave María», exclamó mientras se caía al suelo con el desayuno.

«¡No!» exclamó el Papa. «¡Maldita sea! Este es mi tercer día sin desayuno. ¡Cuando basta, basta!»

Es tu vida. No hay porqué te pierdas el desayuno cada día. Y dos Ave Marías están bien, pero a la tercera ya es «¡Maldita sea!»

La novena pregunta,

Soy un pedrusco en medio de la montaña. Ni esto me atrevo a ver. En vez de ello, sueño. Osho, ¿por qué me hablas de ríos, del océano y del cielo? ¿Cómo pudiste darme sanyas? *Soy un pedrusco en medio de la montaña.*

Todo el mundo es un pedrusco. A menos que llegues a alcanzar tu gloria más interna, serás un pedrusco. Pero no hay nada malo en ser un pedrusco. Un pedrusco no es nada más que Dios profundamente dormido, roncando. Un pedrusco es Dios durmiendo. No hay nada malo en el pedrusco; ha de ser despertado. Por eso te he dado *sanyas.*

Tú dices, «*¿Cómo pudiste darme* sanyas?*»*

Sanyas no es más que un esfuerzo para despertarte, un esfuerzo para sacudirte, un esfuerzo para lanzarte a la consciencia. *Sanyas* no es más que una alarma.

«Ni esto me atrevo a ver, que soy un pedrusco en medio de la montaña. En su lugar, sueño».

Así es como la roca evita su propio crecimiento, como evita su propio futuro: soñando. El soñar es la barrera. Con el soñar evitamos la realidad, con el soñar evitamos lo real. Es nuestro escape. No tienes otro escape. Esta es la única ruta de escape: soñar.

Cuando me estás escuchando, también puedes estar soñando. Aquí sentado puedes tener mil y un pensamientos rondándote por tu cabeza. Puedes pensar en el futuro o en el pasado. Puedes estar a favor o en contra de lo que estoy diciendo, puedes argüir, puedes discutir conmigo en tu interior. Pero así me perderás. Aquí yo soy real. Aquí no has de soñar, tan sólo has de estar conmigo y los resultados serán tremendos.

Pero continuamos soñando. La gente es soñadora, y así funcionan. Cuando hacen el amor a una mujer, están soñando. Cuando comen, están soñando. Cuando dan un paseo por la carretera, cuando salen a pasear por la mañana, con el sol saliendo, con el hermoso día, con la gente comenzando el día, con la vida regresando otra vez, están soñando. No miran nada.

Continuamos soñando. El soñar actúa como una visera y nos seguimos perdiendo la realidad.

«Osho ¿por qué me hablas de ríos, del océano y del cielo?»

Porque esas son tus posibilidades. La roca puede volar, a la roca le pueden crecer alas. Yo mismo fui un día una roca. Luego empecé a desarrollar alas. Sé de tus posibilidades; puede que tú no las conozcas. Por eso te hablo de los ríos, del océano y del cielo. La roca puede convertirse en una flor, la roca puede convertirse en un río, la roca puede convertirse en el océano, la roca puede convertirse en el cielo. ¡Tus posibilidades son infinitas! Tus posibilidades son tantas como las posibilidades de Dios. Tú eres multidimensional.

Por eso continuo hablando de los ríos, de los océanos y del cielo. Un día u otro una gran sed te poseerá, una nueva pasión por lo imposible surgirá y serás capaz de volar en el cielo. Es tuyo, ¡reclámalo! Solamente pareces una roca. También las rocas parecen que sólo son rocas. Si se esfuerzan un poco, si se sacuden a sí mismas un poco, descubrirán que tienen alas escondidas allí. Encontrarán que se les abren infinitas posibilidades, puertas y más puertas.

Pero el soñar actúa como una barrera. El ser una roca no es un problema; el soñar demasiado es el problema. Comienza a abandonar los sueños. Son inútiles, una pérdida de tiempo y nada más. Pero la gente sigue soñando y soñando... Poco a poco la gente empieza a pensar que su única vida es el soñar. La vida no es un sueño y el soñar no es la vida. El soñar es evitar la vida.

Deja que te cuente una anécdota.

En su septuagésimo quinto aniversario, Turtletaub acudió presuroso a la consulta de su médico. «Doctor», exclamó, «tengo una cita esta noche con una chica de veintidós años. Me ha de dar algo que me active».

El médico le sonrió amablemente y le dio una receta. Luego, por la noche, lleno de curiosidad, el médico telefoneó a su paciente, «¿Le ayudó la medicina?»

«¡Es maravillosa!», replicó Turtletaub. «¡Ya lo he hecho siete veces!»

«¡Fantástico!», le dijo el doctor, «¿Y qué hay de la chica?»

«¿De la chica?», dijo Turtletaub, «¡Si aún no ha llegado!»

No sigas soñando; si no, te perderás la chica. Te perderás la vida. Deja de soñar, mira lo que es esto. Y está delante de ti, está a tu alrededor, está dentro y está afuera. Dios es la única presencia si no estás soñando. Si sueñas, entonces tus sueños ocupan tu espacio interior. Se convierten en los obstáculos para que Dios entre en ti. A este soñar lo llamamos *maya*. *Maya* significa un show mágico, un show de fantasía. Cuando no estás soñando, cuando estás en un estado sin sueños, la realidad te es revelada.

La realidad ya está ahí, no has de conseguirla. Solamente has de hacer una cosa: has de dejar de lado tus sueños. Y ya no serás más una roca; podrás volar conmigo a los confines del cielo.

Acepta mi invitación, acepta mi reto. Eso es de lo que trata el *sanyas*.

III

CAMINANDO
EN LA CUERDA FLOJA

Una vez, cuando los hasidas estaban reunidos sentados en hermandad, pipa en mano, el rabino Israel se unió al grupo.

Al ser un hombre muy afable le preguntaron, «Dinos querido rabino, ¿por qué deberíamos servir a Dios?»

El se vio sorprendido por la pregunta y replicó, «¿Cómo voy a saberlo?» Pero entonces les contó esta historia...

Hubo una vez dos amigos del rey y ambos resultaron ser culpables de un crimen. Puesto que el rey les amaba quiso ser clemente con ellos, pero no los pudo exculpar porque ni la palabra de un rey puede prevalecer sobre la justicia. De modo que dictó esta sentencia.

Se tendería una cuerda sobre un profundo abismo y, uno tras otro, los dos tendrían que cruzar por ella. El que llegara al otro lado tendría garantizada su vida.

Se hizo como el rey había ordenado y el primero de los amigos cruzó sano y salvo. El otro, sin haberse movido aún, le gritó, «¿Dime amigo, ¿cómo te las apañaste para cruzar?»

El primero le contestó, «No sé como lo hice, pero sólo sé una cosa: cuando sentía que me iba hacia un lado, me inclinaba hacia el otro».

a Existencia es paradójica; la paradoja es su misma esencia. Existe a través de los opuestos, es un equilibrio de los opuestos. Y uno que aprende a equilibrarse se vuelve capaz de conocer lo que es la vida, lo que es la Existencia, lo que es Dios. La clave secreta es equilibrarse.

Unas cuantas cosas antes de entrar en esta historia... Primero: nosotros hemos sido educados según la lógica aristotélica, que es lineal, unidimensional. La vida no es en absoluto aristotélica, es hegeliana. Su lógica no es lineal, su lógica es dialéctica. El proceso mismo de la vida es dialéctico, un encuentro entre los opuestos. Un conflicto entre los opuestos y aun así un encuentro de los opuestos. Y la vida transcurre a través de este proceso dialéctico: desde la tesis a la antítesis, desde la antítesis a la tesis, y luego, de nuevo, la síntesis se convierte en una tesis. Todo el proceso comienza una vez más.

Si Aristóteles estuviera en lo cierto, habría solamente hombres y no mujeres o solamente mujeres y no hombres. Si el mundo estuviera hecho de acuerdo a Aristóteles, solamente existiría luz y no oscuridad, o solamente oscuridad y no luz. Eso sería lo lógico. Existiría o bien la vida, o bien la muerte, pero no ambos.

Pero la vida no se basa en la lógica aristotélica. La vida es ambos. Y la vida es únicamente posible debido a que ambos existen, debido a los dos opuestos: al hombre y a la mujer, al *ying* y al *yang*, al día y a la noche, al nacer y al morir, al amor y al odio. La vida consiste en ambos.

Esto es lo primero que has de dejar que penetre profundamente en tu corazón, porque Aristóteles está ya en la mente de todo el mundo. Todo el mundo de la educación cree en Aristóteles, aunque para las más avanzadas de las mentes científicas, Aristóteles está pasado de moda. Ya no es aplicable. La ciencia ha trascendido a Aristóteles porque la ciencia se ha aproximado a la Existencia y ahora la ciencia entiende que esta vida es dialéctica y no lógica.

Oí una vez.

¿Sabías que en el arca de Noé estaba prohibido hacer el amor mientras estuvieran embarcados?

Cuando las parejas salían del Arca después del Diluvio, Noé las observaba mientras salían. Por fin, el gato y la gata salieron seguidos de una numerosa corte de gatitos. Noé alzó sus cejas de forma interrogadora y el gato le dijo, «¿Te creíste que estábamos peleando?»

Noé debió de ser aristotélico. El gato sabía más.

El amor es como una pelea, el amor es una pelea. Sin lucha el amor no existiría. Parecen opuestos porque creemos que los amantes nunca se pelean. Esto es algo lógico. Si amas a alguien, ¿cómo te vas a pelear con él? Es absolutamente claro y obvio para el intelecto que los amantes nunca debieran pelear, pero lo hacen. En realidad son íntimos enemigos, continuamente están peleando. En esta pelea, es liberada la energía a la que llamamos amor. El amor no es solamente pelearse, el amor no es solamente enzarzarse, eso es cierto. Es más que eso. También es un pelearse, pero el amor lo trasciende. El pelearse no puede destruirlo. El amor sobrevive al pelearse, pero no puede existir sin él.

Mira la vida: la vida es anti-aristotélica, es no-euclidiana. Si no aplicas tus conceptos a la vida, si simplemente miras a las cosas tal y como son, entonces te verás sorprendido de improviso al ver que los opuestos son complementarios. Y la tensión entre los opuestos es la base misma sobre la cual la vida existe; si no, desaparecería. Piensa en un mundo donde la muerte no existiera... Tu mente podría decir «Entonces la vida perduraría eternamente», pero te equivocas. Si la muerte no existiera, la vida simplemente desaparecería. No puede existir sin la muerte. La muerte le aporta el contraste, la muerte le confiere color y riqueza, la muerte le comunica pasión e intensidad.

Por eso la muerte no está en contra de la vida; eso es lo primero. La muerte está implicada en la vida. Y si quieres vivir de un modo auténtico has de aprender a morir de un modo auténtico. Has de aprender a mantener un equilibrio entre el nacer y el morir y has de permanecer justo en el medio. Ese permanecer en el medio no puede ser algo estático, no consiste en que una vez hayas obtenido algo todo se acabe, que entonces no haya nada más que hacer. Eso es una tontería. Uno nunca alcanza el equilibrio definitivo; uno ha de alcanzarlo una y otra vez.

Esto es algo muy difícil de comprender porque nuestras mentes se han desarrollado bajo conceptos que no son aplicables a la vida real. Crees que una vez has alcanzado la meditación no hay necesidad de nada más, que entonces estarás ya en meditación. Te equivocas. La meditación no es algo estático. Es un equilibrio. Has de lograrlo una y otra vez. Te volverás más y más capaz de alcanzarlo, pero no perdurará para siempre como algo que poseas en tus manos. Ha de ser reclamado a cada instante; solamente entonces será tuyo. No puedes descansar, no puedes decirte, «He meditado, he experimentado eso y ahora ya no hay necesidad de que haga nada más. Ya puedo descansar». La vida no cree en los descansos. Es un movimiento constante desde la perfección hacia una perfección mayor.

Escúchame : desde la perfección hacia una mayor perfección. Nunca es imperfecta, siempre es perfecta, pero siempre puede alcanzarse mayor perfección. Bajo el punto de vista de la lógica estas afirmaciones son absurdas.

Estaba leyendo una anécdota...

Un hombre fue acusado de pagar una cuenta con moneda falsa. Al oírlo, el acusado arguyó que él no sabía que el dinero era falso. Al solicitársele pruebas admitió, «Es porque yo lo robé. ¿Habría robado yo el dinero si hubiera sabido que era falso?»

Después de pensarselo un rato, el juez decidió ser benévolo, de modo que retiró los cargos de falsificación, pero los sustituyó por uno nuevo: el de robo.

«Es verdad que lo robé», admitió el acusado, «pero el dinero falso no tiene valor legal. ¿Es pues un crimen robar algo que no vale nada?»

Nadie pudo encontrar fallo alguno en su lógica, por lo que fue puesto en libertad.

Pero la lógica no funciona en la vida. No puedes quedarte libre tan fácilmente.

Puedes salir de una trampa de un modo legal y lógico porque la trampa consiste en lógica aristotélica. Puedes emplear la misma lógica para salirte de ella. Pero en la vida no te será tan fácil escaparte gracias a la lógica, gracias a la teología, gracias a la filosofía, gracias a tu gran inteligencia, a tu habilidad inventando teorías. Solamente podrás salirte de la vida o trascenderla mediante la auténtica experiencia.

Hay dos clases de personas que son religiosas. El primer tipo es el infantil que busca la figura del padre. El primer tipo es inmaduro, no es capaz de confiar en sí mismo, por esto necesita de un Dios en alguna parte. Puede que Dios exista o no, eso no importa, pero necesita de Dios. Incluso aunque Dios no exista, la mente inmadura lo inventará porque la mente inmadura tiene una necesidad psicológica. No es cuestión de si Dios existe o no; es una necesidad psicológica.

En la Biblia se dice que Dios hizo al hombre a su propia imagen, pero la inversa es más cierto: el hombre hizo a Dios a su propia imagen. Sea cuál sea tu necesidad, creas esa clase de Dios, por eso el concepto de Dios varía según las épocas. Cada país tiene su propio concepto porque cada país tiene sus propias necesidades. De hecho cada persona posee un concepto diferente de Dios porque sus necesidades están ahí y ha de satisfacerlas.

Por eso el primer tipo de persona religiosa, la mal llamada persona religiosa, es sencillamente una persona inmadura. Su religión no es una religión, sino una psicología. Y cuando una religión es psicología, es simplemente un sueño, un deseo, una satisfacción de deseos. No tiene nada que ver con la realidad.

Estaba leyendo...

Un niño estaba rezando sus oraciones y acabó con esta frase, "Dios mío, cuida de mamá, cuida de papá, cuida de mi hermanita y de tía Emma y de tío John y del abuelo y de la abuela y, por favor, ¡cuida de ti mismo o todos nosotros estaremos perdidos!"

Este es el Dios de la mayoría. El noventa por ciento de la gente a la que llamas religiosa es gente inmadura. Creen porque son incapaces de vivir sin creencias; creen porque la creencia les da cierta clase de seguridad; creen porque la creencia les ayuda a sentirse protegidos. Es su sueño, pero les ayuda. En la noche oscura de la vida, en la gran lucha por la existencia, sin una creencia así se sentirían solos. Pero su dios es su dios, no el Dios de la realidad. Y una vez se deshagan de su inmadurez, su dios desaparecerá.

Eso es lo que le ha ocurrido a mucha gente. En este siglo mucha gente se ha vuelto irreligiosa. No es que hayan llegado a saber que Dios no existe, sino que, en estos tiempos, el hombre ha madurado. El hombre ha llegado a la edad adulta, el hombre se ha vuelto un poco más maduro, de modo que el dios de la infancia, el dios de la mente inmadura sencillamente se ha vuelto irrelevante.

Eso es lo que quiere decir Friederich Nietzsche cuando declara que «Dios ha muerto». No es que Dios esté muerto; es el dios de la mente inmadura el que ha muerto. En realidad el decir que Dios ha muerto no es correcto porque ese dios nunca ha estado vivo. La única expresión acertada sería decir que «Dios ha dejado de ser importante». El hombre es capaz de confiar más en sí mismo, no necesita creer, no necesita de las muletas de la creencia.

Por eso la gente ha ido perdiendo más y más el interés en la religión, se han vuelto indiferentes a lo que ocurre en las iglesias. Se han vuelto tan indiferentes que ni siquiera discrepan de lo que se dice en ellas. Si dices, «¿Crees en Dios?», te contestarán, «Está bien tanto si existe como si no existe; no importa, no hay diferencia alguna». Tan sólo para ser corteses, si tú eres creyente te dirán, «Sí, lo hay». Si no eres creyente, te contestarán, «No, no existe». Pero ha dejado de ser algo que preocupe apasionadamente.

Esta es la primera clase de religión, la que ha existido por los siglos de los siglos, en todas las épocas y que se está volviendo más y más anticuada, obsoleta. Su tiempo ha pasado. Se necesita de un dios nuevo, que no sea psicológico, se requiere de un nuevo dios que sea existencial: el Dios de la Realidad, el Dios como realidad. Podemos incluso abandonar la palabra «Dios» «Lo Real» nos puede servir, «lo Existencial» nos puede servir.

Luego hay un segundo tipo de gente religiosa para la cual la religión no nace del miedo. El primer tipo de religión nace del miedo; el segundo tipo, también falso, también pseudo, también mal llamado religión, no nace del miedo. Nace de la astucia. Hay gente astuta que inventa teorías, que es muy hábil con la lógica, con la metafísica, con la filosofía. Crean una religión que es pura abstracción, una hermosa pieza de arte, de inteligencia, de intelectualidad, de filosofía, pero que nunca penetra en la vida, que nunca roza la vida, que simplemente permanece como una idea abstracta.

Una vez Mulla Nasrudin me estaba diciendo, «Nunca he llegado a ser lo que debiera de haber sido. Robaba sandías y pollos, me emborrachaba y me metía en peleas a puñetazo y navajazo limpio, pero hay una cosa que nunca he hecho: a pesar de toda mi mezquindad, nunca me he desecho de mi religión».

¿Qué clase de religión es ésta? No tiene impacto sobre la vida.

Tú crees, pero esa creencia nunca penetra en la vida, nunca la transforma, nunca se convierte en parte intrínseca de ti, nunca circula por tu sangre, nunca la respiras, nunca late en tu corazón. Es simplemente algo inútil, a lo sumo, quizás ornamental, pero sin utilidad para ti. En determinados días acudes a la iglesia. Es una formalidad, una exigencia social. Y puedes hablar de Dios, de los Vedas, de la Biblia, del Corán, pero no eres sincero al hablar, no sientes lo que dices. Tu vida sigue sin eso, tu vida discurre por un camino totalmente distinto, no tiene nada que ver con la religión. Observa... uno dice que es un musulmán, otro que es un hindú, otro un cristiano, otro un judío. Sus creencias son diferentes, pero observa su vida y no notarás diferencia alguna. El musulmán, el judío, el cristiano, el hindú, todos viven la misma vida. Su vida no es ni rozada por sus creencias. De hecho las creencias no pueden tocar la vida, las creencias son artilugios, las creencias son astutos artilugios mediante los cuales dices, «Sé lo que es la vida» y así puedes descansar en paz, dejas de estar presionado por la vida. Sostienes un concepto y ese concepto te ayuda a racionalizar. De este modo la vida no te afecta mucho porque posees todas las respuestas a todas las preguntas.

Pero recuerda... a menos que la religión sea personal, a menos que la religión no sea abstracta, sino real, a menos que esté profundamente arraigada en ti, en tu ser, a menos que sea como uña y carne contigo, es inútil, no sirve de nada. Es la religión de los filósofos y no la religión de los sabios.

Entonces surge la tercera clase... y ésa es la verdadera clase. Las otras dos eran falsificaciones de la religión, pseudo dimensiones sin valor, facilonas, porque no suponen un reto para ti. La tercera es muy difícil, ardua. Es un gran reto. Creará una gran agitación en ti porque la tercera, la verdadera religión, dice que a Dios te has de dirigir de un modo personal. Has de provocarle y le has de permitir que te provoque y has de arreglártelas con El. En realidad, has de luchar con El, has de chocar con El. Has de amarle, has de odiarle, has de ser su amigo y has de ser su enemigo, has de hacer de la experiencia de Dios una experiencia viva.

Oí una vez de un niño y me gustaría que fueras como ese niñito. Era realmente muy inteligente...

Un niño se perdió durante una excursión campestre dominical. Su madre empezó a buscarle desesperadamente y pronto empezó a oír voces de niño que decían, «¡Estrella, Estrella!»

Divisó al niño y rápidamente lo cogió por los brazos, «¿Por qué me estabas llamando por mi nombre, llamándome Estrella en vez de decirme mamá?», le preguntó, pues el niño nunca la había llamado así.

«No te podía llamar mamá», le dijo el niño, «porque este sitio está lleno de mamás».

Si dices «mamá», hay muchas mamás, las hay en todas partes. Has de llamarla de una forma personal, has de llamarla por su nombre.

A menos que te dirijas a Dios de una forma personal, llamándole por su nombre, nunca se convertirá en una realidad en tu vida. Puedes seguir llamándole «Padre», pero ¿de qué padre estás hablando? Cuando Jesús Le llamaba «Padre», se dirigía a El de un modo personal. Cuando tú Le llamas así haces de forma absolutamente impersonal. Es cristiana, pero impersonal. Cuando Jesús Le llamaba «Padre» tenía un sentido. Cuando tú Le llamas «Padre» carece de sentido, no has establecido contacto alguno, no hay un verdadero contacto con El. Solamente la experiencia de la vida, que no es ni creencia ni filosofía, solamente la experiencia de la vida te hará capaz de que te dirijas a El personalmente. Entonces podrás encontrarle.

Y a menos que encuentres a Dios, estarás simplemente engañándote a ti mismo con palabras... con palabras vacías, huecas, con palabras carentes de contenido.

Hubo un místico sufí muy famoso, Shaquiq se llamaba. Confiaba en Dios tan tremendamente, tan ciegamente, que vivió solamente de esa confianza.

Jesús les dice a sus discípulos, «Mirad esos lirios del campo, no se afanan y aun así son tan bellos y están tan vivos que ni Salomón en toda su gloria fue tan hermoso». Shaquiq vivía la vida de un lirio. Ha habido muy pocos místicos que han vivido así, pero ha habido gente que sí ha vivido así. La confianza es tan infinita, la confianza es tan absoluta que no hay necesidad de hacer nada. Dios va haciendo las cosas por ti. De hecho, aunque tú las hagas, El las está haciendo, lo único que ocurre es que tú piensas que eres tú el que las haces.

Un día un hombre acudió a Shaquiq acusándole de pereza, de desidia y le pidió que trabajara para él. «Te pagaré de acuerdo a tus servicios», añadió el hombre.

Shaquiq replicó, «Aceptaría tu oferta si no fuera por unas cuantas objeciones. Primero, podrías ir a la bancarrota. Segundo, los ladrones podrían robar tus tesoros. Tercero, me des lo que me des, lo harás de mala gana. Cuarto, si descubres fallos en mi trabajo, probablemente me despedirás. Quinto, la muerte podría sobrevenirte y yo perdería la fuente de mi sustento».

«Sucede», dijo Shaquiq «que tengo un verdadero Maestro que carece de tales imperfecciones».

Eso es lo que es la confianza. Ten confianza en la vida y no podrás perder nada. Pero esa confianza no puede venir con el adoctrinamiento, esa confianza no llega a través de la educación, de la prédica, del estudio, del pensar, esa confianza llega tan sólo mediante el vivir la vida a través de sus opuestos, con todas sus contradicciones, con todas sus paradojas. Cuando, a pesar de las paradojas, llegas a un punto de equilibrio, surge la confianza. La confianza es un perfume del equilibrio, la fragancia del equilibrio.

Si realmente deseas llegar a la Verdad, abandona todas tus creencias. No te ayudarán. Una mente que cree es una mente estúpida. Una mente que confía es pura inteligencia. Una mente que cree es una mente mediocre. Una mente que confía se vuelve perfecta. La confianza la hace perfecta.

Y la diferencia entre el creer y el tener fe, confianza, es simple. No te estoy hablando del significado de las palabras en el diccionario. En el diccionario puede que sea así, que el creer sea tener confianza, que el tener confianza sea tener fe, que tener fe quiera decir creer. Yo estoy hablando de la Existencia.

En un modo existencial la creencia es algo prestado; la confianza es algo tuyo. Crees en lo que crees, pero la duda subsiste escondida. El confiar no contiene nada de duda; es simplemente estar vacío de dudas. La creencia crea división en ti. Una parte de tu mente cree y una parte de tu mente niega. La confianza es una unidad de tu ser, de tu totalidad.

Pero ¿cómo puede tu totalidad confiar si nunca la has vivido? El dios de Jesús no te servirá, el dios de mi experiencia no te servirá, el dios de la experiencia de Buda no te servirá; ha de ser tu experiencia. Y si acarreas creencias te encontrarás una y otra vez con experiencias que no encajan con las creencias y entonces surgirá una tendencia de la mente a no creer en esas experiencias, a no darles importancia porque suponen una molestia. Ellas destruyen aquello en lo que crees y tú quieres aferrarte a tus creencias. Entonces, cada vez te irás volviendo más y más ciego a la vida. La creencia se convertirá en una venda para los ojos.

La confianza abre los ojos, la confianza no tiene nada que perder, la confianza significa que aquello que es real, es real, que puedo poner mis deseos y anhelos a un lado, porque no hacen a la realidad diferente, solamente pueden distraer a la mente de la realidad.

Si crees en algo y te encuentras con una experiencia de la cual la creencia dice que no es posible, o, que la experiencia es tal que has de abandonar la creencia, ¿qué es lo que vas a escoger? ¿La creencia o la experiencia? La tendencia de la mente es a escoger la creencia, a olvidarse de la experiencia. Así es como has estado perdiéndote muchas oportunidades cuando Dios ha estado llamando a tu puerta.

Recuerda que no eres solamente tú el que está buscando la Verdad. La Verdad también te está buscando. Muchas veces su mano se ha acercado a ti, casi te ha tocado, pero tú te encogiste. No encajaba con lo que creías y elegiste tu creencia.

Me contaron un chiste judío muy hermoso.

Es un chiste sobre un vampiro que una noche se dirigió a la habitación de Patrick O'Rourke para chuparle su sangre.

Acordándose de las historias que su madre le había contado, O'Rourke agarró un crucifijo y lo esgrimió frenéticamente delante la cara del vampiro. El vampiro se detuvo por un instante, meneó su cabeza de modo apesadumbrado, chasqueó su lengua y comentó genialmente en el más puro acento *yiddish*, «¡*Oy vey bubbula*! (*)¡Te encontraste con el vampiro equivocado!»

Si el vampiro hubiera sido cristiano, ¡de acuerdo!. Puedes enseñarle la cruz, pero si el vampiro es judío, ¿entonces qué? Entonces, «¡*Oy vey bubbula*! ¡Te encontraste con el vampiro equivocado!»

Si crees en algo determinado y la vida no encaja con ello, ¿qué harás? Puedes seguir esgrimiendo tu crucifijo, pero el vampiro es judío y no hará caso de tu cruz. ¿Qué harás entonces?

La vida es inmensa y las creencias son muy pequeñas, la vida es infinita y las creencias son muy diminutas. La vida nunca encaja con ninguna creencia y si tratas de imponer la vida sobre tus creencias estarás tratando de conseguir lo imposible. Nunca ha sucedido ni nunca sucederá de modo natural. Abandona las creencias y empieza a aprender cómo vivir tus experiencias.

Ahora vayamos con esta historia.

Una vez, cuando los hasidas estaban reunidos sentados en hermandad, pipa en mano, el rabino Israel se unió al grupo.

Al ser un hombre muy afable le preguntaron, «Dinos querido rabino, ¿por qué deberíamos servir a Dios?»

Unas cuantas cosas sobre el hasidismo. En primer lugar, la palabra «hasid» proviene de una palabra hebrea que significa

---

* N. del T.- El *yiddish* es una lengua que emplean los judios, derivada del alemán, inglés, y otras leguas centroeropeas.

«¡*Oh vay bubbula*!» significa, «¡Oh no, querido!».

pío, puro. Se deriva del nombre «hased» que significa gracia.

Esta palabra «hasid» es muy hermosa. Todo el fundamento del hasidismo se basa en la gracia. No es que tú tengas que hacer algo. La vida ya te está sucediendo; tan sólo guarda silencio, mantente pasivo, alerta, receptivo. Dios desciende por su gracia, no por tu esfuerzo. Por eso el hasidismo no prescribe austeridades. El hasidismo cree en la vida, en la alegría. El hasidismo es una de las religiones mundiales que afirma la vida. No contiene renunciación alguna, no has de renunciar a nada; más bien has de celebrar. Se dice que el fundador del hasidismo, Baal-Shem, decía, «He venido para enseñaros un nuevo camino. No es de ayuno, ni de penitencia y tampoco es de indulgencia, sino de regocijo en Dios».

El hasida ama la vida, intenta vivir la vida. Esa misma experiencia de la vida comienza a darte un equilibrio y en ese estado de equilibrio, algún día, cuando estés plenamente equilibrado, sin inclinarte ni a un lado ni a otro, cuando estés exactamente en el medio, trascenderás. El medio es trascender, el medio es la puerta desde donde uno trasciende.

Si realmente deseas conocer lo que es la Existencia, no es ni la vida ni la muerte. La vida es un extremo, la muerte es el otro extremo. Es exactamente en el punto medio donde no existe ni la muerte ni la vida, donde uno es, simplemente no nacido, inmortal. En ese momento de equilibrio, de balance, la gracia desciende.

Me gustaría que todos os volviérais hasidas, receptores de la gracia. Me gustaría que aprendiérais esta ciencia, este arte del equilibrio.

La mente escoge los extremos muy fácilmente. Hay gente que indulge; se complacen en la sensualidad, en la sexualidad, en la comida, en las ropas, en las casas, en esto y en lo otro. Hay gente que tiende a la complacencia. Se inclinan demasiado hacia la vida, se caen, se derrumban. Luego hay esa otra gente que, viendo a la otra gente caerse de esa cuerda floja que es la Existencia hacia la complacencia, hacia el abismo que es la indulgencia, se asustan. Empiezan a inclinarse hacia el otro extremo. Renuncian al mundo, escapan a los Himalayas, escapan de la esposa, de los niños, del hogar, del mundo, del mercado y se esconden en los monasterios. Han elegido el otro extremo. La complacencia es la vida extrema; la renunciación es la muerte extrema.

Por eso hay algo de verdad en el comentario de Friedrich Nietzsche sobre el hinduismo, «El hinduismo es la religión de la muerte». Hay algo de verdad cuando Nietzsche dice que Buda se asemeja a un suicida. La verdad es ésta: que puedes ir de un extremo al otro.

Todo el enfoque hasida es no escoger extremo alguno, es permanecer sencillamente en el medio, asequible a ambos extremos y no obstante trascenderlos; sin estar identificado con ninguno, sin estar ni obsesionado, ni aferrado a ninguno. Simplemente mantenerse libre disfrutando de ambos. Si es la vida la que llega, disfruta de la vida. Si es la muerte la que llega, disfruta de la muerte. Si, por su gracia, Dios da la vida, el amor,... bien. Si El envía la muerte, también debe ser bueno. Es su regalo.

Baal-Shem está en lo cierto cuando dice, «He venido para enseñaros el gozo de Dios». El hasidismo es una religión de celebración. Es la flor más pura de toda la cultura judaica. El hasidismo es la fragancia de toda la raza judía. Es uno de los fenómenos más bellos habidos en la Tierra.

Una vez cuando los hasidas estaban reunidos sentados en hermandad...

El hasidismo enseña la vida en comunidad. En un enfoque comunal. Se dice que el hombre no es una isla, que el hombre no es un ego. No debería ser un ego, no debería ser una isla. El hombre debería vivir una vida de comunidad.

Aquí estamos desarrollando una comunidad hasida. El vivir en comunidad es vivir en amor, el vivir en comunidad es vivir es compromiso, ocupándote de los demás.

Hay muchas religiones que están muy, muy orientadas hacia el yo, que solamente piensan en el yo, que nunca piensan en la comunidad. Su único pensamiento es cómo me voy a liberar, cómo conseguir mi liberación, cómo puedo alcanzar el *moksha*, mi libertad, mi liberación, mi salvación. Pero todo está precedido por el «mí», por el «yo». Y esas religiones tratan por todos los medios de abandonar el ego, pero todo su esfuerzo se basa en el ego. El hasidismo dice que si quieres dejar a un lado el ego, el mejor modo es vivir en una comunidad, es vivir con gente, preocuparte por la gente, de su alegría, de su tristeza, de su felicidad, de su vida, de su muerte. Crea un preocuparte de los demás, implícate y entonces el ego desparecerá por sí mismo. Y cuando el ego ha desaparecido, eres libre. El ego no puede ser libre; solamente hay un «liberarse del ego».

El hasidismo emplea la vida en comunidad como un artilugio. Los hasidas han vivido en pequeñas comunidades y han creado hermosas comunidades, muy alegres, con bailes y disfrutando de las pequeñas cosas de la vida. Convierten a las pequeñas cosas de la vida en sagradas. Hacen sagrados los pequeños hechos diarios: el comer, el beber. Todo adquiere la cualidad de la plegaria. Lo común de la vida deja de ser común, es insuflado con la gracia divina.

Una vez cuando los hasidas estaban reunidos sentados en hermandad...

Esta es la diferencia. Si ves a los monjes jainos sentados nunca los verás en hermandad. No es posible. Su enfoque es distinto. Cada monje jaino es una isla, pero los hasidas no son islas. Son continentes, en hermandad profunda.

Recuérdalo. La comunidad que me gustaría creciera aquí debería ser más hasida, menos como los monjes jainos, porque un hombre solo, encerrado en sí mismo, es algo feo. La vida está en el amor, la vida está en el fluir, en el dar y el tomar y el compartir.

Puedes ir a un monasterio jaino o a un templo jaino donde los monjes jainos están sentados. Simplemente observa. Verás como todo el mundo está encerrado en sí mismo, sin relacionarse. Eso es en lo que se esfuerzan: en no relacionarse.

Todo el esfuerzo se centra en cómo desconectarse de toda relación. Pero cuanto más te desconectas de la comunidad y de la vida, más muerto estás. Es muy difícil encontrar a un monje jaino que esté todavía vivo. Y lo sé bien porque yo nací en una familia jaina y los he estado observando desde mi infancia. ¡Me quedaba asombrado! ¿Qué calamidad puede haberles sucedido a esa gente? ¿Qué es lo que fue mal? Están muertos. Son cadáveres. Si te acercas a ellos sin ningún prejuicio, sin pensar que son grandes santos, si simplemente vas, observando sin prejuicio alguno, te quedarás sorprendido, anonadado. ¿Qué enfermedad, qué mal, ha afectado a esa gente? Están neuróticos. Su preocupación por sí mismos se ha convertido en su neurosis.

La comunidad ha perdido completamente todo significado para ellos, pero todo significado está en la comunidad. Recuerda... cuando ames a alguien, no es solamente que le ames, es que al dar, creces. Cuando el amor empieza a fluir entre tú y el otro, ambos resultáis beneficiados. Y en ese intercambio de amor vuestras potencialidades se actualizan. Así es como sucede la auto-realización. Ama más y serás más; ama menos y serás menos. Siempre serás en proporción a tu amor. La proporción en que amas es la proporción en que eres.

Una vez cuando los hasidas estaban reunidos sentados en hermandad, pipa en mano...

¿Puedes imaginarte a un santo pipa en mano?

...pipa en mano, el rabino Israel se unió al grupo.

Ha de permitirse que la vida sea santificada, que sea consagrada, incluso hasta una pipa. Puedes fumar como si rezaras. O puedes rezar como si no rezaras. No es una cuestión de lo que hagas... puedes ir al templo, puedes ir a la mezquita, pero aun así puedes rezar como si no oraras. Depende de ti, depende de la cualidad que le confieras a tu oración. Puedes comer, puedes fumar, puedes beber y puedes hacer todas esas pequeñas cosas, esas cosas mundanas, con tal gratitud que se convertirán en oración.

La otra noche vino un hombre. Se postró ante mí y me tocó los pies. En la forma en que lo hacía había, lo pude ver, muy poco de reverencia. Era hindú y lo estaba haciendo como si fuera un deber. O puede que ni fuera consciente de lo que estaba haciendo. Así se le debió de educar, pero yo sentí, pude ver, que su energía era absolutamente irreverente. Y me preguntaba a qué habría venido. Quería hacerse *sanyasin*. Nunca digo que no, pero deseé decírselo. Pensé por un instante en hacerlo. Si le rechazaba, no parecería correcto, pero el hombre estaba absolutamente equivocado. Finalmente le dije, «De acuerdo, te daré *sanyas*», porque no podía rechazarle, no podía decirle no. Me es muy difícil emplear esa palabra.

Por eso le di *sanyas* y entonces todo se volvió claro. Inmediatamente después del *sanyas* me dijo, «Me he arrodillado a tus pies, ahora ayúdame. «He sido desplazado» - él estaba en el ejército - «he sido desplazado a un destacamento en Palampur. Osho, con tu poder espiritual, ayúdame a que sea transferido a Ranchi».

Mi poder espiritual ha de ser empleado para que él sea transferido a Ranchi. ¿Qué clase de concepto tiene él del poder espiritual? Ahora todo estaba claro. No estaba interesado en el *sanyas*. El que él tomara *sanyas* era un soborno. Debió de pensar que si él pedía para que fuera transferido sin haber tomado *sanyas*, no sería lo correcto. Por eso primero se hizo *sanyas*in y luego lo pidió.

El pensar en estos términos es sencillamente irreverente, poco espiritual. El dice que es un seguidor de Paramahansa Yogananda y la forma en que lo dijo fue sumamente egoísta, sintiéndose muy orgulloso, muy superior. «Soy seguidor de Paramahansa Yogananda. Soy un discípulo. He estado trabajando sobre mí durante muchos años... y por eso quiero ir a Ranchi». Ranchi es el centro de los discípulos de Paramahansa Yogananda.

Ese hombre carecía absolutamente de espiritualidad. No había nada de espiritual, de reverente, en su enfoque.

Lo que quiero que veas claro es esto: que no depende de lo que hagas. Puedes tocar mis pies de modo irreverente. Entonces eso no tiene sentido. Pero puedes fumar y puedes hacerlo de una forma tan reverente que tu oración alcance a Dios.

Eso es muy difícil para la gente que tiene ideas fijas sobre la religión, la espiritualidad, pero a mí me gustaría que te volvieras más líquido. No tengas ideas fijas. Observa.

... pipa en mano, el rabino Israel se unió al grupo. Al ser un hombre muy afable le preguntaron, «Dinos querido rabino, ¿por qué deberíamos servir a Dios?»

Sí, solamente en profunda amistad se puede preguntar. Y solamente en profunda amistad se puede contestar. Entre el Maestro y el discípulo se establece una profunda amistad. Es una relación de amor. Y el discípulo ha de esperar el momento apropiado y el Maestro también ha de esperar el momento apropiado, cuando la amistad es un flujo, cuando desaparecen los obstáculos, cuando se pueden contestar las preguntas. O incluso, a veces, sin responder, aquellas pueden ser contestadas. Incluso sin verbalizar puede ser entregado el mensaje.

El se vio sorprendido por la pregunta y replicó, «¿Cómo voy a saberlo?»

En realidad, ésa es la respuesta de todos aquellos que saben: «¿Cómo voy a saberlo?»

«¿Cómo servir a Dios? Estás planteando una pregunta tan importante que yo no soy digno de contestarla», dijo el Maestro, «¿Cómo voy a saberlo?»

No se puede saber nada del amor, no se puede saber nada de cómo servir a Dios. Es muy difícil.

Pero entonces les contó esta historia...
Primero les dice, «¿Cómo voy a saberlo?» Primero les dice

que el conocimiento aplicado a tales cosas no es posible. Primero les dice que no les puede aportar nada de saber sobre estas cosas. Primero dice que no te puede hacer más sabio con respecto a estos temas. No existe la forma. Pero entonces cuenta esta historia.

Una historia es absolutamente diferente a hablar de teorías. Una historia es algo más vivo, más revelador. No dice mucho, pero enseña mucho. Todos los grandes Maestros han utilizado las historias, las parábolas, las anécdotas. El motivo es que, si dices algo directamente, eso duele mucho. Una expresión directa es demasiado cruda, primitiva, ruda, desagradable. La parábola dice eso mismo de una forma indirecta. Lo hace más suave, lo hace más poético, menos lógico, más cercano a lo vital, más paradójico. No puedes emplear un silogismo refiriéndote a Dios, no puedes emplear argumento alguno, pero sí puedes contar historias.

Y la raza judía es una de las razas de la Tierra más ricas en historias. Jesús era judío y ha contado algunas de las más bellas parábolas que jamás se han contado. Los judíos han aprendido a contar historias. De hecho, los judíos no saben mucho de filosofías, pero tienen bellas parábolas filosóficas. Dicen mucho. Sin decirlo, sin apuntar nada directamente, crean una atmósfera. En esa atmósfera algo puede ser entendido. Ese es todo el porqué de una parábola.

Pero entonces les contó esta historia...

Primero les dijo, «¿Cómo voy a saberlo?». Primero niega simplemente cualquier posibilidad de saber algo sobre ello. Un filósofo diría, «Sí lo sé». Un filósofo propondría una teoría en términos claros, lógicos, matemáticos, en silogismos, de forma argumentativa. El trata de convencer. Puede que no te convenza, pero te obliga a guardar silencio.

Una parábola nunca trata de convencerte. Te toma por sorpresa, te persuade, te cosquillea en tu interior más profundo.

En el instante en que el Maestro dice, «¿Cómo voy a

saberlo?», les está diciendo, «Relajaos, no os voy a dar ninguna explicación, no os voy a dar teoría alguna. Y no necesitáis estar preocupados porque os vaya a intentar convencer. Simplemente disfrutad de la parábola, de esa pequeña historia». Cuando te pones a escuchar una historia, te relajas. Cuando escuchas una teoría, te pones tenso. Y eso que crea tensión en ti no puede serte de mucha ayuda. Es destructivo.

Pero entonces les contó esta historia...

Hubo una vez dos amigos del rey y ambos resultaron ser culpables de un crimen. Puesto que el rey les amaba quiso ser clemente con ellos, pero no los pudo exculpar porque ni la palabra de un rey puede prevalecer sobre la justicia. De modo que dictó esta sentencia.

Se tendería una cuerda sobre un profundo abismo y, uno tras otro, los dos tendrían que cruzar por ella. El que llegara al otro lado tendría garantizada su vida.

Una parábola posee cierta atmósfera, una atmósfera muy hogareña como si tu abuela te estuviera contando un cuento y tú te fueras quedando dormido. Los niños piden, «Cuéntanos cuentos». Eso les ayuda a relajarse y a quedarse dormidos. Una historia es algo muy relajante y no crea presión alguna en tu mente. Más bien empieza a jugar con tu corazón. Cuando escuchas una historia no la escuchas desde la cabeza, no puedes escuchar una historia con la cabeza. Si la escuchas con la mente, te la perderás. Si la escuchas desde la cabeza no existe la posibilidad de que comprendas la historia. Una historia ha de entenderse con el corazón.

Por eso es que las razas y los países que son muy mentales no son capaces de comprender bellos chistes. Por ejemplo, ¡los alemanes! No son capaces de entenderlos. Son una de las razas más inteligentes del mundo, pero no tienen una buena provisión de chistes.

Un hombre le estaba diciendo a un alemán, - lo acabó de oír

en el *ashram* - le estaba diciendo a un alemán que acababa de escuchar una gracioso chiste alemán.

El alemán le dijo, «Recuerda que soy un alemán».

A lo que el hombre replicó, «Vale, entonces te lo contaré muy, muy despacio».

Es muy difícil. Alemania es el país de los profesores, de los lógicos, de Kant, de Hegel y de Feuerbach, y ellos siempre han estado pensando a través de la mente. Han cultivado la mente, han creado grandes científicos, lógicos, filósofos, pero se han perdido algo.

En la India no abundan los chistes, hay una gran pobreza de espíritu. No puedes encontrar un sólo chiste específicamente hindú, no. Todos los chistes que se cuentan en la India son tomados de Occidente. No existen los chistes hindúes. No he descubierto ninguno. ¡Y puedes creerme porque conozco todos los chistes del mundo! No existe, como tal, ningún chiste hindú. ¿Por qué razón? Son, de nuevo, gente muy intelectual. Han estado elaborando y enhebrando teorías. Desde los Vedas hasta Sarvapalli Radhakrishnan han estado elaborando y tejiendo teorías y más teorías y se han metido en ello tan intensamente que se han olvidado de cómo contar una bella historia o cómo hacer un chiste.

El rabino empezó a narrar esa bella historia. Los discípulos se debieron de relajar, se debieron de poner atentos y relajados. Esa es la belleza de una historia. Cuando se te cuenta la historia te mantienes atento, pero no tenso. Puedes estar relajado y al mismo tiempo atento. Surge una atención pasiva cuando escuchas un relato. Cuando estás escuchando una teoría te pones muy tenso porque si te pierdes una sola palabra puede que no seas capaz de comprenderla. Te concentras más. Cuando escuchas una historia te vuelves más meditativo, no hay mucho que perder. Incluso si te pierdes algunas palabras, no te perderás nada porque si sientes la historia, la entenderás. No depende tanto de las palabras.

Los discípulos se debieron de relajar y el Maestro les contó esta historia.

De modo que dictó esta sentencia.

Se tendería una cuerda sobre un profundo abismo y, uno tras otro, los dos tendrían que cruzar por ella. El que llegara al otro lado tendría garantizada su vida.

Esta frase es muy significativa, «El que llegara al otro lado tendría garantizada su vida».

Jesús les dice repetidamente a sus discípulos, «Venid a mí si deseáis tener vida en abundancia. Si queréis vida en abundancia, venid a mí». Pero la vida en abundancia únicamente es obtenida por aquellos que trascienden la vida y la muerte, que trascienden la dualidad, que pasan a la otra orilla. La otra orilla, el otro lado, es simplemente un símbolo de lo trascendental. Pero es solamente un apunte. No se dice nada determinado; sólo se indica algo.

Y entonces la historia sigue.

Se hizo como el rey había ordenado y el primero de los amigos cruzó sano y salvo.

Esas son las dos clases de personas.

La primera sencillamente cruza sana y salva. Por lo general, nos gustaría preguntar cómo caminar por una cuerda floja. Una cuerda floja se tiende sobre un abismo. Es algo peligroso. Generalmente nos gustaría conocer el cómo, el método, el medio, la forma de cómo hacerlo. Nos gustaría saber el cómo, la técnica. Debe de haber una técnica. Durante siglos la gente ha caminado en la cuerda floja.

Pero el primero simplemente camina sin preguntar, sin ni siquiera esperar al otro. Esta es la tendencia natural: dejar al otro ir primero. Al menos así podrás observarle y ver aquello que puede serte de ayuda. No. El sencillamente caminó. Debe de haber sido un hombre de tremenda confianza, debe de haber sido un hombre de una confianza indestructible, debe de haber sido un hombre que aprendió una cosa en la vida: que solamente hay una forma de vivir y ésa es vivir, el experimentar. No hay otra forma.

No puedes aprender a caminar por la cuerda floja viendo cómo lo hace uno que camina en la cuerda floja. No, nunca. Porque el quid no está en algo tecnológico que puedas observar desde el exterior. Es cierto equilibrio interior que solamente conoce el que anda. Y no puede ser transferido. El no puede contárnoslo, no puede ser verbalizado. Nadie que sea capaz decaminar en la cuerda floja puede explicar a otro cómo se las arregla.

Vas en bicicleta. ¿Puedes explicar cómo lo haces? Sabes equilibrarte, es cómo caminar en la cuerda floja, con las dos ruedas en línea recta. Y vas rápido y confías. Si alguien te pregunta cuál es el secreto, ¿puedes reducirlo a una pura fórmula, como el H_2O? ¿Puedes resumirlo en una máxima? No dices, «Este es el principio. Yo sigo este principio». Tú dirás, «La única forma es que vengas y te sientes en la bici y yo te ayudaré a montar. Caerás unas cuantas veces y luego descubrirás que la única manera de saber cómo hacerlo, es hacerlo». La única manera de aprender a nadar es nadando, con todos los peligros que eso implica.

El hombre que fue en primer lugar debió de tener una profunda comprensión de su vida, de que la vida no es un libro de texto. No se te puede enseñar sobre esto. Has de vivirlo. Y debió de ser un hombre de una consciencia extraordinaria. No dudó, sencillamente caminó como si siempre hubiera estado caminando por la cuerda floja. Nunca antes había caminado por ella. Esa era la primera vez.

Pero para un hombre de consciencia todo es una primera vez y un hombre de consciencia es capaz de hacer cosas, aunque las haga por primera vez, de un modo perfecto. Su eficiencia no proviene de su pasado, su eficiencia proviene de su presente. Recuerda esto. Puedes hacer las cosas de dos maneras. Puedes hacer algo porque lo hayas hecho anteriormente, de modo que sepas cómo hacerlo. No necesitarás estar presente, podrás hacerlo sencillamente de un modo mecánico. Pero si no lo has hecho antes y lo vas a hacer por primera vez, has de mantenerte tremendamente alerta porque no tienes experiencia alguna del pasado. Por eso no puedes confiar en la memoria; has de confiar solamente en la consciencia.

Esas son las dos formas de hacer las cosas. O bien funcionas desde la memoria, desde lo que sabes, desde el pasado, desde la mente, o funcionas conscientemente, en el presente, desde la no-mente.

El primer hombre debió de ser un hombre de no-mente, un hombre que sabía que simplemente has de mantenerte alerta y ver qué sucede. Y suceda lo que suceda, está bien. Un gran valor.

...y el primero de los amigos cruzó sano y salvo. El otro, sin haberse movido aún, le gritó, «¿Dime amigo, ¿cómo te las apañaste para cruzar?»

El segundo es la mente de la mayoría, la mente de las masas. El segundo quiere saber primero cómo cruzar. ¿Existe un método? ¿Existe alguna técnica que haya de aprender? Está esperando a que el otro se la diga.

«¿Dime amigo, ¿cómo te las apañaste para cruzar?»

El otro debió de ser uno que creía en el saber. El otro debió de ser uno que creía en la experiencia de los demás.

Mucha gente acude a mí. Me dicen, «Osho, dinos, ¿qué te ha ocurrido?» Pero, ¿qué puedes hacer? Buda lo explicó, Mahavira lo explicó, Jesús lo explicó, ¿y qué has hecho con ello? A menos que te suceda a ti, es inútil. Puedo contarte una historia más y podrás incorporar esa historia a tu colección de recuerdos, pero eso no te va ayudar.

Esperar del saber de los demás es esperar en vano porque eso que te puede ser dado por los demás carece de valor alguno y aquello que posee un valor no puede ser dado ni transferido.

El primero le contestó, «No sé como lo hice, pero sólo sé una cosa: ...»

Aun habiendo cruzado, lo único que le dijo fue: «No sé cómo lo hice, solamente te puedo decir esto...» porque, en realidad, la vida nunca se convierte en conocimiento. Permanece siendo una experiencia, nunca conocimiento. No puedes verbalizarlo, conceptualizarlo, exponerlo en una detallada teoría.

El primero le contestó, «No sé como lo hice, pero sólo sé una cosa: cuando sentía que me iba hacia un lado, me inclinaba hacia el otro».

«Solamente puedo decirte esto: que hay dos extremos, la izquierda y la derecha y que cuando sentía que me inclinaba demasiado hacia la izquierda y perdía el equilibrio, me inclinaba hacia la derecha. Pero, de nuevo tenía que reequilibrarme porque me iba demasiado hacia la derecha y perdía otra vez el equilibrio. Y de nuevo tenía que inclinarme a la izquierda».

Por eso dijo dos cosas. Una, «No puedo expresarlo como un método. Solamente puedo indicarlo. No sé exactamente cómo lo hice, sólo sé que únicamente puedo darte esta pista. Y no sirve de mucho. En realidad no hace falta que la conozcas. Te encontrarás con el hecho tú mismo. Eso es lo que te puedo decir».

Se le preguntó una y otra vez a Buda, «¿Qué es lo que te ha sucedido?», y él siempre decía, «No soy capaz de decírtelo, pero sí puedo decirte cuáles fueron las circunstancias en que eso ocurrió. Eso puede serte de ayuda. No puedo expre-sarte nada sobre la Verdad última, pero puedo decirte cómo, por qué camino, con qué método, en qué situación estaba yo cuando me sucedió, cuando la gracia descendió sobre mí, cuando la bendición llegó a mí».

El hombre dice,

...cuando sentía que me iba hacia un lado, me inclinaba hacia el otro.

«Eso es todo. No es mucho. Así es cómo me equilibré, así es cómo me sostuve en el medio». Y en el medio está la gracia.

El rabino les está diciendo a sus discípulos, «¿Me preguntáis cómo debemos servir a Dios?» Lo estaba indicando con esta parábola: permaneced en el medio.

No os excedáis mucho ni renunciéis en exceso. No permanezcáis demasiado en el mundo y no escapéis de él. Mantened un equilibrio. Cuando sientes que te estás excediendo en demasía, inclínate hacia la renunciación, y cuando sientas que renuncias en exceso, que te estás convirtiendo en un asceta, inclínate de nuevo hacia la complacencia. Mantente en el medio.

En las carreteras, en la India, encontrarás señales que indican, «Vaya por la izquierda». En América encontrarás, «Vaya por su derecha». En el mundo solamente hay dos clases de personas: las que van por la derecha y las que van por la izquierda. La tercera clase es el pináculo mismo de la consciencia. Y la regla es: «Mantente en el medio». No trates de hacerlo en la carretera, sino en la vida. Mantente en el medio. Nunca por la izquierda, nunca por la derecha. Simplemente en el medio.

Y en el medio surgirán destellos de equilibrio. Un punto - puedes entenderlo, puedes sentirlo - en el que no te estás incli-nando hacia ningún extremo. Estás exactamente en el medio. En ese mínimo instante, de repente, surge la Gracia; todo está en equilibrio.

Y así es cómo uno puede servir a Dios. Permanece en equilibrio y así servirás a Dios. Permanece en equilibrio y Dios estará a tu alcance y tú estarás al alcance de Dios.

La vida no es tecnología, ni una ciencia. La vida es un arte, o sería mejor el llamarla una habilidad. Has de sentirla. Es cómo el caminar por la cuerda floja.

El rabino escogió una bella parábola. No habló en absoluto de Dios, no habló para nada de servir, no contestó directamente la pregunta. Los discípulos debieron de olvidarse de la pregunta; esa es la belleza de una parábola. No divide tu mente en pregunta y respuesta, simplemente te da un atisbo de cómo son las cosas.

La vida no tiene un método. Recuérdalo, la vida no es americana, no posee una tecnología. La mente americana, o para ser más específicos, la mente moderna, tiende a crear tecnologías en todas las cosas. Incluso en la meditación, la mente moderna inmediatamente tiende a crear una tecnología. Entonces surgen las máquinas y el hombre se va perdiendo y perdemos todo contacto con la vida.

Recuerda, hay cosas que no pueden ser enseñadas, si no que solamente pueden ser aprehendidas. Yo estoy aquí, puedes observarme, puedes mirarme y verás en mí un equilibrio y un silencio. Es casi tangible, puedes tocarlo, puedes oírlo, puedes verlo. Está aquí. No puedo decir lo que es, no puedo darte técnicas específicas de cómo llegar a él. Cómo máximo puedo contarte unas cuantas parábolas, unas pocas historias. Serán sólo indicaciones. Aquellos que comprendan dejarán que esos indicios caigan en sus corazones como semillas. A su debido tiempo, en la estación propicia, germinarán, y el día en que vivas lo mismo que yo estoy viviendo, me comprenderás. Yo he cruzado a la otra orilla. Tú estás gritando desde el otro lado, «Dime amigo, ¿cómo te las arreglaste para cruzar?» Solamente puedo decirte una cosa,

«No sé como lo hice, pero sólo sé una cosa: cuando sentía que me iba hacia un lado, me inclinaba hacia el otro».

Mantente en el medio. Mantente continuamente alerta para no perder el equilibrio y entonces las cosas se arreglarán por sí mismas.

Si eres capaz de permanecer en el medio, permanecerás accesible a Dios, a su gracia. Si eres capaz de mantenerte en el medio, te volverás un hasida, te convertirás en un receptáculo de la gracia. Y Dios es gracia. No puedes hacer nada por encontrarle. Solamente puedes hacer una cosa: no obstaculizar su camino. Y siempre que te desplazas a un extremo te tensas tanto que esa misma tensión te hace demasiado sólido. Siempre que estás en el medio, esa tensión desaparece, te vuelves líquido, fluido y dejas de obstaculizar el camino. Cuando estás en el medio dejas de estar obstaculizando el camino de Dios, o, déjame decírtelo así, cuando estás en el medio dejas de ser. Exactamente en el medio sucede este milagro: tú no eres nadie, tú eres una «nada».

Esta es la clave secreta. Puede abrirte la cerradura del misterio, de la Existencia.

IV

DEJA QUE
SEA ASÍ

Algo me ha sucedido a través de ti.

¿Podrías, por favor, comentar algo sobre estas técnicas en referencia al arte hasida del equilibrio, del equilibrarse?

Osho, sólo un Maestro cada vez.

Amado Osho, eres realmente malicioso.

¿Quién puede ser mejor discípulo: un tonto erudito o un tonto necio?

Lﾠa primera pregunta,

Algo me ha sucedido a través de ti, pero es algo que no puede expresarse. No sé lo que es, pero incluso así, está ahí.

La mente humana tiende a convertir toda experiencia en una pregunta. Ese es un paso muy destructivo. Por favor, evítalo. Aquí, junto a mí, todo el empeño radica en conocer lo que no es cognoscible, aquello que no es expresable, conocer eso que no puede ser expresado con palabras. Cuando empieza a suceder, no lo conviertas en un problema, no lo conviertas en una pregunta, porque al preguntar lo detendrás. Entonces tu mente estará con alguna otra cosa y tú estarás distraído.

Cuando empieza a suceder, disfrútalo, ámalo, siéntete nutrido por ello, saboréalo, baila, canta, pero no lo conviertas en una pregunta. Permítelo, simplemente, y déjale un espacio vital. Crecerá. Necesita espacio en ti para crecer.

No te apresures a convertirlo en una teoría. Las teorías son muy peligrosas. Pueden matar al niño en el vientre. En el momento en que empiezas a pensar en términos de análisis, de saber lo que es y lo que no es, de comparaciones, de etiquetados, vas en dirección al aborto. Te perderás algo que comenzaba a crecer. ¡Lo habrás matado! No seas suicida, no seas analítico, simplemente permítelo. Siente su presencia, pero no con la mente. Siente su presencia con tu totalidad. Deja que tu corazón se abra y crecerá.

Y en ese mismo crecimiento, poco a poco, surgirá la comprensión. La comprensión no es algo que surja del análisis, que surja a través del pensar, con el cavilar, a través de la lógica. La comprensión llega a través de experiencias más y más profundas.

Dices que algo te ha sucedido a través de mí, pero que es algo inexpresable. Deja que sea así. Sé feliz. Has sido bendecido. Cuando algo inexpresable empieza a suceder entonces es que estás en el camino correcto; te estás moviendo hacia Dios, el misterio supremo. Siempre que tengas en tu interior algo que no puedas comprender, eso simplemente demuestra que algo mayor que tú te ha penetrado; de otro modo, lo habrías entendido, podrías habérte imaginado qué era. Algo mayor que la mente ha penetrado en ti; un rayo de luz en el alma oscura, un rayo de luz en la oscura noche de la mente. La mente no puede abarcarlo, está más allá de su comprensión, pero no más allá de toda comprensión. Recuérdalo. Más allá de la comprensión que es posible con la mente, pero no más allá de toda comprensión, porque existe una comprensión que no es de la mente: la comprensión del órgano en su conjunto, de todo tu ser, de tu totalidad.

Pero eso no llega mediante el análisis, mediante la disección. Llega absorbiendo la experiencia. ¡Cómelo! Has de comerte eso que es inexpresable. Jesús les dice a sus discípulos, «Comedme». Eso es lo que quiere decir: come lo inexpresable, cómete lo desconocido, digiérelo, déjalo que circule en tu sangre, déjalo que forme parte de ti. Y entonces sabrás. Y el saber surgirá tan repentinamente como ha surgido la experiencia.

Ahora un rayo ha penetrado en ti. Permítele que forme parte de ti. Solamente entonces lo comprenderás.

Esta comprensión no es la compresión con la que estás familiarizado hasta ahora. Has conocido solamente a través de la mente y de sus modos. Lo etiqueta todo rápidamente. Siempre que preguntas, «¿Qué es esto?», ¿qué es lo que realmente estás preguntando? Contemplas un arbusto y una flor y dices, «¿Qué es esto?» Unos dicen que un rosal y tú crees que has entendido lo que es. Alguien ha pronunciado tan sólo la palabra «rosa» y tú crees que has comprendido.

Si no sabes el nombre te encuentras un poco nervioso. Esa flor desconocida te reta, te hace frente. Sientes que tu prestigio está en entredicho porque esa flor desconocida dice continuamente, «No sabes quién soy, así que ¿qué clase de saber es el tuyo? No sabes ni siquiera quién soy». La flor te da duro y tú empiezas a sentirte molesto. Deseas saber para poder acabar con este reto. Acudes a la biblioteca, acudes a los libros, acudes a la Enciclopedia Británica. Descubres cuál es el nombre de esta rosa. Es «rosa». De acuerdo, la has etiquetado. Ahora puedes estar tranquilo.

Pero, ¿qué es lo que has hecho? ¿Con tan sólo ponerle una palabra al rosal crees que has comprendido lo que es? Te has perdido la oportunidad de comprender qué es. Has perdido una gran oportunidad, porque, recuérdalo bien, el nombre «rosa» lo da el hombre al rosal. El rosal desconoce por completo el nombre. Si hablas del rosal al rosal, el rosal no lo entenderá. ¿De qué estás hablando? ¿De qué tonterías estás hablando? El rosal no tiene nombre alguno en referencia al rosal mismo. El nombre se lo dan los demás, se lo da la gente como tú, que no puede tolerar lo incognoscible.

Lo incognoscible es inquietante, crea mucha incomodidad. Ves a alguien y dices, «¿Quién es éste?» Y entonces alguien te dice que es un chino, o un africano, o un japonés y tú te quedas tranquilo. ¿Qué es lo que has averiguado? Con tan sólo decirte que es un chino... Hay millones de chinos, ochocientos millones, y no hay otro chino igual que él. En realidad, no exista nada así como un chino. Hay millones y millones de chinos; cada individuo es único, diferente, cada uno tiene su propia firma, su propio ser. ¿Qué es lo que has comprendido al ponerle la etiqueta de chino? Pero te sientes en paz.

¿A qué religión pertenece? El es budista. Otra etiqueta que tienes a mano. Ahora le conoces un poco más. ¿A qué partido político pertenece? Es comunista. Una pocas etiquetas más que vas juntando y entonces crees que sabes quién es el hombre.

¿Es la sabiduría tan fácil cómo cree la mente? El etiquetar no es saber. El etiquetar es una forma de soslayar la oportunidad que se te presentaba. Podrías haber conocido al hombre si te hubieras relacionado con él. Podrías haber conocido el rosal si hubieras meditado en soledad con él, si hubieras permitido que su fragancia penetrara tu olfato y tu corazón, si lo hubieras acariciado con amor. Si hubieras estado en comunión con ese arbusto podías haber descubierto algo.

No digo que hubieras conocido por completo lo que el rosal es. Si pudieras conocer completamente a un rosal conocerías al universo entero, porque en un solo rosal, el universo entero se refleja. El sol y la luna y las estrellas y el pasado y el presente y el futuro. Todo tiempo y todo espacio convergen en esa pequeña flor. Si puedes conocerla en su totalidad habrás conocido al universo entero. Entonces no restará nada más. Todo lo pequeño es enormemente vasto.

Y cuando algo, como una flor desconocida, empieza a florecer en ti, no te apresures a diseccionarla, no la pongas en la mesa y la cortes y empieces a buscar sus componentes. Disfrútala. Amala. Ayúdala a crecer. Cierta gracia ha descendido sobre ti. Te has vuelto un hasida.

Ese es el significado de «hasida»: gracia.

La segunda pregunta,

El Señor Shiva desveló a su consorte, Devi, muchas técnicas para equilibrarse en el «Vigyana Bhairava Tantra». ¿Podrías, por favor, comentar algo sobre estas técnicas en referencia al arte hasida del equilibrio, del equilibrarse?

No, no diré nada sobre estas técnicas porque el hasidismo es absolutamente anti-técnica. Todo el enfoque es anti-técnico. El hasidismo no tiene técnicas, es un puro goce de la vida.

El hasidismo no es un camino de meditación, es un camino de oración. La plegaria no posee técnica alguna. La meditación puede tener millones de técnicas porque la meditación es un enfoque científico de la realidad interna. El hasidismo es un arte, no una ciencia. El hasidismo no cree en técnicas, cree en el amor.

Recuérdalo bien, la mente tecnológica es una mente mate-mática. La mente del amante no es matemática. La mente del que ama es la mente del poeta. El amor es un romance, no una técnica. El amor es un sueño, no una técnica. El amor tiene un enfoque totalmente diferente de la vida.

El hasidismo no posee técnicas, no tiene yoga alguno, no hay un tantra en él. Simplemente dice: confía en la vida, confía en Dios y sea lo que sea que se te dé, disfrútalo. Disfrútalo tan a fondo, con tal gratitud, que todo lo ordinario adquiera profundidad, se vuelva sagrado, que todas las pequeñas cosas de la vida se vuelvan sagradas. Transfórmalo todo en algo sagrado. Lo profano desaparece cuando le das tu energía de amor, de gracia, de gratitud.

El amor no es una técnica, por eso nadie puede enseñarte cómo amar. Y si te encuentras con libros que te enseñen cómo amar, ten cuidado con esos libros. Una vez aprendas las técnicas de cómo amar, nunca podrás volver a amar de nuevo. Estas técnicas se convertirán en una barrera. El amor es un fenómeno espontáneo. Incluso los animales sienten amor. No tienen Kinseys ni Masters y Johnsons y llegan al orgasmo perfectamente, sin ninguna ayuda de la ciencia. No tienen terapeutas del sexo y no acuden a gurú alguno para que les enseñe cómo amar. Es una cualidad innata. Cada ser la trae consigo al mundo.

Hay algunas cosas que traes contigo cuando naces. Un niño nace... nadie le dice al niño como ha de respirar. Si dependiera de esa enseñanza, nadie sobreviviría porque se necesita tiempo para enseñar al niño. Primero tendría que ir a la escuela, donde se le enseñaría lenguaje, donde se le enseñaría disciplina y luego, por fin, después de siete, ocho o diez años podríamos enseñarle cómo respirar. El no sería ni capaz de entender la palabra «respirar». No, el respirar no depende de ninguna enseñanza. El niño nace con la capacidad de respirar. Es innata. Es tan innata como una rosa en un rosal. Es tan innata como el agua que corre hacia el océano de modo natural.

En el momento en que un niño nace, todo su ser suspira, tiene hambre de respirar, sin saber qué es lo que le sucede porque nunca antes ha respirado. Nadie le ha enseñado, nunca lo ha hecho, no tiene experiencia de ello. Simplemente sucede.

Exactamente del mismo modo, un día, a los catorce años, el niño empieza a sentir una tremenda atracción hacia el sexo opuesto. Nadie le ha enseñado; en realidad, sus profesores le han adoctrinado en su contra. Toda la historia de la Humanidad parece ser una enseñanza en contra de la sexualidad, contra la energía sexual. Las religiones, las culturas, las civilizaciones, los sacerdotes y los políticos, todos han estado enseñando que hay que reprimir el sexo. Pero aun así no puede ser suprimido. Parece imposible el poder suprimirlo.

Es un fenómeno natural. Surge. Surge aunque estés en su contra. Mira la verdad de esto. Incluso aunque estés en contra de él, surge a tu pesar. Es más grande que tú. No puedes controlarlo. Es algo natural.

El hasidismo dice que si un hombre empieza a vivir de un modo natural, un día, de repente, el amor hacia Dios surge tan naturalmente como lo hace el amor por un hombre o una mujer, de forma tan natural como el respirar tras el nacer. Ese instante precioso no puede ser preparado, no puede ser planeado, no puedes programarlo, no hay necesidad de ello. Vive simplemente una vida natural. No luches contra la naturaleza, fluye con ella y un día, de improviso, verás esa gracia descender sobre ti. En tu ser ha surgido una tremenda urgencia, un nuevo amor hacia la Existencia. Llámala Dios. Porque cuando el amor surge, la Existencia se convierte en algo personal. Deja de ser «eso», se convierte en «tú». Entonces es una relación entre «yo» y «tú».

El hasidismo dice sencillamente que seas natural y la plegaria surgirá por sí misma. No hay una técnica. Y ésa es su belleza.

Si desconoces el modo natural de florecer de la plegaria entonces se necesitan las técnicas. La meditación es un sustituto de la plegaria, va después de la oración. Si no has orado, entonces necesitas la meditación, pero si la oración ha surgido en ti, entonces no hay ninguna necesidad de meditar. La plegaria es una meditación espontánea. La meditación es una plegaria con esfuerzo. La plegaria con técnica es meditación. La meditación sin técnica es plegaria.

El hasidismo es la religión de la plegaria, por eso en el hasidismo no existe la renunciación. Un hasida vive la vida natural que Dios le ha dado. Dondequiera que Dios le haya puesto, vive. Ama, disfruta con los pequeños placeres de la vida. Y una vez empiezas a degustar los pequeños placeres, el efecto acumulativo total es de un gran gozo en tu ser.

Has de entender esto. No esperes que una inmensa dicha descienda sobre ti. Nunca sucede. La gran dicha no es más que el pequeño placer acumulado en tu ser. La suma de todos los pequeños placeres es la gran dicha. Comiendo, disfruta. Bebiendo, disfruta. Bañándote, disfruta. Caminando, disfruta. Es un mundo tan bello, la mañana es tan hermosa, las nubes son tan fascinantes... ¿qué más necesitas para celebrarlo? El cielo lleno de estrellas... ¿qué más necesitas para rezar? El sol saliendo por el este... ¿qué más necesitas para postrarte? Y entre mil y una espinas, una pequeña rosa nace, abriendo su capullo, tan frágil, tan vulnerable y no obstante tan fuerte, tan dispuesta a luchar con el viento, con los rayos, con las tempestades. Mira su valor... ¿qué más necesitas para entender lo que es confiar?

Las técnicas son necesarias cuando has pasado de largo ante esas pequeñas aperturas hacia Dios. Si sigues mirando por esas pequeñas aperturas, el efecto total es el de una enorme puerta. Y de repente te encuentras viendo lo que es el orar. No solamente lo ves, sino que empiezas a vivirlo.

El hasidismo es un enfoque absolutamente distinto al tantra. El hasidismo es muy superior a cualquier tantra porque es el tantra natural, es el camino natural. Es el camino del Tao.

Pero la mente es muy astuta. La mente quiere manipular. La mente quiere manipular incluso la relación de amor, la mente quiere manipular incluso el misterioso fenómeno de la oración. La mente es la gran controladora. La obsesión de la mente es controlar todo, no permitir que nada se escape a su control; de ahí surgen las técnicas. La mente siempre está demandando técnicas y la mente continua planeando todas las posibilidades.

Si lo planeas todo, si te las arreglas para hacerlo todo por ti mismo, no le estás dando ni una sola oportunidad a Dios para que penetre en ti, para que tome el control sobre sus espaldas. Nunca dejas a Dios que te ayude. Crees que has de ser independiente, crees que no hay otra forma de ser mas que ser autosuficiente. Permaneces innecesariamente pobre.

Un chiquillo estaba jugando junto a su padre que estaba sentado en el jardín. El pequeño estaba tratando de levantar una gran piedra. Era demasiado grande y no podía con ella. Lo intentó en vano. Se puso a sudar.

El padre le dijo, «No lo estás haciendo con todas tus fuerzas».

El niño le contestó, «No es verdad. Estoy poniendo toda mi energía y no sé qué más puedo hacer».

El padre le dijo, «No me has pedido que te ayude. Esa también es tu energía. Yo estoy aquí sentado y no me has pedido que te ayude. No estás empleando toda tu energía».

Un hombre que vive de técnicas puede que piense que está empleando todas sus energías, pero no le ha pedido ayuda a Dios. Un hombre que simplemente medita con técnicas es un pobre hombre. Un hasida es tremendamente rico porque está empleando verdaderamente toda su energía. Un hasida está abierto. Un hombre orientado hacia las técnicas es una mente cerrada. Lo ha de planear todo. Y aunque tus planes se vean realizados, no serás feliz, porque son tus planes. Son tan pequeños como eres tú. Y aunque tengas éxito, serás un fracasado; incluso en tu éxito tendrás el sabor de la frustración. Porque ¿qué es lo que obtendrás? O, si fracasas, ten por seguro que te sentirás frustrado. Cuando fracasas te sientes frustrado, pero cuando triunfas también te sientes frustrado.

Abrete a lo divino. Vive de modo natural, sin intentar mejorar, sin vivir a través de las ideas, sin vivir a través de las disciplinas morales, viviendo sencillamente una vida natural. La naturaleza debería ser tu única disciplina y todo aquello que es natural es bueno porque así es como Dios quiere que sea, desea que sea. Si eres capaz de aceptar tu vida con una inmensa gratitud, esa es la forma en que Dios quiere que sea... Si él te ha dado el sexo, pues te ha dado el sexo. El lo sabe mejor. No tienes que tratar de forzar un estado de celibato en ti. Un celibato forzado es repugnante, más repugnante que un sexo natural. Y si aceptas el sexo natural descubrirás que más allá de cierto punto, el sexo se convierte en celibato natural. Entonces surge el *brahmacharya*, entonces empiezas a vivir de un modo absolutamente diferente.

Pero éste, llega cuando fluyes con el río.

¿Ves? Un río desciende de las montañas, recorre miles de kilómetros y luego, un día, desaparece en el océano. Si el río fuera un gran pensador y empezara a pensar, «Esto es ir hacia abajo. No debería hacer esto. Mi morada está en las montañas. Un río es como las nevadas cumbres de los Himalayas. Allí es mi morada. Y ahora estoy cayendo. Esto es pecado. Cayendo por un glaciar, yendo hacia la tierra desde las alturas del cielo...» Si los ríos fueran pensadores se volverían locos porque esto es ir hacia abajo, descender al infierno. Pero los ríos no son pensadores. Son muy afortunados. Lo aceptan. Era la voluntad de Dios el que estuvieran en las cimas; ahora es su voluntad el que exploren las profundidades.

Y una persona que realmente quiere conocer las alturas también ha de conocer las profundidades, de otro modo no podría conocerlas. La sima es la otra cara de la altura. Cuanto más alto es el pico de la montaña, más profundo es el valle. Si quieres conocer al árbol también has de saber qué son las raíces. El árbol asciende y las raíces descienden y entre estos dos movimientos existe el árbol. Entre el movimiento ascendente y el movimiento descendente. Esta es la tensión que le da vida al árbol.

El río se mueve, confiando, sin saber hacia donde va. Nunca antes ha ido por allí y no dispone de mapas ni de guías que lo guíen. Pero él confía; si así es como sucede, ha de ser bueno. Continúa bailando y cantando. Y luego, un día, todo río, - tanto si discurre hacia el Este como si discurre hacia el Oeste, o hacia el Sur, o hacia el Norte, no importa - todo río al final, por último, alcanza lo supremo: desaparece en el océano. En el océano ha alcanzado su máxima profundidad.

Ahora se ha completado el viaje. Ha conocido las cumbres de los Himalayas y ha conocido las profundidades del océano. Ahora la experiencia es total, ahora el círculo se ha completado. Ahora el río puede desaparecer en el *nirvana*, ahora el río puede desaparecer en el *moksha*.

Esto es lo que es la Liberación.

Un hasida vive como un río. Un hombre que está demasiado obsesionado con las técnicas es un hombre que no confía, un hombre que duda. No es capaz de confiar en la vida. Solamente confía en sus técnicas.

Oí una bella anécdota. Bodhi me la ha enviado.

Un coleccionista de gorilas estaba ansioso por tener más gorilas en su colección, así que se fue a Africa. Pronto se encontró en la cabaña de un Gran Cazador Blanco.

«¿Y cuánto cobras por cada captura?», le preguntó el coleccionista.

«Mira», le dijo el cazador, «Cobro quinientos dólares para mí, quinientos dólares más para ese pigmeo que lleva el rifle y quinientos dólares por mi perro».

El coleccionista no podía imaginarse porqué el perro tenía que llevarse esos quinientos dólares, pero siendo un hombre práctico razonó que mil quinientos dólares era un precio justo y que le importaba poco cómo lo dividiera.

En el safari, el Gran Cazador Blanco divisó a un gorila en lo alto de un árbol al que trepó y golpeando al gorila en la cabeza, éste cayó al suelo. El perro fue hacia él, hizo presa en sus testículos y lo dejo inerme. Mientras tanto el cazador descendió del árbol, acercó una caja y metió al gorila en ella.

El coleccionista estaba estupefacto. Le dijo al cazador. «¡Esto es sencillamente fantástico! ¡Nunca había visto algo así en mi vida! Con razón ganas esos quinientos dólares, y ese perro,... bien ... ¿qué puedo decir? Simplemente es terrorífico. Pero ese pigmeo con el rifle no parece que esté haciendo nada».

El cazador le dijo, «No te preocupes del pigmeo. El se gana

su dinero».

Y así siguieron cazando gorila tras gorila hasta que finalmente se encontraron con un gorila que había estado observando todo el proceso. El cazador subió al árbol y estaba a punto de darle al gorila en la cabeza cuando el gorila se giró y le dio a él primero.

Mientras el Cazador caía del árbol, le gritó al pigmeo. «¡Dispara al perro, dispara al perro!»

Esta es la mente orientada hacia la técnica. Lo prevee todo, cada posibilidad. No deja un agujero en el sistema.

Un hombre religioso no puede vivir de un modo tan planeado; no es posible. Ha de dejar muchos orificios por los que Dios pueda entrar. En realidad, si lo entiendes correctamente, un hombre religioso es uno que no planea nada, porque, ¿cómo va a planear? ¿Y cuáles son nuestras facultades para planear? Somos limitados. Poseemos la pequeña luz de la inteligencia, pero es muy poca. Confiar en ella a ciegas da origen a una vida muy mediocre. Lo inmenso nunca entra en esta vida mediocre, lo infinito nunca entra en esta vida mediocre, lo inacabable nunca entra en esta vida mediocre.

El hasidismo es un paso muy revolucionario, que implica un gran riesgo. El riesgo es abandonar la mente que parece nuestra única seguridad, abandonar la mente que parece ser nuestra única certeza, abandonar la mente que parece ser nuestra única arma. Y entonces, confiar en la no-mente. Llámala Dios. Confiar en la Existencia, sin confiar en uno mismo. El hasidismo es la mayor entrega.

La tercera pregunta,

Osho, sólo un Maestro cada vez.

Puedo entender y aprecio tu dificultad. Estoy hablando de demasiados Maestros, de demasiados caminos y demasiadas puertas y es natural que empieces a sentirte un poco confundido.

Pero solamente te sentirás confundido si te aferras a mis palabras. Si te apegas a mis palabras, yo estoy repitiendo lo mismo una y otra vez aunque las palabras puedan ser distintas y aunque utilice distintos enfoques. Y cuando empleo un enfoque, un camino, estoy absolutamente en él. No me importa nada más. Incluso aquello que he dicho antes, no me importa.

Cuando hablo de los hasidas, yo soy un hasida y estoy totalmente en ello. Esa es la única forma de revelarte sus secretos. Si me quedo sin implicarme, si permanezco sin pasión, si soy sólo un espectador, un profesor, solamente explicándote cosas, no te voy a poder dar la visión que deseo, no te podré dar esa perspectiva. Entonces tú coleccionarás información y te irás a casa; te volverás más y más erudito, pero no sabio.

Así pues, siempre que hablo de un Maestro, o de un camino, o de una escritura, estoy totalmente en ellos. Mi implicación es absoluta. En esos momentos no hay nada que exista para mí porque estoy arrebatado de pasión, estoy apasionadamente enamorado de esa enseñanza.

Desde luego que puedo comprender tu dificultad porque cuando digo con pasión que el hasidismo es el camino, te alteras porque un día te dije que el tantra era el camino y otro día te dije que el zen es el camino y otro día que el tao es el camino. ¿Cuál es el camino ahora?

Cuando hablo de un camino, soy ese camino. No te aferres a mis palabras, escucha el mensaje sin palabras. Y si llega a tu corazón, si canta en tu corazón, entonces has encontrado tu camino. Entonces olvídate de todo lo que te he dicho antes o de lo que te diga en el futuro. Entonces no tienes de qué preocuparte. Has dado con tu llave. Ahora puedes abrir tu cerradura.

Seguiré hablando porque hablo para millones de personas. Cuando hayas encontrado tu llave, disfruta de lo que diga, pero no te alteres una y otra vez. Habrás encontrado tu llave. Ahora he de hablar para algún otro que todavía no la haya encontrado. Cuando hayas encontrado tu paz, tu silencio, tu gozo, habrás encontrado todo lo que necesitabas, pero aún habrá muchos otros que no lo han conseguido. Hablaré para ellos y agotaré todas las posibilidades.

Por ejemplo, cuando hablo del Hasidismo puede que alcance de pleno tu corazón y puede que surja tu amor por este camino. Puede que mi pasión te inflame. Por eso hablo con pasión. Si hablara de modo indiferente tal y como lo hacen los profesores... No soy un profesor. Cuando hablo del hasidismo habló como un rabino hasida. Este es mi camino y de él hablo. No es el camino de otro el que te estoy describiendo. Es el camino por el que he viajado, que he amado, que he conocido, que he probado. Estoy hablando de mis propias experiencias y si te alcanza y algo hace clic en tu corazón y la oración se convierte en tu camino, entonces olvídate de todo lo que estoy diciendo. No necesitas reconsiderarlo una y otra vez.

Si esto no ha sucedido, entonces has de reconsiderarlo. Si no ha sucedido, entonces no te preocupes, olvídate de todo. Ya hablaré de otra cosa, abriré otra puerta. Puede que esa sea tu puerta. Pero cuando hayas encontrado tu puerta entonces no te preocupes de las otras puertas que vaya abriendo porque todas las puertas conducen a lo mismo. No te preocupe el que tú debas entrar por esa puerta determinada; puede que Osho abra otra puerta aún más grande y dorada. Pero todas son lo mismo.

Y la puerta de la que te has enamorado es la puerta dorada para ti. Si te has enamorado de esa puerta, desde entonces no existirá otra puerta. Y verás a otros entrando por otras puertas, pero cuando alcances el centro mismo de la Existencia, todos os encontraréis en un amor y hermandad sin par. Uno será un hasida y otro será un monje zen y otro un lama tibetano y otro un sufí y otro llegará tras estar sentado y otro mientras baila, pero en el centro, todos los buscadores se encuentran en profunda hermandad.

Sé que es muy difícil. Si empiezas eligiendo dos Maestros estarás en conflicto. Nunca escojas dos Maestros. Con uno es suficiente, más que suficiente.

Cuando Mulla Nasrudin se estaba muriendo hizo llamar a su hijo. Le dijo que se acercará y le dijo, «Hijo mío, tengo algo que decirte, aunque sé que no me escucharás porque yo no escuché a mi padre cuando él se estaba muriendo. Me dijo, «Nasrudin, no persigas demasiado a las mujeres». Pero no pude resistirme; la tentación fue excesiva. Y me lié con una mujer y luego con otra...» Se casó con nueve mujeres. El máximo que el Corán permite.

Y le dijo, «He creado un infierno. He sufrido mucho. Sé que no escucharás lo que te estoy diciendo, pero aún así te lo digo porque sé que es mi hora y no tendré otra oportunidad para decírtelo. Sé que te enamorarás de mujeres, pero al menos recuerda una cosa de este viejo: una cada vez, hijo mío, una cada vez. Al menos escucha esto».

Una cada vez. Si te enamoras de dos mujeres al mismo tiempo, ¿qué es lo que esto demuestra? Demuestra que eres una personalidad dividida. Eres un esquizofrénico no eres uno, eres dos. Si te enamoras de tres mujeres al mismo tiempo entonces lo eres triplemente. Y hay gente que se enamora de todas las mujeres que ve. Pase la que pase, de repente se enamoran. Toda mujer se convierte en objeto de su amor. El es una multitud. Puedes contar cuántas personas viven en ti contando de cuántas mujeres te enamoras simultáneamente. Esa es una forma muy hermosa de saber cuántas personas viven en ti. Es un criterio muy sencillo.

Pero enamorarte de una mujer hace de ti una unidad, te da unicidad, te vuelves total. Sanas porque no hay conflicto.

Oí,

El novio y la novia entraron en el ascensor del hotel cuando la telefonista le dijo al novio, «¡Hola cariño!» No se oyó otra palabra hasta que la pareja llegó a su piso, y fue entonces cuando la novia exclamó, «¿A qué vino ese «cariño»?»

«Mira, no empieces ahora con follones,» le dijo el novio, «ya voy a tener suficientes cuando tenga que explicárselo a ella mañana».

Incluso el enamorarse de dos mujeres es peligroso, pero

enamorarse de dos Maestros es un millón de veces más peligroso aun, porque el amor de una mujer puede que sea únicamente amor del cuerpo y que el espíritu sólo alcance hasta allí. O como máximo, puede que el amor hacia una mujer sea mental, y entonces el espíritu alcance hasta allí. Pero el amor al Maestro es amor del alma y si te enamoras de dos Maestros tu alma estará dividida, estarás desintegrado por completo, empezarás a descomponerte en partes, no serás capaz de permanecer unido. Perderás toda forma y perfil, toda integridad. Y por lo único que uno está con un Maestro es para alcanzar la integración.

Una vez te enamoras de un Maestro, sigue. No te estoy diciendo que si te desilusionas sigas con él. Cuando estás desilusionado, él deja de ser tu Maestro. Entonces no hay motivo para seguir con él. Entonces busca otro.

Pero nunca estés simultáneamente con dos Maestros en tu mente. Sé claro sobre esto porque ésta no es una decisión corriente, es muy trascendental. Decidirá sobre todo tu ser: su calidad, su futuro.

La cuarta pregunta,

Amado Osho, eres realmente malicioso. Nos dices que quieres destruir nuestras casas para que podamos entrar en tu casa, pero yo la he visto. Tu casa no tiene ni paredes, ni techo, ni suelo, por eso sigo mirando desde el porche agarrada a una columna, temeroso de ser absorbido.

Eso es verdad. Todo mi esfuerzo radica en engañarte, a engatusarte con algo que nunca has deseado.

Un discípulo y su Maestro están en gran conflicto. Surge una tremenda lucha. Y el discípulo puede ganar solamente si es muy desafortunado. Si el Maestro gana y el discípulo resulta bendecido, es muy afortunado. La lucha surge porque el discípulo ha acudido al Maestro por razones equivocadas; puede que haya ido a él buscando algún tipo de ego espiritual.

Ha fracasado en la vida, con el dinero, con el poder, con el prestigio, con la respetabilidad, con el éxito mundano, con las ambiciones políticas. Ahí ha fracasado. No supo llegar a la culminación de su aventura egotística, no pudo llegar a primer ministro o a presidente. Ahora la vida se le está escapando de las manos y desea ser alguien. Es muy, muy desagradable el ser un «don nadie».

Por último, la gente comienza a buscar e indagar en la dimensión religiosa. Les parece más fácil. Les parece así más fácil llegar a tener un cierto ego, una cierta cristalización del ego. Al menos puedes convertirte en un *sanyasin* de Osho. Así de sencillo. Y te sientes grande. Puedes sentir que te has vuelto alguien especial.

La gente a la que llamas religiosa trata de alcanzar algo que no ha sido capaz de alcanzar en el mundo. A veces lo intentan mediante austeridades y ascetismo. Uno ayuna durante días enteros. Se convierte en alguien especial; nadie es capaz de ayunar tanto. Puede que sea un masoquista, uno que se tortura a sí mismo. Ha de serlo. O puede que sea un suicida. Ha de serlo. Pero empieza a obtener respeto por parte de la gente. Es un gran *mahatma*. Ayuna mucho, está en contra del cuerpo, está contra las comodidades, es capaz de yacer en un lecho de clavos o puede permanecer de pie durante años.

O puede estar sentado sobre un pilar en el desierto durante años. Simplemente sentado sobre ese pilar. Es muy incómodo. No puede dormirse, no puede descansar, pero así atrae a la gente. De repente se ha convertido en alguien muy importante. Incluso esos primeros ministros y presidentes que anhelaba llegar a ser, empiezan a acudir a él porque creen que un ascético de ese calibre podrá darles sus bendiciones, y podrán seguir escalando en el mundo del poder. El se siente recompensado, satisfecho. Ahora el ego está en su apogeo. Incluso los reyes y los primer ministros y los presidentes acuden a él.

El discípulo llega por motivos equivocados. O un discípulo llega para alcanzar un determinado grado de paz al estar sumergido en la confusión. ¿Por qué quiere alcanzar la paz?

Desea alcanzar esa paz para así poder desplegar toda su ambición de un modo mejor.

El otro día estaba leyendo un anuncio de la Meditación Trascendental del Maharishi Mahesh Yogui. Lo promete todo: un buen trabajo, competencia en tu trabajo, salud, salud mental, salud física, longevidad; todo lo que un hombre puede desear, lo promete. Es una larga lista. Económicos, espirituales, sociales, físicos, psicológicos, todos esos beneficios con tan sólo sentarte durante veinte minutos y repetir una estupidez, coca-cola, coca-cola o algo así.

¡Así de sencillo! Por eso se dice que no has de revelar tu *mantra* a nadie. ¡Si lo haces se reirán! Ha de guardarse en secreto. Si le dices a alguien que repites coca-cola, coca-cola, creerá que te has vuelto loco. De modo que un *mantra* ha de mantenerse en secreto. Ha de ser algo privado porque a los ojos de los demás parecerá absurdo.

¿Con sólo veinte minutos de repetir cualquier tontería alcanzarás tantos beneficios? Esto atrae de inmediato a la mente mediocre. Esta meditación del Maharishi Mahesh Yogui ni es meditación, ni es trascendental, simplemente es un intento de explotar al crédulo, de explotar a la gente que busca y busca, que busca una panacea, que busca cualquier remedio.

Cuando te encuentras con un verdadero Maestro, te dice que no existe un remedio, te dice que no hay panacea alguna. Y no te dice que te sanará, ni que te tranquilizará, ni esto ni lo otro y que luego podrás volver al mundo para correr tras tus ambiciones de un modo más efectivo. No, él te dirá que estás alterado, que estás confuso debido a tu ambición. Abandona el ambicionar. Un verdadero Maestro sólo te prometerá que él te quitará esa ambición, que te arrebatará tu ego. Solamente te prometerá que te matará. Tú has llegado en busca de protección, tú has llegado en busca de seguridad, has llegado en busca de apoyo, pero un auténtico Maestro es uno que te quitará todo apoyo, uno a uno. Un día simplemente te colapsarás. Y en ese colapso, de las cenizas surgirá un nuevo ser. Ese nuevo ser no tendrá nada que ver contigo, ese nuevo ser será un discontinuidad en ti. No tiene pasado, no tiene futuro, es una pura presencia, aquí y ahora.

La pregunta la hace Krishna Rada. Ella está en lo cierto. *«Eres realmente malicioso»*. Lo soy. Por eso, ten cuidado conmigo. Y si eres capaz de escapar a tiempo, está bien. Si no ¿cuánto tiempo vas a estar agarrada al porche? Si ya estás en el porche, la casa no queda lejos.

Y el porche también es imaginario porque la casa no tiene ni paredes, ni piso, ni tejado. ¿Cómo va a tener un porche una casa así? Piénsalo. El porche es sencillamente imaginario.

Te ayudo a que veas el porche porque al menos te sitúes en él. Entonces se facilita el viaje. A veces te prometo las cosas que pides, simplemente para ayudarte a que estés aquí un poco más. Tu propia comprensión te irá diciendo, poco a poco, que estás pidiendo cosas banales. Y un día, de repente, descubrirás que el porche ha desaparecido y que, desde luego, la casa nunca existió.

Pero esa casa que no tiene ni paredes, ni techo, ni suelo, es la casa de Dios, porque el mismo cielo es su tejado y la misma tierra es su suelo y la ausencia de límites son su límite.

Sí, no te estoy llevando a una casa con paredes porque esa casa resultaría ser otra prisión. Puede que un poco más confortable, un poco más decorada, con algunos muebles más modernos y un estilo más moderno, pero todavía una prisión.

Mi casa es una casa de libertad. Es exactamente lo que Rada dice, *«Tu casa no tiene ni paredes, ni techo, ni suelo, por eso sigo mirando desde el porche agarrada a una columna»*. Mira otra vez. La columna no existe. Crees en la columna porque te quieres asir a ella. Mira otra vez. Abre tus ojos. No hay columna y no hay porqué agarrarse. Relájate, déjate ir y de repente desparecerás y te convertirás en el infinito, te convertirás en el espacio mismo. Eso es lo que es Dios: espacio sin límites.

Mi casa es la casa de Dios, no es un templo construido por los hombres.

Oí una anécdota,

Dos trabajadores se tomaban un refresco en un bar de la

ciudad después de la jornada diaria. Uno propuso tomar una tercera ronda, pero su amigo rehusó diciendo que prefería llegar a casa y explicárselo a su mujer.

«¿Explicar qué?», le preguntó su amigo.

«¿Cómo lo voy a saber? Todavía no he llegado a casa».

No sigas en el porche. No llegarás a saber quedándote en el porche. Ven a casa. Desaparece en ese infinito que te estoy ofreciendo. Solamente entonces sabrás. Y entonces no habrá necesidad de explicación alguna, no habrá necesidad de teorías, no habrá necesidad de que razones, porque la experiencia será una prueba evidente por sí misma. Hasta ahora has estado viviendo en casitas y en pequeñas celdas oscuras y no puedes creer que uno pueda vivir en una libertad tan absoluta. Has perdido la capacidad de ser libre.

Esa capacidad ha de ser aprendida de nuevo, esa capacidad ha de ser reclamada. No estoy aquí para disciplinarte, no estoy aquí para darte principios, todo mi esfuerzo reside en darte una vida sin principios, una vida espontánea e indisciplinada. El único regalo que puedo hacerte es la libertad. Y la libertad no tiene paredes que la limiten, es tan infinita como el cielo. ¡Reclama el cielo entero! ¡Es tuyo!

La quinta pregunta,

¿Quién puede ser mejor discípulo: un tonto erudito o un tonto necio? Y para la intelectualidad, explica por favor tu dicho: benditos son los tontos».

No veo ninguna intelectualidad aquí, excepto los benditos tontos.

Puede que el que ha preguntado pueda ser excluido: el *Pandit* Swami Yoga Chinmaya. El puede ser excluido, pero aparte de él no veo otra «intelectualidad» por aquí.

Hay un dicho de Mahoma muy extraño: el cielo está ocupado en su mayor parte por tontos. Cuando lo leí me quedé sorprendido. Nunca pensé que Mahoma fuera tan revoluciona-rio. ¡Un dicho tremendo! ¿Qué quiso decir con él, con «El cielo está ocupado en su mayor parte por tontos»? Pero poco a poco, viéndoos, sentí que estaba en lo cierto. Aquí también está ocupado principalmente por tontos.

Deja que te explique cuántas clases de tontos hay aquí. La primera clase de tonto: uno que no sabe y no sabe que él no sabe. El tonto simple. Luego la segunda: uno que no sabe, pero que sabe que sabe. El tonto complejo, el tonto erudito. Y la tercera: uno que sabe que él no sabe, el tonto dichoso.

Todo el mundo nace siendo un simple tonto. Ese es el significado de «simplón». Cada niño es simplemente tonto. El no sabe que no sabe. No se ha dado cuenta aún de la posibilidad de saber. Esa es la parábola cristiana de Adán y Eva.

Dios les dijo, «No comáis del fruto del Arbol del Bien y del Mal». Antes de ese accidente por el cual comieron del fruto del Arbol del Bien y del Mal, ellos eran simples tontos. No sabían nada. Desde luego que eran tremendamente felices porque cuando no sabes, es difícil ser infeliz. La infelicidad requiere cierto adiestramiento, la infelicidad requiere de algo de eficiencia para crearla, la infelicidad requiere algo de tecnología. No puedes crear un infierno sin conocimiento. ¿Cómo vas a poder crear un infierno sin saber?

Adán y Eva eran como niños pequeños. Cada vez que un niño nace, Adán nace. Y vive unos cuantos años, como máximo hasta los cuatro años y ese período se va acortando cada día. El vive en el paraíso porque desconoce como crear el sufrimiento. El confía en la vida, disfruta de las pequeñas cosas, de los guijarros en la playa o de las conchas. Las acumula como si tuviera un tesoro. Por lo general, a las piedrecillas de colores las ve como si fueran *kohinoors*. Todo le fascina: las gotas de rocío al sol de la mañana, las estrellas en la noche, la luna, las flores, las mariposas, todo es pura fascinación.

Pero luego, poco a poco, empieza a conocer. Una mariposa solamente es una mariposa, una flor es solamente una flor. No contiene mucho. Empieza a conocer los nombres: esto es una rosa y esto es *champa* y esto es *chameli* y esto es una flor de loto. Y paso a paso esos nombres se convierten en las barreras. Cuanto más sabe, más se separa de la vida. Se vuelve «mental», ahora vive a través de la mente, no a través de su totalidad. Ese es el significado de la Expulsión. Ha comido del Arbol de Bien y del Mal.

Todo niño ha de comer del Arbol del Bien y del Mal. Todo niño es tan simple que ha de adquirir complejidad. Es parte de su crecimiento. Por eso todo niño ha de ir desde la pura tontería hasta la tontería compleja. Hay diferentes grados de tontería compleja. Una poca gente solamente se matricula, otra poca gente se gradúa en ella, otros llegan a ser post-graduados, otros alcanzan el doctorado. Hay ciertos niveles, pero cada niño ha de probar algo del conocimiento porque la tentación por conocer es muy grande. Cualquier cosa que se presente como algo desconocido es peligrosa, es un peligro. Se ha de saber lo qué es porque al conocerla podrás manejarla. Sin saber qué es ¿cómo vas a manejarla? Por eso los niños han de adquirir conocimientos.

Por eso necesariamente el niño que pertenece a la primera categoría, por pura necesidad, se ha de convertir en uno de la segunda, pero desde la segunda, el que pase a la tercera puede o no puede suceder. No hay una necesidad. El del tercer tipo solamente sucede cuando la segunda clase de estupidez se ha convertido en una gran carga, cuando uno ha acarreado durante demasiado tiempo, hasta la extenuación, con la erudición. Cuando uno se ha convertido en una pura cabeza y ha perdido toda sensibilidad, toda consciencia, todo vivir; cuando uno se ha convertido en pura teoría, en dogmas y en escrituras y palabras y palabras que giran en torno a la mente. Un día, si la persona es consciente, ha de abandonar todo eso. Entonces se convierte en un tonto de la tercera categoría: el tonto dichoso.

Entonces llega a la segunda infancia. De nuevo es un niño. Recuerda a Jesús diciendo: «En mi Reino de Dios solamente serán bienvenidos aquellos que sean como niños». Pero recuérdalo, el dice «como niños», no dice «niños». Los niños no podrán entrar, tendrán que penetrar primero en el dominio del mundo, tendrán que ser envenenados por el mundo y luego tendrán que limpiarse por ellos mismos. Esa experiencia es obligatoria.

Por eso no dice «niños», sino que dice «aquellos que sean como niños». Esa palabra «como» es muy significativa. Significa: aquellos que no son niños, pero que aun así son niños. Los niños son santos, pero su santidad se debe únicamente a que no han vivido las tentaciones del pecado. Su santidad es muy simple, no posee un alto valor intrínseco porque no se la han ganado, no se la han trabajado, no han sido tentados para dejarla. Las tentaciones llegarán antes o después. Y se presentarán mil y una tentaciones y el niño será empujado en múltiples direcciones. No te estoy diciendo que no deba de ir en esas direcciones. Si se reprime a sí mismo, si se auto-inhibe, seguirá perteneciendo a la primera categoría de tonto. No formará parte del Reino de Jesús, no podrá acceder al Paraíso de Mahoma; no. Seguirá siendo simplemente un ignorante. Su ignorancia no será más que represión, no será una descarga.

Primero ha de obtener el conocimiento, primero ha de pecar y solamente tras pecar y saber y tras desobedecer a Dios y sumergirse en la crudeza del mundo, perdiéndose, viviendo su propia vida de ego, será capaz un día de abandonarlo todo.

No todos lo dejarán todo. Todos los niños pasan de la primera clase de tontería a la segunda, pero desde la segunda solamente unos pocos bendecidos pasan a la tercera, por eso se les denomina los tontos dichosos.

El tonto dichoso es la más alta posibilidad de comprensión porque ha conseguido averiguar que el conocimiento es algo fútil, ha llegado a saber que todo conocimiento es una barrera para el saber. El conocimiento es una barrera para el saber, de forma que abandona todo conocimiento y se convierte simplemente en uno que sabe. Simplemente alcanza claridad de visión. Sus ojos están vacíos de teorías y pensamientos. Su mente ha dejado de ser una mente, su mente es inteligencia, pura inteligencia. Su mente ha dejado de estar repleta de basura, su mente ha dejado de estar repleta de saber prestado. Simplemente es consciente. Es una llama de consciencia.

Tertuliano dividió el saber en dos categorías. A una la llama el saber ignorante. Ese saber es el del tonto de la segunda categoría: el saber ignorante. El erudito sabe y aun sabiendo, no sabe, porque no lo sabe por experiencia propia. El ha oído, ha memorizado. Es un loro. Cómo máximo, una computadora.

Ayer mismo recibí una carta de un *sanyasin*, Ninad, desde América. El dice, «Osho, soy muy feliz y en la oficina donde trabajo, cada día la computadora me da la bienvenida. El ordenador dice, «*Swamiji, namaste*». El es muy feliz así. Y sabe muy bien que es un ordenador el que le dice, «*Swamiji, namaste*». No hay nadie, pero incluso la mera palabra le hace feliz. El sabe que es solamente una máquina, que no hay nadie, que no hay un corazón tras eso, que no hay nadie diciéndolo.

Cuando un erudito dice algo actúa como un ordenador. Dice, «*Swamiji, namaste*». Es como un loro. Tertuliano dice que éste es el saber que no es realmente saber, sino ignorancia disfrazada de sabiduría, ignorancia vestida de saber. Es un retroceder, un retroceso desde la infancia inocente. Es una corrupción. Es un estado corrupto de la mente. Astuto, sagaz, pero corrupto.

Luego Tertuliano dice que hay otra clase de saber al que llama «la ignorancia sapiente». Surge cuando una persona abandona todo conocimiento, toda teoría, cuando mira directamente, observando la vida tal y como es, sin ideas sobre ella, percibiendo la Realidad como es, cuando encara inmediata, directamente la Realidad sin un conocimiento de ella. Se encara y se encuentra con la Realidad permitiendo que aquello que es, florezca. Simplemente escucha a la Realidad, mira en la Realidad y dice, «No sé». Ese es el niño del que habla Jesús. No es realmente un niño. Es como un niño.

Y yo digo, «Sí, dichosos los tontos porque ellos heredarán las bendiciones de Dios».

Desde la primera clase, el salto a la segunda es automático. Desde la segunda, el salto a la tercera no es automático. Desde el segundo tipo al tercero, el salto implica una decisión. Eso es lo que es el *sanyas*. Decides que ya basta de tanto saber, que te gustaría ser tonto de nuevo, que te gustaría ser otra vez un niño. Renacer. Aquí yo soy como una comadrona. Os puedo ayudar a que os volváis tontos.

Y recuerda: a menos que hayas alcanzado la tercera clase, toda tu vida será un puro desperdicio.

Adán desobedeció a Dios. Cada Adán ha de desobedecer a Dios. Adán cayó desde la gracia. Todo Adán ha de caer. Adán comió del fruto del Arbol del Bien y del Mal. Todo Adán se ha de convertir en un erudito. Es un proceso natural. Me he encontrado con cientos de parábolas, pero ninguna se puede comparar con esta parábola de la Caída de Adán. Es la parábola con más contenido que ha existido. Por eso me remito continuamente a ella con nuevas interpretaciones; continúa revelando nuevos significados.

Y cuando Adán se convirtió en Cristo, se convirtió en un tonto de la tercera clase. Cristo pertenece a la tercera categoría de tontos: el tonto dichoso. Lo que Adán hizo, Cristo lo deshizo. Cristo regresa de un modo absolutamente inocente, obediente.

Los rabinos, los religiosos judíos, los sacerdotes del Templo de Jerusalén, eran tontos eruditos. No podían tolerar a Jesús. Los tontos eruditos siempre son incomodados por los tontos dichosos. Tuvieron que matarle porque su presencia suponía un pináculo tan elevado de paz, de amor, de compasión y de luz que todos los tontos eruditos se dieron cuenta de que se ponía en peligro a todo su ser. Si ese hombre seguía viviendo entre ellos, entonces ellos eran los tontos y la única forma de deshacerse de ese hombre fue acabar con él para que, de nuevo, ellos pudieran ser los sabios de su raza.

A Sócrates lo mataron los eruditos. A Mansur lo mataron los eruditos. Siempre ha surgido un tremendo conflicto cuando alguien de la tercera clase de tontos ha aparecido en el mundo. Todos los *pandits* se agrupan; su negocio está en peligro. Todo lo que saben, ese hombre lo pone en tela de juicio y en su fuero más interno ellos saben que lo que saben son tonterías, porque no les han servido para nada. De ello no ha surgido ni dicha, ni gozo alguno. Son como siempre han sido. Su saber no ha tocado sus corazones, no les ha supuesto ninguna transformación. Lo saben en lo más profundo de su corazón y por eso se sienten aún más incómodos. Desean destruir a ese hombre porque con la posibilidad de que él exista, ellos se convierten en «don nadies». Sin Jesús, eran los sumos sacerdotes del templo; con Jesús, de repente, no son nadie. En presencia de Jesús se vivía a Dios mismo y los sacerdotes percibían que su esplendor les había sido arrebatado.

Solamente la gente de enorme coraje salta del segundo al tercero. Es un salto cuántico. La religión es únicamente para los más valientes. En realidad es para los temerarios. No es para los cobardes.

Unas cuantas anécdotas...

El viejo al que le gustaba beber, pero que también era astuto y sabía de letras, tuvo que comparecer ante la justicia de cierta ciudad.

«Se te acusa de ir borracho y alterar el orden público», dijo el juez dando un golpe seco. «¿Tienes alguna razón por la que no se deba dictar sentencia?»

«La crueldad del hombre hace que el hombre aflija a miles», empezó a decir el prisionero con una brillante oratoria. «Yo no soy tan vil como Poe, ni tan libertino como Byron, ni tan desagradecido como Keats, ni tan violento como Burns, ni tan tímido como Tennyson, ni tan vulgar como Shakespeare, ni...»

«Ya es suficiente», dijo el juez. «Noventa días. Y, oficial, tome nota de esos nombres que ha mencionado y trate de localizar a esos tipos. Son tan malvados como él».

El juez pertenece a la primera clase de tontos y el que es juzgado a la segunda. Y la Tierra se halla mayoritariamente poblada por los tontos de esas dos categorías. El de la tercera, un Jesús, un Buda, surge en contadas ocasiones.

La palabra hindú para tonto es *budu*; se deriva de Buda. Cuando Buda renunció a su reino y mucha, mucha gente, comenzó a seguirle, todo el país se vio conmocionado. Se decían unos a otros: «No seas un *budu*, no seas un tonto, no sigas a ese hombre». La gente empezó a llamar a esos que seguían a Buda, *budus*. El es un *budu*, él es un tonto, porque renunció a su reino. ¿Quién si no podía renunciar a su reino? La gente suspira, anhela, sueña, desea un reino y él renunció al suyo. Debió de ser un tonto.

El de la tercera clase es un fenómeno muy escaso, pero sucede. Y si tienes el valor suficiente. Tú puedes dar el salto.

La segunda anécdota.

Cuando alguien me dice que lo hizo lo mejor que pudo y yo creo que no fue suficiente, lo pongo en la misma categoría que al agente de policía motorizado que detuvo a un motorista para ponerle una multa.

«Agente», protestó el motorista con gran indignación, «No iba muy aprisa. Se puede ir hasta cien por hora y solamente iba a noventa».

«Lo sé», contestó como para defenderse el agente, «pero no alcanzo a coger a los que van más deprisa».

El tonto de tercera clase es muy rápido. Donde los ángeles temen pisar, él pisa sin mirar siquiera. El tonto de la tercera categoría es muy rápido, por eso llamo a ese salto un salto cuántico. El tonto de la tercera categoría se lanza por puro coraje y energía. El tonto de la segunda clase no tiene tanto valor. Va acumulando datos de aquí y allá. No tiene ese coraje o tanta velocidad. Pide prestado conocimiento. Más bien que conocerse a sí mismo, pide que le presten saber. De esta forma le sale más económico y puede comprarlo todo.

Si quieres conocer directamente la realidad, resulta muy difícil. Se requiere un sacrificio total. El tonto de segunda clase solamente lo intenta hasta un determinado límite. El límite es: si puede adquirir conocimiento de un modo fácil, él está dispuesto, pero si se ha de comprometer en algo, retrocede.

Sé valiente. A menos que poseas un coraje infinito, no serás capaz de convertirte en el de tercera clase, en el tonto dichoso.

Y la última anécdota.

Por lo general nadie permanece en el primer estado; es solamente un estado teórico. Todo el mundo lo supera, más o menos. La diferencia es de grados; no de cantidad, sino de calidad. Por eso la gente casi siempre se halla en la segunda categoría. Desde la segunda a la tercera, estés donde estés, recuerda esta regla...

No cierres tu mente. Sé como la vieja solterona que atrapó a un ladrón en su habitación. El le suplicó, «Por favor, señora, déjeme ir. Nunca he hecho nada malo».

La vieja solterona le contestó, «Bien, nunca es demasiado tarde para aprender».

Y esto es lo que me gustaría decirte. Si perteneces a la segunda categoría, si crees que perteneces a la intelectualidad, entonces nunca es demasiado tarde para aprender. De erudición ya tienes suficiente, ahora aprende a saber. La erudición confunde la mente del mismo modo que el polvo se acumula sobre el espejo. La erudición no es saber. El saber tiene un aroma y un sabor completamente distintos. Es el sabor del aprender.

Deja que te explique la diferencia. «Erudición» quiere decir que acumulas información, experiencia, mediante la clasificación, mediante el memorizar. «Aprender» quiere decir que no acumulas nada, que simplemente permaneces asequible a cualquier cosa que suceda o que vaya a suceder. El aprender es un estado de mente abierta. Cuanto más erudito eres, más te cierras porque no puedes escaparte del saber que ya tienes. Siempre se entromete.

Si me estás escuchando y eres un erudito, un *pandit*, entonces no serás capaz de escucharme directamente, de un modo simple. No me podrás escuchar. Mientras estoy hablando, en tu interior estás juzgando, criticando, evaluando. No hay un diálogo, hay un debate. Puedes aparentar guardar silencio, pero no estás en silencio; tu conocimiento está agitándose. Destruye todo lo que estoy diciendo. Lo distorsiona. Y cualquier cosa que te llega, no es lo verdadero, cualquier cosa que te llega es tan sólo lo que tu conocimiento permite que te llegue.

Una mente que aprende es aquella que escucha atentamente sin interferencias del pasado, que es una pura apertura, como un espejo, que simplemente refleja aquello que hay. Si empiezas a aprender, alcanzarás la sabiduría. Y la sabiduría te ayudará a ver que no sabes nada. Una persona que verdaderamente llega a saber, se da cuenta de su ignorancia. Sabe que no sabe. En este saber, la ignorancia es la mutación, la transfiguración, la revolución.

Da pues el salto, desde el segundo estado de estupidez al tercer estado del tonto dichoso. Todas mis bendiciones son para aquellos que son tontos dichosos.

V

LA SABIDURÍA DEL CAMPESINO

El rabino Visakar Baer se encontró a un anciano campesino del pueblo de Oleshnya al que conocía de cuando era joven.

Sin saber de su fama en el mundo, el campesino le dijo, «Baer, ¿qué es de tu vida?»

«¿Y qué hay de la tuya?» , le preguntó el rabino.

«Bien,» le contestó el otro, «te lo diré. Aquello que no ganas con tu propio trabajo, no es tuyo».

Desde entonces, siempre que el rabino Baer hablaba del modo apropiado de conducirse uno en la vida, añadía, «Y el anciano de Oleshnya dijo: Aquello que no ganas con tu propio trabajo, no es tuyo».

La consciencia tiene dos dimensiones: una es la del tener y la otra es la del ser. Y solamente hay dos categorías de seres humanos: la del que se esfuerza al máximo por obtener más y más y la de aquél que ha comprendido la futilidad de eso y que ha encauzado su vida en otra dirección, en la dirección del ser. Esa gente está tratando de saber quién son.

En el mundo del tener solamente crees que tienes algo, pero realmente no posees nada. Viniste con las manos vacías y te irás con las manos vacías. Todo lo que suceda en medio es como un sueño. Aparenta ser verdad, mientras dura parece ser verdad, pero una vez se ha ido comprendes que no había nada que realmente estuviera sucediendo. La realidad ha permanecido sin ser afectada por tus sueños. El mundo del poseer no es nada más que un mundo de sueños.

La persona religiosa es aquella que se ha dado cuenta de la futilidad de todo. No puedes poseer nada más que a ti mismo. Y todo lo que tienes, excepto tú mismo, no es más que un engaño. Es una ilusión. Y, de hecho, aquello que posees te posee a ti más que tú a eso. El que posee se convierte finalmente en lo poseído. Crees que posees muchas cosas: riquezas, poder, dinero, pero en lo más profundo tú estás poseído por esas mismas cosas, estás encapsulado, encadenado, encerrado por esas mismas cosas.

Observa a los ricos. No poseen riquezas; son tan pobres como cualquier otro hombre, son tan míseros como cualquier mendigo. En realidad, aquello que poseen, los posee a ellos. Están agobiados con ello.

Por eso lo primero que has de entender son estas dos puertas: el tener y el ser. Si aún estás perdido en el sueño del poseer, todavía estás en el mundo. Puede que estés en una cueva de los Himalayas. Eso no importa. El mundo sigue allí porque el mundo existe en el deseo mismo de poseer. Y nadie nunca ha poseído nada.

Solamente se puede poseer una cosa y esa cosa ya la tienes contigo. Es tu propio ser, tu propia consciencia. Pero para alcanzar ese «ser», uno ha de trabajar duro. No puedes alcanzarlo fácilmente. Primero has de separate del mundo del tener. Eso se asemejará al morir porque con eso es con lo que te has identificado. Tú eres tu coche, tú eres tu casa, tú eres tu cuenta bancaria. Y cuando empiezas a despertar de este sueño empiezas a sentirte como si desaparecieras porque todas tus viejas identidades empiezan a desaparecer. Una identidad desaparece, una parte de ti desaparece. Solamente deja tras de sí el vacío.

Cuando todas tus identidades desaparezcan y simplemente quedes tú, habrá tan sólo puro espacio, tan puro como la vida, tan puro como la muerte. No quedará nada más. Ese es tu «ser». Solamente se puede poseer ese ser porque de hecho ya está ahí. Solamente puedes poseer aquello que ya tienes, no puedes poseer nada más. Todo deseo es un desear lo inútil. Solamente conduce a la frustración.

Por lo general, hasta cuando la gente se vuelve religiosa, siguen pensando en términos de tener, de poseer el cielo o de alcanzar los placeres del cielo, pero siguen pensando todavía en función del poseer. Su cielo no es nada más que el deseo proyectado de poseerlo todo. Todo lo que se han perdido estando aquí desearían poseerlo en el más allá. Pero es el mismo deseo.

La persona auténticamente religiosa es aquella que se vuelve consciente de la futilidad del desear, de la imposibilidad de obtener nada, aquí en este mundo o después en el otro mundo. Solamente te puedes tener a ti mismo. Solamente puedes ser el amo de tu propio ser. Si no estás intentando serlo... Es duro, no hay atajos, no importa lo que Thimothy Leary diga; no hay atajos. El ácido, las drogas no te servirán de nada. Eso es muy fácil, es muy astuto. Es un engaño químico. Deseas introducirte en el mundo de tu más recóndito ser sin ningún esfuerzo. Es algo deshonesto. Sin ganártelo deseas poseerlo.

Cuando Mahavira lo posee es porque se ha esforzado duramente por ello; cuando un Baal-Shem lo posee es porque ha trabajado arduamente por ello, ha sacrificado todo su ser por eso. Todo su ser se ha convertido en pura oración, en devoción, en un sacrificio a lo Divino. El no está ahí; simplemente se ha ofrecido totalmente. Entonces él lo posee. O un Kabir, o un Zarathustra... todos han recorrido el duro camino. El camino empinado es el único camino; no hay atajos.

Pero el hombre siempre ha tratado de inventarse atajos de múltiples maneras. El viaje con las drogas es la última invención de la astuta mente humana. Con sólo ingerir una pastilla o inyectarte cierto compuesto químico en el cuerpo crees que te puedes convertir en un Buda, crees que puedes alcanzar el dominio total de tu ser. Simplemente te convertirás en un esclavo de la química, no en un amo de tu ser. Surgirá un ansia por tomar más y más y más, una y otra vez. Necesitarás de mayores y mayores dosis. Rápidamente te convertirás en un náufrago, rápidamente te volverás tierra baldía y te abandonará todo lo bello, todo lo verdadero y todo lo que es divino. Pero el señuelo está ahí. La mente humana cree que puede descubrir atajos.

Puede que recuerdes lo que ocurre en determinados sueños. En los sueños, si vas en tren, puedes saltarte muchas estaciones. Estás en Londres y de repente te encuentras en Tokio. Te saltas todo el trayecto. El inconsciente continuamente anhela atajos. En los sueños, vale, pero en la vida real no es posible, no puedes saltarte las paradas y no puedes saltarte ninguna estación en el camino. Por muy rápido que vayas no puedes saltarte nada. Más lenta o más rápidamente, no importa. Has de recorrer todo el trayecto y has de hacerlo por el camino más difícil.

El ácido y las drogas siempre han deslumbrado al hombre. Es algo tan viejo como el hombre mismo. En los Vedas empleaban *soma*. En la India han seguido empleando drogas durante siglos, *charas* y *ganja* y opio. Lo han probado todo. Ahora esta locura se está esparciendo por todo el mundo.

Ahora la gente trata de encontrar un atajo, un método fácil y sencillo que puedas manejar, que te puedas tragar. El *samadhi* no puede ser ingerido y Dios no es un fenómeno químico. Te lo has de ganar; solamente entonces puedes tenerlo.

Luego vienen otros, hay también otros métodos. No solamente son las drogas los atajos. También hay otros métodos. Te garantizan que, con muy poco esfuerzo, de hecho casi sin esfuerzo, podrás alcanzar la meta. Por ejemplo, con sólo entonar un *mantra* unos pocos minutos cada día. El entonar un *mantra* solamente puede embotarte la mente, toda repetición supone embotar la mente; te vuelve obtuso y estúpido. Si solamente continuas entonando un *mantra*, éste acabará con tu sensibilidad, te aburrirá, adormecerá tu conciencia, te irás volviendo más inconsciente que consciente, empezarás a caer en la ensoñación. Las madres han sabido desde siempre que cuando un niño está inquieto y no puede dormirse, le han de cantar una nana. Una nana es un *mantra*. La madre repite algo una y otra vez y el niño se va aburriendo. La repetición constante crea una atmósfera de monotonía. El niño no tiene adonde ir; la madre está sentada junto a su cama repitiendo la nana. El chico no puede escaparse, no puede decir «¡Cállate!» Ha de escuchar. El único escape posible es dormirse, de modo que lo intenta. Trata de evitar la nana y de evitar esa madre.

El *mantra* funciona de la misma forma. Empiezas a repetir determinada palabra y luego creas en ti un estado de monotonía. Toda monotonía es mortífera, toda monotonía te adormece, destruye tu agudeza.

Se ha tratado de hacer de múltiples formas. En los antiguos monasterios de todo el mundo, los cristianos, los budistas, los hindúes, en todos los monasterios, han probado con el mismo truco, pero a una escala mayor. La vida en un monasterio es una rutina, está absolutamente fijada. Cada mañana has de levantarte a las tres o a las cinco en punto y empezar luego con el mismo círculo. Has de comenzar la misma actividad durante todo el día, durante toda tu vida. Esto es extender un *mantra* en toda tu vida, convirtiéndola en una rutina.

Poco a poco, haciendo lo mismo una y otra vez una persona se va convirtiendo en un sonámbulo. Tanto si está despierto como si está dormido, no importa, puede seguir haciendo los mismo gestos y los mismos movimientos vacíos. Pierde toda noción de diferencia entre dormir o estar despierto.

Puedes ir a los antiguos monasterios y observar a los monjes caminar en su sueño. Se han convertido en robots. No hay una diferencia entre lo que hacen cuando se despiertan por la mañana y lo que hacen cuando duermen. Los territorios se superponen. Y cada día es exactamente lo mismo. En realidad, la palabra «monótono» y la palabra «monasterio» derivan de la misma raíz. Ambos significan lo mismo.

Puedes crear una vida tan monótona que la inteligencia no sea necesaria. Cuando la inteligencia se vuelve innecesaria te adormeces. Y cuando te adormeces, desde luego, empiezas a sentir una especie de paz, un cierto tipo de silencio, pero no es real, es falso. El verdadero silencio está vivo, latiendo. El verdadero silencio es positivo, contiene energía, es inteligente, está atento, lleno de vida y entusiasmo. Contiene entusiasmo.

El falso silencio, el pseudo silencio, es sencillamente adormecedor. Puedes observarlo. Si un estúpido está aquí sentado, un idiota, un imbécil, percibirás un cierto silencio a su alrededor. Es el mismo silencio que percibirás en un cementerio. Tiene cierto espacio a su alrededor que es muy adormecedor. Parece ser muy indiferente al mundo, desconectado, sin contacto. Está ahí sentado como una masa de barro. No hay vibración alguna de vida, de energía, a su alrededor, no hay nada que vibre a su alrededor. Este no es el silencio verdadero. Es simplemente una estupidez.

Cuando te aproximas a un Buda, él está en silencio debido a su inteligencia, está en silencio debido a su consciencia, está en silencio no porque se haya obligado a sí mismo a guardar silencio, sino que simplemente está en silencio porque ha comprendido la inutilidad de estar alterado. Está en silencio porque ha comprendido que no hay porqué estar ni preocupado ni tenso. Su silencio nace de la comprensión. Rebosa comprensión. Cuando te aproximas a un Buda percibes una fragancia absolutamente distinta: la fragancia de la consciencia.

Y no solamente descubrirás una frescura, una brisa que le envuelve, sino que sentirás que tú también te has vitalizado, te has inflamado. Con sólo acercarte, tu propio ser se inflama, una luz empieza a arder en tu interior. Cuando te acercas a él, por pura proximidad, por simple afinidad, repentinamente notas que has dejado de estar deprimido. Su presencia tira de ti para sacarte del fango en el cual permanecías confortablemente. Su presencia misma es elevadora. Sentirás amor, vida, compasión, belleza, realidad.

Una persona que sigue entonando *mantras* y viviendo una monótona vida rutinaria, está muerta. Continua con las formalidades y los modos porque ha de hacerlo. Y ha hecho las mismas cosas tantas veces que no hay necesidad de que permanezca atento a ellas; puede seguir ejecutándolas en su sueño. Se ha vuelto muy eficiente, pero su eficiencia simplemente significa que se ha vuelto mecánico. Por eso guarda silencio. Te encontrarás con esta clase de silencio cuando te cruces con gente que hace Meditación Trascendental. Se han aquietado a base de repetir un determinado *mantra*. Han obligado su mente a que guarde silencio, pero eso es fácil y no podrás alcanzar lo auténtico con tales bagatelas.

Lo real se hace asequible tan sólo cuando te empeñas en ello con toda tu totalidad.

Pero recuerda, no te estoy diciendo que lo real se haga asequible debido a tu esfuerzo... eso es paradójico. Has de esforzarte mucho, has de trabajar de un modo total, apasionado y aun así has de acordarte que Eso no sucede únicamente por causa de tu trabajo. Sucede por la gracia. Ese es el mensaje del hasidismo.

Te esfuerzas. Nunca sucede si no te esfuerzas, eso es cierto. Solamente sucede cuando te has esforzado mucho, pero eso solamente crea la situación para que suceda. No es como causa y efecto. No es como el calentar el agua hasta los cien grados y que entonces se evapora. No es así. No es una ley natural, no tiene nada que ver con el mundo gravitacional. Es una ley secundaria, una ley totalmente distinta: la ley de la Gracia. Te esfuerzas al máximo, llegas a los cien grados, entonces esperas allí, expectante, vibrante, vivo, feliz, en celebración, bailando, cantando. Esperas en el punto de los cien grados. Es un deber: has de alcanzar los cien grados, pero luego has de esperar, has de esperar paciente, amorosamente. Cuando llega el momento oportuno, cuando tu trabajo se ha completado y tu espera también se ha completado, entonces la gracia desciende. O bien, puedes decir que la gracia asciende. Ambas cosas quieren decir lo mismo porque ella proviene de lo más profundo de tu ser. Parece que sea un descenso porque hasta ahora no has conocido lo más recóndito de tu ser. Parece como si, desde algún lugar más elevado que tú, descendiera, pero realmente proviene de alguna parte en tu interior. Lo interior está también más allá.

El esforzarse al máximo es necesario para alcanzar la gracia, pero lo que ocurre, ocurre únicamente por la gracia en sí. Es una paradoja. Es difícil de comprender. Debido a esta paradoja miles de personas han perdido su camino. Hay algunos que dicen - y son gente muy lógica; su lógica es impecable - hay algunos que dicen que si llegan debido a su propio esfuerzo, ¿a qué viene el preocuparse de la gracia y de Dios? Si sucede tan sólo debido a su esfuerzo, vale. Se esforzarán al máximo y harán que suceda. Por eso no hablan de la gracia o de Dios. Esos pasarán de largo porque Eso nunca sucede únicamente por tu propio esfuerzo.

Luego también hay gente que dice que si Eso sucede debido solamente a la gracia y que nunca se debe a tu propio esfuerzo, ¿a qué viene el preocuparse? Deberíamos esperar y, siempre que Dios lo quiera, sucederá.

Ambos se equivocan. Uno se equivoca debido a su egoísmo, «Con sólo esforzarme es suficiente. Solamente hago falta yo». El otro se equivoca por su pereza, por su letargo. Ambos se equivocan.

El que llega a casa ha de seguir el camino de la paradoja. Esta es la paradoja: «He de esforzarme al máximo. No solamente al máximo; me he de comprometer totalmente.

Solamente entonces seré capaz de recibir la gracia. Pero sucede gracias a la gracia. Llega un momento en el que uno ha hecho todo le que es posible hacer y entonces uno ruega diciendo que, de su parte, ya no queda nada por hacer; que se necesita de algo desde la otra parte; que ahora Tú has de hacer algo». Y Dios empieza a trabajar sobre ti solamente cuando tú has hecho todo lo que podías hacer. Si hay algo que queda sin cubrir y hay una parte de tu ser que aún no está implicada, entonces Dios no puede acudir en tu ayuda. Dios ayuda solamente a aquellos que se ayudan a sí mismos.

Esta es la paradoja del hasida. Se esfuerza al máximo y aun así confía en que el florecimiento supremo acontecerá solamente por Su gracia, por la gracia de Dios.

Y eso es hermoso. Somos muy poca cosa. Nuestro esfuerzo no puede alcanzar mucho. Nuestro fuego es muy pequeño; con este fuego no podemos incendiar la Existencia entera. Somos simplemente gotas. No podemos crear océanos a partir de esas gotas. Pero si esa gota puede deslizarse hacia una plegaria más profunda, el océano se nos hace asequible. Cuando la gota se relaja, se vuelve capaz de contener océanos en sí misma. Es diminuta si solamente atiendes a su periferia. Es tremendamente inmensa si atiendes a su centro.

El hombre es ambas cosas. El hombre es una paradoja. Es la más diminuta partícula de consciencia, es un átomo, es absolutamente atómico y no obstante contiene lo inmenso. El cielo entero está contenido en él.

Por eso, se han de comprender esos dos lenguajes: el lenguaje del tener y el lenguaje del ser. Y has de cambiar tu engranaje desde el lenguaje del tener al lenguaje del ser.

Déjame contarte unas anécdotas.

Un alto mando japonés le decía a su hija, «Me han dicho que sales con un extraño. Es más, es un soldado americano, y peor aun, es judío».

La hija le espetó, «¿Qué «schmuck» (*) te lo dijo?»

* N del T.- Palabra judía equivalente a «imbécil»

La palabra «schmuck» lo dice todo. No hay por qué nadie tenga que decir nada más.

La persona que solamente conoce el lenguaje del tener tiene una cualidad de ser distinta. La forma en que camina, la forma en que se sienta, la forma en que habla, las palabras que usa, las palabras que evita usar, la gente con la que confraterniza y la gente que evita, los lugares que visita y los lugares a los que no acude, todo indica algo. Incluso las palabras comunes, corrientes indican algo. Incluso si acude a un Maestro, el hombre que siempre está tratando de tener más y más y más se hace visible por la forma en que se presenta, por el deseo con el que se presenta. Aun entregándose, en su entrega misma, puedes descubrir su lenguaje.

Un hombre vino a verme. Por la forma en que acudió pude ver que era totalmente indiferente a mí. Era muy claro, era evidente. No fluía hacia mí, su ser no fluía. Era un pozo de energía estancada.

Me quedé sorprendido. Me preguntaba por qué había acudido a mí. Y entonces él empezó a hablar de Dios. La palabra «Dios» no tenía ninguna fuerza en sus labios. Era vana. Hablaba en un lenguaje que no sabía emplear. Permanecí a la espera porque debía de haber algo tras esas palabras sobre Dios. El decía, «Quiero vivir a Dios y quiero realizarme a mí mismo». Pero por la forma en que lo estaba diciendo y el modo en que se expresaba estaba absolutamente claro que él no había venido por eso. Puede que simplemente se expresara así para mostrarse cortés conmigo o para poder comenzar un diálogo.

Y luego, poco a poco, siguió diciendo, «Un día vendré y también me haré *sanyasin*».

De modo que le dije, «Si has venido y si eres un buscador y quieres realizar a Dios, ¿por qué perder más el tiempo? Ya basta con el que has perdido». Debía de andar casi por los sesenta y cinco. El dijo, «Eso es cierto, pero ahora estoy metido en elecciones». Había unas elecciones en aquel entonces, por eso dijo, «He venido para que me des tus bendiciones». Yo le dije, «Entonces ¿por qué pierdes el tiempo hablando de Dios, hablando del alma, hablando de meditación?»

Los hindúes son muy duchos en esos temas; por pura tradición han aprendido ese modo de expresarse. Esas expresiones están en el aire y ellos las han cogido, pero no están enraizadas en su ser; solamente flotan en sus mentes. Esas palabras existen en ellos sin raíz alguna, sin contacto con ellos.

Le dije, «¿Por qué pierdes el tiempo hablando de Dios y del alma? Lo tenías que haber dicho al principio». El se sintió algo confundido y yo le dije, «Me he estado preguntando desde un principio porqué habías acudido a mí, porqué viniste a mí, pero realmente no viniste a mí. Hablabas fuerte y alto. Estabas ahí sentado y aun así no estabas sentado aquí y yo podía ver que tu presencia era falsa, solamente era física. Y podía observar en ti al político. De hecho hablabas de Dios como una estrategia política. Esa era tu política».

Esos son los que dicen, «La honestidad es la mejor inversión». Incluso a la honestidad la han de convertir en algo en lo que se invierte. Invertir quiere decir política. «Vale la pena ser honesto», dicen. Así la honestidad se convierte en un útil instrumento para ganar más dinero, para adquirir más prestigio, para ser más respetable, pero ¿cómo puede ser la honestidad una inversión? El decir esas cosas, el que la honestidad es la mejor inversión, es una profanación. Es como decir que Dios es la mejor inversión, o que la meditación es la mejor inversión o que el amor es el mejor seguro.

Si tu lenguaje es el del tener puedes emplear a Dios y a la meditación y a muchas cosas, pero sólo serán vestimentas, máscaras y tras ellas habrá algo escondido.

«Temo que son malas noticias», le dijo el médico al marido de una esposa regañona. «A tu esposa solamente le quedan unas pocas horas de vida. Espero que comprendas que ya no se puede hacer nada más. ¡No sufras por eso!»

«De acuerdo, doctor», le dijo el marido, «¡He estado sufriendo durante tantos años que ahora puedo sufrir unas cuantas horas más!»

La gente emplea lenguajes diferentes. Aunque empleen las mismas palabras no las emplean con el mismo significado. Atiende al significado y no a las palabras. Si atiendes a las palabras nunca comprenderás a la gente. Atiende al significado. El significado es algo totalmente distinto.

La mujer domadora tenía a sus fieras perfectamente controladas. Cuando se lo ordenaba, el león más fiero acudía mansamente a ella para tomar un terrón de azúcar de su boca. Todo la gente se maravillaba, todos excepto uno: Mulla Nasrudin.

«Cualquiera es capaz de hacer esto», gritó desde donde estaba.

«¿Quién dice que se atreve?», contestó el director con sorna.

«Sin ninguna duda soy capaz de hacer lo que hace el león», replicó Nasrudin.

Siempre que escuches algo, atiende al significado. Siempre que escuches a una persona, atiende al conjunto de su personalidad e inmediatamente serás capaz de ver si la persona vive en la dimensión del tener o en la dimensión del ser.

Y eso te será de mucha ayuda en tu crecimiento interior y a la hora de cambiar de mecanismos. Observa a la gente. Es más fácil observar al principio a la gente que observarte a ti porque la gente es algo más objetivo y hay una cierta distancia entre tú y los demás. Y puedes ser más objetivo con la gente porque no te sientes implicado con ellos. Tan sólo observa. Tómalo por costumbre.

Buda solía decir a sus discípulos, «Observad a todo aquél que pasé junto a vosotros; al ir por la calle, observad a la gente. Observad qué es lo que está sucediendo exactamente. No atendáis a lo que dicen porque son muy astutos, se han vuelto muy hábiles con el engaño. Cuando alguien diga algo, observa su cara, sus ojos, su ser, sus gestos y simplemente te sorprenderás de ver cómo, hasta ahora, vivías de palabras. Puede que alguien te esté diciendo, «Te quiero» y que sus ojos lo estén negando claramente. Puede que alguien sonría con su boca y que sus ojos te estén despreciando, te estén rechazando. Puede que uno te diga «Hola» y te tienda la mano y todo su ser te esté condenando.

Atiende al lenguaje del cuerpo, al lenguaje de los gestos, al lenguaje oculto tras el lenguaje. Atiende a su significado.

Y date cuenta primero de esto con los demás. Convierte a todo aquél que se te acerque en un experimento de atención. Luego, paso a paso, irás siendo capaz de observarte a ti mismo. Entonces vuelca la totalidad de lo que vivas sobre ti, entonces haz lo mismo contigo. Cuando digas a alguien, «Te amo», atiende a lo que verdaderamente estás diciendo; no a las palabras. Las palabras casi siempre son huecas.

El lenguaje es muy engañoso y puede decorar las cosas de tal manera que el envoltorio se convierta en algo muy importante y pierdas de vista el contenido. La gente se ha sofisticado mucho con relación a lo que es superficial, pero su centro interior permanece casi como estaba. Atiende al centro de la circunferencia. Profundiza en las palabras.

Primero has de observar a los demás, luego obsérvate a ti mismo. Y entonces, poco a poco, descubrirás que hay ciertos instantes en los que tú también penetras en la dimensión del ser. Esos instantes son instantes de belleza, los momentos de felicidad. En realidad, siempre que veas que eres muy feliz, habrás contactado con esa dimensión del ser porque no es posible otra clase de felicidad.

Pero si no le prestas suficiente atención, puede que te equivoques. Estás sentado junto a la mujer que amas, o con el hombre al que amas, o con un amigo y, de repente, sientes que un profundo bienestar surge en ti, una profunda alegría, sin razón alguna, sin causa visible. Irradias felicidad. Entonces empiezas a buscar su origen en el exterior, piensas que puede que sea por causa de la mujer que está contigo a tu lado y que tanto te quiere. O debido a que te has encontrado al amigo después de tantos años. O debido a que la luna llena es tan hermosa. Empiezas a buscar las causas.

Pero aquellos que se han mantenido alerta atendiendo a su corazón, a sus significados auténticos, no buscarán las causas en el exterior; mirarán en su interior. Ellos están en contacto con su ser. Puede que la mujer a la que amas haya funcionado como un trampolín, que haya provocado la situación y que tú te lanzases a tu propio interior.

Lo difícil es saltar hacia el propio interior cuando existe cierto antagonismo en el exterior. Cuando esto sucede te ves obligado a mantenerte en el exterior. Cuando alguien te ama puedes abandonar todas tus medidas defensivas, todas tus estrategias, puedes abandonar toda tu política, puedes abandonar toda tu diplomacia. Cuando alguien te ama, puedes ser vulnerable, eres capaz de confiar en que él o ella no sacara partido de su posición, en que podrás mantenerte sin defensas y nadie te va a matar ni a aplastar, de que puedes quedarte sin protecciones y que la presencia de tu amigo será tranquilizadora, no te envenenará. Siempre que se dé una situación en que puedas retirar tus defensas y abandonar tus estrategias y tus armaduras, te encontrarás repentinamente en contacto con tu ser, te habrás movido desde la dimensión del tener a la dimensión del ser. Siempre que sucede, surge la felicidad, surge la alegría, surge el regocijo. Aunque sea solamente por un segundo, de repente las puertas del cielo se abren. Pero una y otra vez pasas de largo porque no estás atento. Sucede sólo accidentalmente.

Recuerda, una persona religiosa es la que ha comprendido este suceso accidental y ha entendido su clave más profunda. Y ahora él ya no se desliza en esa dimensión del ser de modo accidental, él tiene la llave y siempre que quiere, abre la puerta, descorre el cerrojo y entra en él.

Esta es la única diferencia. La única diferencia entre la felicidad común y la felicidad de una persona religiosa es ésta: que la persona religiosa ha llegado a ser capaz de entrar en cualquier momento, en cualquier lugar, en su ser. Ahora conoce la ruta directa y no depende de las ayudas externas.

Tú dependes demasiado de lo exterior. A veces te encuentras en una hermosa casa; te hace sentir bien. Viajas en un bonito coche, el coche ronronea y todo funciona a la perfección; te hace sentir bien. El estar en ese sentimiento te aproxima a tu ser. Pero tú lo mal interpretas. Crees que es debido a tu coche y por eso has de ser el dueño de ese coche. Puede que el coche haya servido de entorno, pero el coche no es la causa. Puede que la hermosa casa actúe como entorno, pero no es la causa.

Si crees que ésa es la causa te desplazas al mundo del tener. Por eso has de ser el dueño del coche más bonito; has de tenerlo. Has de tener la casa más hermosa, has de poseer el jardín más bello, has de tener la mejor mujer y el mejor hombre. Y así sigues acumulando y acumulando y acumulando hasta que un día, de repente, te das cuenta de que toda tu vida ha sido desperdiciada. Has acumulado muchas cosas, pero te has perdido la fuente de toda felicidad. Te has perdido recolectando objetos. La premisa fundamental era que todo aquello que te hacia sentir feliz y contento, lo tenías que poseer.

Escúchame... no es necesario que poseas todo esto. Tan sólo observa lo que está sucediendo en tu interior y podrás empezar a disfrutar de esas situaciones sin ninguna ayuda exterior. Esto es lo que hace un *sanyasin*. No es que tengas que poseerlo todo, que tengas que tenerlo todo, sino que has de estar alerta para no poseer nada en este mundo. Todo lo que puedas poseer opera solamente como entorno. No es la causa. La causa es interior. Y tú puedes abrir la puerta sin ninguna ayuda exterior, en cualquier instante, en cualquier lugar, y puedes deslizarte en ello y regocijarte.

Dejas de estar atado. Puedes emplear las cosas, son útiles... no estoy en contra de las cosas, recuérdalo. Ni tampoco los hasidas están en contra de los objetos, recuérdalo. Emplea las cosas, pero no creas que esas cosas son la causa de tu felicidad. Emplea las cosas; tienen una utilidad, pero no creas que constituyen la meta. No son el objetivo; sólo son los medios. La meta está en ti, la meta es tal que uno puede adentrarse en ella directamente sin ninguna ayuda externa. Una vez lo descubres te conviertes en el amo de tu ser.

Esto, lo que estoy diciendo; lo has de vivir tú. El que yo lo diga y el que tú lo escuches y lo comprendas intelectualmente, no te servirá de mucha ayuda.

Mulla Nasrudin rechazó la orden del matón de que bebiera por tres razones.

«¡Dímelas!», le espetó el terror de la ciudad.

«Primera,» dijo el Mulla, «mi religión me lo prohíbe. Segunda, le prometí a mi abuela en su lecho de muerte que no tocaría, ni olería, ni probaría el maldito licor».

«¿Y la otra razón, la tercera?», insistió algo más tranquilo el bravucón.

«Acabo de beber», dijo Nasrudin.

Si sólo me escuchas, si solamente me comprendes desde el intelecto y nunca lo vives en tu laboratorio interior de la consciencia, todo lo que te diga permanecerá solamente en tu cabeza. Nunca se convertirá en tu vivencia. Y a menos que se convierta en una vivencia no vale la pena; es basura. Una y otra vez podrás comenzar de nuevo a acumular conocimiento y otra vez vivirás la misma historia, la dimensión del tener. Y puedes acumular tanto conocimiento como tengas a mano. Esta es una de las desgracias del hombre moderno, el que tanto conocimiento sea asequible. Nunca fue así.

La mayor calamidad que le ha acontecido al hombre ha sido la inmensa cantidad de conocimiento que se le ha hecho asequible. Nunca antes estuvo tan al alcance.

Un hindú solía vivir según las escrituras hindúes; el musulmán solía vivir de acuerdo con las escrituras islámicas; el cristiano solía vivir según la Biblia, y todos ellos estaban limitados y nadie se adentraba en el mundo de conocimiento del otro. Las cosas estaban perfectamente claras; no había superposiciones.

Ahora todo se ha superpuesto y una enorme cantidad de nuevos conocimiento se ha hecho asequible. Estamos viviendo en una «explosión de los conocimientos». En esta explosión puedes empezar a acumular información, puedes convertirte en un gran erudito de forma muy fácil, sin coste alguno, pero eso no te va a transformar.

De nuevo, recuerda que el conocimiento pertenece a la dimensión del «tener»; el saber pertenece a la dimensión del «ser». Se parecen, pero no son lo mismo. No es que no sean lo mismo, sino que son diametralmente opuestos. Un hombre que se dedica a acumular conocimiento, continua perdiendo saber. El saber requiere de una mente especular, pura, incorrupta. No te estoy diciendo que el conocimiento sea inútil. Si posees tu sabiduría, fresca, especular, clara, puedes emplear tus conocimientos de una forma muy útil. Puede ser algo benefi-cioso. Pero, en primer lugar, ha de haber sabiduría.

El conocimiento es algo fácil; la sabiduría es difícil. Para saber, has de atravesar muchos fuegos. Para tener conocimientos no se necesita nada; tal y como eres puedes continuar añadiendo más y más conocimiento a tu persona.

Un alegre señorito, tan encantador como escaso de dinero, sorprendió a sus amigos con su repentina boda con una mujer extremadamente fea cuya única virtud era su exuberante cuenta bancaria. Después de casarse, sus amigos se sorprendieron doblemente al ver su insistencia en que su mujer le acompañara donde fuera que fuese.

«Puedo entender que te casases con esa mujer doloro-samente fea por su dinero, pero», le dijo con franqueza uno de sus amigos, «¿por qué insistes en que te acompañe siempre?»

«Es muy sencillo», le dijo el marido, «es más fácil que darle un beso de despedida».

Es más sencillo acumular conocimiento; es muy cómodo, no cuesta nada. Es muy difícil, muy arduo el alcanzar el saber. Por eso es que son escasos, muy pocos, los que tratan de meditar; muy pocos los que tratan de rezar, muy pocos los que tratan de hacer el máximo esfuerzo en pos de la Verdad. Y todo aquello que no conozcas por ti mismo, es irrelevante. Nunca podrás tener certeza de ello. Nunca desaparecerá la duda. La duda subsistirá como un gusano bajo la tierra, saboteando tu saber. Puedes gritar bien alto que crees en Dios, pero con gritar no demostrarás nada. Tus gritos solamente prueban una cosa: que la duda persiste. Solamente la duda grita a viva voz. Puedes convertirte en un fanático creyente, pero tu fanatismo solamente demuestra una cosa: que persiste la duda.

Unicamente aquél que contiene la duda en sí mismo se convierte en un fanático. Un hindú fanático es uno que no confía en la validez del hinduismo. Un cristiano fanático simplemente es el que tiene dudas sobre el cristianismo. Se vuelve un fanático, agresivo, no para demostrar algo a los demás, sino que se convierte en un fanático agresivo para intentar demostrarse a sí mismo que crea lo que crea, realmente lo cree. Ha de demostrárselo.

Cuando realmente sabes algo, no eres un fanático. Un hombre de sabiduría, aunque sea uno que ha alcanzado solamente a tener destellos de Dios, destellos de su ser, se vuelve muy tranquilo, muy sensible, frágil. No es un fanático. Se vuelve femenino. No es agresivo. Se vuelve profundamente compasivo. Y con el saber, se torna muy comprensivo con los demás. Puede hasta comprender el punto de vista diametralmente opuesto.

Oí una historia sobre un rabino judío.

El estaba diciendo, «La vida es como un río».

Un discípulo le preguntó, «¿Por qué?»

El rabino le dijo, «¿Cómo voy a saberlo? ¿Acaso soy un filósofo?»

Otro día el rabino estaba diciendo, «La vida es como un río».

Otro discípulo le dijo, «¿Por qué?»

Y el rabino le contestó, «Estás en lo cierto. ¿Por qué debería serlo?»

Esta es una comprensión tremenda. Sin fanatismo. Un hombre de sabiduría alcanza un sentido del humor. Acuérdate siempre de esto. Si ves a alguien sin sentido del humor, ten por seguro que este hombre no sabe nada. Si te encuentras con un hombre serio, ten por seguro que es un farsante. El saber aporta sinceridad, pero la seriedad desaparece. El saber aporta alegría, el saber aporta sentido del humor. El sentido del humor es un requisito.

Si te encuentras con un santo qué no tenga sentido del humor, no es un santo. Imposible. Su seriedad misma revela que no ha llegado. Una vez alcanzas experiencias propias, te vuelves muy juguetón, te vuelves muy inocente, como un niño.

El hombre de conocimiento es muy serio. El hombre de conocimiento siempre acarrea con una atmósfera seria, sombría, que le rodea. No es que solamente cargue con esa atmósfera de seriedad, sino que cualquiera que entra en contacto con él, se vuelve serio. Le obliga a ser serio. En realidad, en su interior, le preocupa el que no sepa nada. No es capaz de relajarse. Su seriedad es una tensión. Está angustiado. El sabe que sabe solamente por decir algo, el sabe que todo su saber es un fraude, por eso no puede sonreír.

Ahora escucha esto,.

El rabino le dijo, «La vida es como un río».

Y un discípulo le preguntó, «¿Por qué?»

Y el rabino le dijo, «¿Cómo voy a saberlo?¿Acaso soy un filósofo?»

Y en otra ocasión el rabino dijo otra vez, «La vida es como un río».

Otro discípulo preguntó, «¿Por qué?»

Y el rabino le dijo, «Estás en lo cierto. ¿Por qué debería serlo?»

¿Ves la ausencia de seriedad? ¿Ves el tremendo sentido del humor?

El hasidismo ha creado algunos de los más grandes santos del mundo. Y mi respeto hacia ellos es inmenso porque son gente que no es seria. Saben bromear y saben reír, y no solamente son capaces de reírse de los demás, sino que saben reírse de sí mismos. Eso es lo hermoso. Si acumulas conocimiento puedes llegar a tener gran cantidad, pero no te será de gran ayuda si surge una necesidad. Puedes ir desparramándolo y exhibiéndolo y mostrándolo, pero siempre que surja la necesidad y la casa esté en llamas verás de repente que has olvidado todo lo que sabías, porque, en primer lugar, nunca lo supiste. Solamente residía en tu memoria.

Siempre que se da una situación de emergencia... por ejemplo, cuando una persona se está muriendo, se olvidará de todo su conocimientos. En ese instante no se acordará de que el alma es inmortal. Eso estaba bien para los demás. En ese instante no se acordará de que está regresando a Dios y que uno debería estar bailando y sintiéndose feliz. En ese instante empezará a aferrarse a la vida. Todo su saber se habrá esfumado.

Conocía a un hombre muy erudito, muy intelectual, muy conocido en todo el país. No sólo era un erudito sino que era un seguidor de J. Krishnamurti. Solía acudir a verme a veces y siempre decía que no había necesidad alguna de meditar. Krishnamurti afirma esto.

Yo le escuchaba y le sonreía. El me preguntaba, «¿Por qué sonríes siempre que digo eso?» Le contesté una y otra vez, «Te escucho a ti, no escucho lo que dices. Tu ser me da un mensaje totalmente distinto. Si no hubiera necesidad alguna de meditar, si no hubiera necesidad alguna de escrituras, si no hubiera necesidad de método alguno, si no se necesitara meditar y tú hubieras comprendido eso, eso te habría transformado por completo». El me contestaba con rostro serio, «De acuerdo. Lo entiendo intelectualmente, pero algún día también lo entenderé de modo no-intelectual. He dado el primer paso. El segundo le seguirá».

Un día su hijo vino corriendo y me dijo, «Mi padre está muy enfermo. Parece que es un ataque al corazón y pide que vayas». Fui corriendo hasta donde estaba. Yacía en su lecho repitiendo Ram-Ram-Ram. Le toque la cabeza y le dije, «¿Qué es lo que haces? ¿Toda tu vida dijiste que no existe la meditación y ahora estás repitiendo Ram-Ram-Ram...? El dijo, «No me molestes en este momento. La muerte está en la puerta y yo me estoy muriendo. ¿Quién sabe? Puede que exista Dios. Y quién sabe, puede que los que siempre dijeron que recordando su nombre, él te perdonaba, estuvieran en lo cierto. No hay tiempo para discutir o argumentar. Deja que lo repita».

Durante cuarenta años no había repetido ni un solo *mantra*, pero ahora, de repente, los cuarenta años de conocimientos fueron desechados. No valían para nada. En esa situación de peligro, cuando la muerte acecha, él se olvida por completo de Krishnamurti. Se convierte de nuevo en un simple hindú. Estaba bien para un hindú corriente el repetir Ram-Ram-Ram; se le podía perdonar, pero ¿él? El había escrito libros, había dado charlas por todo el país, había ayudado a muchos a abandonar sus *mantras* y sus meditaciones y sus libros sagrados. Y ahora, de improviso, él está repitiendo un *mantra*.

Pero sobrevivió al ataque de corazón y vino a verme al cabo de dos o tres meses y, de nuevo, había vuelto a lo que conocía. Le dije, «Deja ya de hacer el tonto. La muerte vendrá otra vez y tú repetirás Ram-Ram-Ram. ¿Por qué sigues con esa actitud?»

Un anciano muy rico había permanecido soltero. Ahora se acercaba a los setenta y cinco. Entonces un amigo, un amigo casado, le convenció de que debería casarse. «No has de perderte este placer», le dijo.

Así que decidió casarse. Al tener tanto dinero, de inmediato encontró una hermosa chica. Partieron de luna de miel.

Hizo que su amigo casado y su mujer le acompañaran como guías en este nuevo territorio. A la mañana siguiente se encontraron desayunando en el hotel. El amigo le había proporcionado algo de información sobre el sexo y cómo hacer el amor y qué hacer y qué no hacer.

«¡Qué noche tan maravillosa fue la de anoche!», dijo el amigo casado. «Nos acostamos,... mi esposa estaba ansiosa, yo estaba ansioso y disfrutamos de una maravillosa noche de amor. ¿Qué pasó contigo, viejo amigo?»

«¡Oh, Dios mío!», dijo el rico anciano, «Me olvidé de limpiarlo!»

Después de toda una vida de soltería, aunque alguien te

ayude, te diga las cosas y te haga memorizarlas, éstas no contactarán con lo íntimo de tu ser. Simplemente quedarán flotando en tu cabeza. No te tocarán.

El viejo dijo, «¡Oh, Dios mío! ¡Me olvidé de limpiarlo!» Setenta años durmiendo solo, crea hábitos propios.

Si sigues acumulando conocimiento, eso crea un hábito; nunca te reportará saber alguno, pero sí te formará un hábito, el hábito de acumular más y más; un hábito muy peligroso. Incluso si te encuentras con un Buda o con un Jesús, pasarás de largo, porque también entonces estarás acumulando, estarás tomando notas en tu mente: «Sí, esto es correcto, vale la pena recordarlo». Acumularás más y más, pero simplemente te convertirás en un museo muerto, o en un museo, de objetos sin vida.

Y cuanto más ocupado estés con este «poseer conocimiento», menor será la posibilidad de que el verdadero conocimiento esté presente. El conocimiento que surge al conocer el ser, «siendo», no existirá.

Recuerda, la mente no es nada más que lo que has estado recolectando hasta el día de hoy. La mente es todo aquello que está en tu ser. Más allá de la mente está tu verdadero ser, más allá del poseer está tú verdadero ser. En el exterior has coleccionado objetos; dentro has acumulado pensamientos. Ambos pertenecen a la dimensión del tener.

Cuando dejas de estar apegado a los objetos y cuando dejas de estar apegado a los pensamientos, de repente: el cielo abierto, el cielo abierto del ser. Y eso es lo único que vale la pena obtener y lo único que realmente puedes obtener.

Ahora, la historia,

El rabino Visakar Baer se encontró a un anciano campesino del pueblo de Oleshnya al que conocía de cuando era joven.

Sin saber de su fama en el mundo, el campesino le dijo, «Baer, ¿qué es de tu vida?»

«¿Y qué hay de la tuya?», le preguntó el rabino.

«Bien», le contestó el otro, «Te lo diré. Aquello que no

ganas con tu propio trabajo, no es tuyo».

Desde entonces, siempre que el rabino Baer hablaba del modo apropiado de conducirse uno en la vida, añadía, «Y el anciano de Oleshnya dijo: Aquello que no ganas con tu propio trabajo, no es tuyo».

Un dicho tremendamente significativo. Puede que el campesino no lo dijera con esa intención, con ese tremendo significado, pero el rabino lo tomó de esa forma. Era una piedra preciosa surgida de un campesino corriente... Puede que él no lo dijera en el sentido en el que el rabino lo interpretó; tú solamente entiendes de la forma que eres capaz de entender.

Desde entonces, siempre que el rabino Baer hablaba del modo apropiado de conducirse uno en la vida, añadía, «Y el anciano de Oleshnya dijo: Aquello que no ganas con tu propio trabajo, no es tuyo».

El viejo debió de decirlo como generalmente es entendido. El decía que en esta vida solamente puedes obtener aquello por lo que te has esforzado. No hay otra forma. Uno ha de esforzarse para obtener algo.

Esa es la experiencia de un granjero corriente. El granjero no era un rey; un rey puede tener muchas cosas que no ha ganado con su propio esfuerzo.

A un hombre muy, muy rico, le preguntó una vez un pobre, «En el mundo, ¿cuál es el mejor método para hacerse rico?»

El rico le contestó, «El mejor método es encontrar los padres adecuados».

Puedes tener mucho sin haberlo ganado si has sido suficientemente inteligente para encontrar los padres adecuados. Muy poca gente fue así de inteligente. ¡Simplemente se precipitaron hacia el primer vientre que vieron disponible!

Puedes robar, puedes estafar, puedes extorsionar,... hay mil maneras. Pero el granjero, el campesino, vivía verdaderamente con lo que había ganado por sí mismo. El no era un rey, no era un político, no era un hombre rico. Fuera lo que fuera lo que hubiera ganado, eso era todo lo que tenía.

El granjero debió de decirlo en el sentido corriente, pero observa su belleza. Oigas lo que oigas, lo oyes desde tu propia perspectiva. El rabino lo oyó de un modo totalmente diferente. En su ser eso se convirtió en un dicho pleno de significado. Era una frase sencilla, corriente, pero el rabino se hallaba en profunda meditación, el rabino estaba en su otra dimensión, en la dimensión del ser.

Cuando estás en la dimensión del ser, las pequeñas cosas, las piedrecillas corrientes, se convierten en piedras preciosas. Las cosas corrientes adquieren color, se vuelven iridiscentes. Los sucesos corrientes se tornan psicodélicos... depende de ti, de tu visión.

Desde entonces, siempre que el rabino Baer hablaba del modo correcto de conducirse en la vida, añadía, «Y el viejo de Oleshnya decía: Aquello que no obtienes con tu propio trabajo, no es tuyo».

Esto es cierto. En el mundo más interior esto es absolutamente cierto, aunque pueda no ser tan cierto en el mundo exterior. En el mundo exterior hay mil y una forma de ser deshonesto, de estafar, de robar, de extorsionar. En realidad, en el mundo exterior los trabajadores no poseen mucho, sólo los estafadores. La gente que es astuta posee mucho. Los que trabajan no poseen muchas cosas. Los que no trabajan, ésos tienen mucho.

Pero en el mundo interior esa frase es absolutamente cierta. No puedes poseer en tu ser nada que no te hayas ganado. Y lo has de ganar esforzándote; no hay atajos . No trates pues de engañar a Dios.

Un hombre que se engaña a sí mismo con el poseer cosas, pierde toda oportunidad de adquirir el estado de ser.

He oído.

Un marido le pegó un tiro a su suegra, de modo que ella lo llevó a los tribunales.

«Usted estaba borracho», le dijo el juez, «así que debo decirle algo. Fue el alcohol el que le hizo explotar . Fue el alcohol el que le hizo odiar a su suegra. Fue el alcohol el que le hizo comprar el revólver para disparar. Fue el alcohol el que hizo que fuera usted a la casa de su suegra, le apuntara, apretara el gatillo y disparara. Y, dese cuenta, ¡Fue el alcohol el que hizo que fallara!»

Es la misma historia, el mismo alcohol. Durante toda tu vida es tu ambición de poseer la que funciona como el alcohol. Préstale atención pues. Cuidado con ella. Esta es la única ilusión que existe en el mundo.

Un día, cuando te vayas, te darás cuenta, pero entonces será demasiado tarde.

Me contaron de un hombre.

Se fue a Florida con su mujer y quedó fascinado por el espectáculo de ver ocho caballos corriendo por una pista . El y su esposa empezaron a jugar fuerte y al cabo de pocos días solamente les quedaban dos dólares entre los dos. Pero él era un hombre difícil de derrotar y convenció a su esposa de que todo iría bien si ella le permitía que fuera a las carreras solo.

Un amigo le acompañó. En la primera carrera las apuestas estaban cuarenta a uno y él decidió apostar. Ese caballo ganó.

En cada carrera el hombre siguió apostando al más difícil y en cada carrera ganó. Al llegar a la última carrera había ganado más de diez mil dólares, y entonces decidió exprimir su buena suerte. De regreso al hotel se paró en un pequeño club de apuestas y llegó a ganar hasta cuarenta mil dólares en la ruleta. Decidió jugar una sola vez más y luego irse. Se lo jugó todo, los cuarenta mil, al negro.

La rueda giró. El croupier anunció, «Número 14, rojo».

El hombre regresó al hotel. Su esposa le llamó desde el

balcón.

«¿Cómo te fue?» le preguntó impaciente.

El esposo se encogió de hombros, «Perdí los dos dólares».

Al final, cuando la muerte llega, todo el juego de miles de invisibles dólares, de alcanzar esto, de obtener eso, de llegar a ser esto otro, de llegar a ser eso, del prestigio, del poder, del dinero, de la respetabilidad, nada cuenta. Finalmente has de decir, «He perdido mi ser».

Al precipitarte, al lanzarte a la carrera hacia la dimensión del tener, solamente sucede una cosa: pierdes tu ser. La vida es una gran oportunidad, una gran oportunidad. En ella surgen millones de oportunidades para llegar a ti mismo, para saber quién eres. Pero eso se alcanza a través del esfuerzo. Has de trabajar para ello.

No trates de obtener nada prestado. En ese mundo interior nada puede ganarse de prestado. Y no trates de llegar a ser un erudito. Alcanza la claridad, alcanza una visión donde no existan pensamientos en tu mente. Esta es la tarea más dura que hay en el mundo, el reto mayor. Todos los otros retos son muy pequeños. Esta es la mayor aventura que puedes emprender y aquellos que son valientes aceptan el reto y se sumerge en ello.

El mayor reto es cómo abandonar la mente porque solamente cuando la mente desaparece, puede existir Dios. Solamente cuando lo conocido desaparece, surge lo desconocido. Solamente cuando no hay mente, cuando no estás tú, cuando no queda nada de ti, de improviso te encuentras con eso que has estado buscando desde siempre. Dios se presenta cuando tú desapareces. Esta es la tarea más difícil.

La última anécdota.

El rabino Grossman y el padre O´Malley se encontraron sentados el uno junto al otro en un banquete.

«Tome un poco de jamón», le ofreció el padre.

«No me apetece», le contestó el rabino.

«Venga, pruebe un poco», le animó el sacerdote. «¡Está muy bueno!».

«Gracias, pero no pruebo la carne porque mi religión me lo prohíbe».

«¡Es realmente deliciosa !», dijo el padre O´Malley cinco minutos después. «¡Debería de probar este jamón! ¡Le gustaría!»

«No, gracias», replicó el rabino Grossman.

Después de la comida los dos hombres se estrecharon las manos. «Dígame», dijo el sacerdote judío, «¿Le gusta hacer el amor con su esposa?»

«¡Oh, rabino! Debería saber que no se nos permite estar casados», dijo el sacerdote. «¡No puedo practicar el sexo!»

«Debería probarlo», dijo el rabino. «¡Es mejor que el jamón!»

Eso es todo lo que puedo decirte. Deberías probar el estado de no-mente, el estado de «ser». Es mejor que todos los mundos puestos juntos.

El mundo del «ser» es el único mundo real, el mundo de la Verdad. Y a menos que lo alcances, seguirás perdido en tierras extrañas. Nunca llegarás a casa. Llegas a casa solamente cuando alcanzas el centro más profundo de tu ser; lo cual es posible. Es difícil, pero no imposible. Arduo, pero no imposible. Es verdaderamente difícil, pero ha sucedido. Me ha sucedido a mí, puede sucederte a ti.

Pero no hay que atenerse a remedios baratos. No trates de encontrar atajos, químicos o de los que sean. No trates de adquirir conocimiento prestado. No sigas acumulando.

«Eso» ya está ahí, el acumular solamente lo esconde. «Eso» está ahí una vez que dejas de acumular y que te deshaces de toda la basura que has acumulado dentro de ti; eso es lo que es tu mente, basura. Si te deshaces de esa basura, de repente Eso está ahí en su absoluta pureza, en su absoluta belleza, en su absoluta dicha.

Un sabio, que era la maravilla de su tiempo, enseñaba a sus discípulos desde una aparentemente inagotable reserva de sabiduría.

El atribuía todo su conocimiento a la posesión de un grueso volumen que guardaba en un lugar de honor en su habitación.

El sabio no permitía a nadie abrir el libro.

Cuando él murió, los que habían estado con él, sintiéndose sus herederos, se dirigieron presurosos a abrir el libro, ansiosos de poseer su contenido.

Se quedaron sorprendidos, confundidos y decepcionados cuando descubrieron que solamente estaba escrita una página.

Se quedaron aún más sorprendidos y después anonadados cuando trataron de penetrar el significado de la frase que tenían ante sus ojos.

Era ésta: «Cuando ves la diferencia entre el continente y lo contenido, entonces posees conocimiento».

Deja que lo repita: «Cuando ves la diferencia entre el continente y lo contenido, posees conocimiento».

El continente es tu consciencia, el contenido es tu mente. El continente es tu ser, el contenido es todo lo que has acumulado. Cuando ves la distinción entre el continente y lo contenido, entre el ser y la mente, entonces posees conocimiento. En un solo instante, cuando recuerdas y reconoces que no eres el contenido, que eres el continente, se da una mutación, surge una revolución. Y esa es pues, la única revolución que existe.

VI

¿POR QUÉ NO LAS MUJERES?

*¿Por qué los hasidas excluyen a las mujeres de sus
prácticas religiosas y de modo particular de su danza
extática religiosa?*

*¿No puedes hacerlo tú por mí? ¿No puedes cortarme la
cabeza?*

¿Hay algo que pueda hacer para abrirme a ti?

¿Sois capaces de oír?

*¿Cómo tuvo lugar la transformación de la comunidad
hasida?*

*Anoche, de madrugada, tuve dos sueños,
uno tras otro...*

*¿Soy yo el arpa que puede ser tocada por la mano del
Todopoderoso, o una flauta para que su aliento me
atraviese?*

*Siento que Dios me ha contado un chiste y el fin se me viene
encima.*

Osho, ¿por qué los judíos tienen la nariz grande?

La primera pregunta:

Hoy, en el discurso, exaltaste las virtudes del hasidismo. Pero si son tan dignas de ser resaltadas, si están tan llenas del sentimiento de comunidad, etc. ¿por qué excluyen a las mujeres de sus prácticas religiosas y de modo particular de su danza extática religiosa?

Pratima ha planteado la pregunta. Es muy importante y ha de ser comprendida. Lo primero que hay que recordar, que hay que recordar siempre, es que no hay que juzgar el pasado mediante los estándares actuales. Eso no es correcto. Por ejemplo, cuando el hasidismo estaba surgiendo, el permitir que las mujeres se incorporarán a una danza extática religiosa hubiera sido algo imposible. No es que los místicos hasídicos no se dieran cuenta, no es que a ellos no les hubiera gustado permitirlo. Les habría encantado, pero era imposible. Incluso Buda temía iniciar a las mujeres en su orden.

¿De qué tenía miedo? ¿Era él una persona ortodoxa? No, no puedes hallar una mente más revolucionaria, pero él insistió durante muchos años en no permitir a las mujeres ingresar en su orden. No, la razón ha de radicar en alguna otra parte.

Una religión ha de existir en la sociedad. Si la sociedad está demasiado en contra de algo, incluso el fundador ha de hacer algunas concesiones. Si no, la religión como tal no existiría en absoluto. La sociedad no ha alcanzado una condición de perfección, la sociedad no es todavía como debiera ser, pero en esta sociedad ha de existir una religión en el marco que esa sociedad permite. Los revolucionarios tratan de ir un poco más allá de los límites, pero incluso ellos no pueden ir demasiado lejos. Si se alejan demasiado son desarraigados.

Por ejemplo, yo no pongo objeción alguna si te desnudas mientras meditas. No tengo ninguna objeción. De hecho lo comprendo porque las ropas son parte de la cultura represora. Lo sé, pero aun así he de insistir en que no os desnudéis en las meditaciones. Porque eso crea tal complicación que entonces la meditación se vuelve imposible. Sería demasiado. Destruir toda posibilidad de meditación por causa del vestir o del ir desnudo sería una tontería. Hubiera sido fantástico si hubiera podido permitiros una libertad absoluta, una libertad que incluyera la vestimenta. Pero entonces la sociedad no nos dejaría existir y hemos de vivir en sociedad. Por eso hemos de escoger el mal menor.

O consideremos el tema de las drogas. No estoy a favor de las drogas, pero tampoco estoy en contra de ellas. No estoy a favor de Thimothy Leary y no creo que nadie alcance el *samadhi* mediante las drogas. En este tema tengo completa seguridad. Nunca nadie ha alcanzado el *samadhi* mediante las drogas, no importa lo que Aldous Huxley y otros digan. Es demasiado fácil. Mediante la química no hay posibilidad alguna de alcanzar lo Supremo. Pero me doy cuenta de que las drogas pueden ayudar de cierta forma. Pueden proporcionarte un destello. No pueden darte la realidad, pero pueden proporcionarte un vislumbre de la realidad y ese vislumbre puede convertirse en un avance. Ese vislumbre puede desarraigarte de tu pasado y puede enviarte en busca de lo Real. Si has visto a Dios, incluso en tus sueños, toda tu vida será transformada. Desde luego, en sueños, Dios es un sueño, pero a la mañana siguiente empezarás a buscarlo en el mundo. ¿Dónde poder encontrar eso que ha sucedido en tu sueño?

Mucha gente empieza su viaje hacia Dios, hacia la Verdad, hacia el *samadhi*, porque tuvieron cierto vislumbre en algún momento. Puede que fuera mediante las drogas, puede que fuera a través del orgasmo sexual, puede que fuera mediante la música o a veces de forma accidental. A veces alguien cae desde un tren, se golpea en la cabeza y tiene un vislumbre. ¡No estoy diciendo que hagas de esto un método! Pero sé que esto ha ocurrido. Si se golpea un determinado centro en la cabeza de forma accidental la persona tiene un vislumbre, una explosión de luz. Nunca volverá a ser el mismo; a partir de entonces empezará a buscarlo.

Esto es posible. Lo probable deja de ser probable, se ha convertido en posible. Ahora él tiene ya un contacto, algo que le liga. Ya no puede descansar

No estoy a favor de las drogas, no estoy en contra de las drogas. Pero aún así, en esta comunidad, en mi comuna, las drogas no pueden ser permitidas. Los políticos nunca han sido muy inteligentes y nadie debería esperar mucho de ellos. Realmente, sólo los estúpidos se interesan en la política. Si fueran inteligentes no se meterían nunca en política.

Por eso, por una pequeñez, por una insignificancia no se puede destruir todo esto. Eso sería una tontería. Dentro de un centenar de años mi actitud de que las drogas no pueden ser toleradas en el *ashram* será anti-revolucionaria. Naturalmente sé que es anti-revolucionaria. De modo que dejemos que así quede en los anales.

Los Maestros hasídicos lo sabían perfectamente. Es inhumano, anti-revolucionario, el no permitir que las mujeres participen en las ceremonias extáticas religiosas, en las danzas extáticas. Pero esa sociedad se oponía con fuerza a ello. Debido a esto todo el movimiento podría haber desaparecido. Por eso tuvieron que prohibirlo.

El budismo desapareció en la India. ¿Sabes por qué? Fue porque Buda permitió finalmente que las mujeres ingresan en su orden. Se dice que él mismo dijo, «Mi religión hubiera durado al menos cinco mil años, pero ahora no sobrevivirá más de quinientos porque estoy asumiendo un gran riesgo». Permitir que las mujeres ingresaran en su orden era un riesgo tal, que Buda dijo, «La vida de mi religión se reducirá de cuatro mil, a quinientos años. Como máximo alcanzará solamente los quinientos años». Y sucedió exactamente de esa forma. El budismo vivió únicamente quinientos años y durante su existencia no se mantuvo en el clímax, en el punto óptimo. Cada día, su vida se iba enlenteciendo, cada día la muerte se iba acercando más y más. ¿Qué sucedió?

La sociedad ha estado desde siempre orien-tada hacia lo masculino. Aceptar a las mujeres en una orden religiosa suponía destruir la vieja jerarquía, la superioridad del hombre. Incluso un hombre como Mahavira, un hombre muy revolucionario, se dice que dijo que las mujeres no podían entrar en el *moksa* directamente como mujeres. Primero tenían que renacer como hombres y entonces... Por eso ninguna mujer ha entrado en el *moksa* jaino, en el *nirvana,* directamente como mujer. Primero ha de cambiar su cuerpo, asumir una forma y apariencia masculina y entonces puede entrar.

¿Porque decía esto Mahavira? La sociedad, los políticos del país, los sacerdotes y los políticos, todos eran también chauvinistas. Era necesario cierto compromiso pues si no, no hubieran permitido nada. Mahavira vivió desnudo, pero él no permitió a ninguna mujer que fuera desnuda porque la sociedad no estaba dispuesta a aceptar ni incluso la desnudez de él mismo. Poco a poco la gente le aceptó, a regañadientes, a duras penas, pero el aceptar la idea de que las mujeres pudieran ir desnudas hubiera sido demasiado.

Y debido a que Mahavira dijo, «A menos que lo abandones todo, incluso las ropas, a menos que seas tan inocente como un niño tal y como eras el día en que naciste, no podrás entrar en mi reino de Dios», les tuvo que decir que las mujeres no podrían acceder directamente. Si él hubiera dicho que las mujeres podían entrar directamente, entonces algunas mujeres valientes podrían haberse presentado y despojado de sus ropas, podrían haberse desnudado. Tan sólo para evitar esas mujeres desnudas, tuvo que decir algo totalmente falso, incierto. Y yo sé que él sabía que era falso. Yo lo sé porque yo hago muchas afirmaciones falsas. Pero hemos de vivir en una sociedad, en un determinado estado, en un estado de confusión particular, en un estado neurótico determinado. Si tú vivieras con locos tendrías que hacer constantes concesiones. Si vives con locos, como mínimo has de hacerte tú también el loco. Narendra está aquí. Su padre se volvió loco hace treinta o cuarenta años. Escapó de su casa. A los pocos meses fue detenido en Agra y encarcelado junto con otros locos. Era una cárcel especial en Lahore, solamente para locos. El contó que durante nueve meses todo fue bien porque él también estaba loco. Después de nueve meses, de forma accidental se bebió una botella entera de fenol. Estaba loco. Lo encontró en el aseo y se lo bebió. El hacer eso le causó vómitos, náuseas, diarrea. Debido a esa diarrea estuvo expulsando durante quince días sin parar y con eso su locura también desapareció. Sirvió, sirvió como catarsis. Cuando su locura desapareció entonces empezó el verdadero problema, porque él estaba entre locos. Entonces por primera vez se dio cuenta de dónde estaba. Uno le tiraba de la pierna, otro le golpeaba en su cabeza y la gente hablaba y bailaba. Y él ya no estaba loco. Esos tres meses, cuando dejó de estar loco y estuvo conviviendo con locos, fueron los más dolorosos. Estuvo sumido en una profunda angustia y ansiedad. No podía dormir. Acudía a las autoridades y les decía, «Dejadme salir ahora porque ya no estoy loco». Pero ellos no le escuchaban porque todos los locos dicen lo mismo: que no están ya locos. Así que eso no fue considerado una prueba. Tuvo que acabar su condena de un año.

Me contó que nunca podrá olvidar esos tres meses. Fueron una constante pesadilla. Pero durante nueve meses fue perfectamente feliz porque él también estaba loco.

No puedes imaginar lo que le sucede a alguna persona cuando se convierte en un Buda o en un Baal-Shem en un país, en un mundo, que está absolutamente loco. El ya no está loco, pero ha de seguir tus leyes, si no acabarán con él. Ha de hacer concesiones. Desde luego no puede esperar que tú hagas concesiones con él. Tú no estás en un estado en el que puedas pensar. Pero él puede pensar. Solamente lo superior puede hacer concesiones a lo inferior, solamente lo mayor puede hacer concesiones a lo inferior, solamente los sabios pueden hacer concesiones a la gente estúpida.

Por esto las mujeres nunca fueron aceptadas. Solamente en este siglo, muy recientemente, las mujeres empiezan a salir de la oscura noche de su historia pasada.

He oído.

Sucedió que cuando Golda Meir era Primer Ministro de Israel, Indira Gandhi, Primer Ministro de la India, fue a Israel. Y cuando Indira Gandhi visitó Israel fue recibida por Golda Meir.

Después de visitar todos los lugares históricos, la señora Gandhi le dijo, «Me gustaría visitar una sinagoga».

«De acuerdo», contestó la Primer Ministro israelí.

Dos semanas después, la señora Gandhi estaba ante su consejo.

«¿Que aprendió en Israel?», le preguntó uno de los miembros.

«Muchas cosas», contestó la Primer Ministro india, «pero principalmente aprendí que en las sinagoga israelíes los hombres rezan en el primer piso y los Primer Ministros rezan desde el balcón».

Dos mujeres, pero ella pensó que los Primer Ministro rezan desde el balcón y los hombres en el piso inferior.

Una vez algo se convierte en un hábito es muy difícil cambiarlo, incluso para un Primer Ministro. Incluso para un Primer Ministro es difícil cambiar la tradición.

Los hasidas eran un nuevo camino, pero en vez de destruir todo su movimiento, escogieron ir de la mano de la sociedad y sus reglas y sus regulaciones. Al menos, que el mensaje llegara a los hombres. Si no podía alcanzar a las mujeres en aquel momento, más tarde lo haría, pero al menos había que dejar que el mensaje echara raíces en la tierra.

Yo existo aquí en un mundo extraño y desconocido. Me gustaría darte muchas cosas pero no puedo, porque tú mismo te resistes. Me gustaría hacerte consciente de muchas cosas en tu ser, pero tú te pondrías en mi contra. He de ir muy despacio, he de dar muchas vueltas, no puedo hacerlo directamente.

Observa simplemente. He hecho lo que Pratima estaba preguntando en relación al hasidismo. Yo lo he hecho. En mi comunidad, hombres y mujeres no están ya separados. Por eso los indios han dejado de acudir a mi *ashram*. No son capaces de venir. Cuando solían venir, sus preguntas estaban más o menos relacionadas con qué tipo de *ashram* era éste, hombres y mujeres entremezclados y conociéndose, estrechando sus manos unos a otros, viviendo juntos. ¿Incluso después de las meditaciones,... abrazarse, desearse unos a otros? ¿Qué clase de situaciones eran ésas? Eso no era lo correcto. Solían acudir a mí y decirme, «Eso no está bien, no debería permitirse eso. Osho, deberías intervenir». Yo nunca intervine porque para mí no hay nada malo, no se debería distinguir entre hombres y mujeres. No están separados, nadie es más alto ni nadie está más bajo. Son diferentes, pero iguales. La diferencia es hermosa, ha de estar ahí. La diferencia ha de ser resaltada, pero la igualdad ha de mantenerse. Y para mí, el amor es un camino hacia Dios.

Yo no les escuché. Poco a poco fueron desapareciendo. Ahora, solamente los indios muy valientes pueden entrar aquí. Ahora, solamente unos cuantos indios son capaces de entrar aquí, ésos que no tienen represión en sus mentes, los que son post-freudianos. Solamente ésos son capaces de entrar aquí. Pero la India como conjunto es pre-freudiana. Freud es todavía desconocido en la India. Freud no ha penetrado todavía en el alma india.

Pero yo lo he hecho. Y yo soy un hasida, por eso puedes perdonar a los antiguos hasidas. En esa época no era el momento adecuado. Incluso ahora es muy difícil. He de enfrentarme a dificultades cada día. Por cosas insignificantes surgen dificultades. Esas dificultades podrían haberse evitado si me hubiera comportado de un modo ortodoxo. Yo no puedo comportarme de forma ortodoxa porque entonces no tendría sentido mi presencia aquí, entonces no podría entregarnos el mensaje, y tampoco puedo ser absolutamente revolucionario porque entonces no habría posibilidad de que algo sucediera entre tú y yo.

Y no estoy interesado en forma alguna en ser un mártir porque eso también me parece un cierto tipo de masoquismo. La gente que está buscando siempre convertirse en mártir no se da cuenta de lo que está haciendo; están buscando el suicidio.

Yo no soy un mártir. Amo la vida, amo todo lo que está implícito en la vida y los originales Maestros hasidas estaban tan enamorados de la vida como yo lo estoy. Por eso he elegido hablar de ellos. Cuando elijo hablar sobre algún camino en particular, lo elijo sólo porque me atrae extraordinariamente.

Los hasidas no eran gente que deseara convertirse en revolucionarios políticos. No eran reformistas. No trataban de reformar la sociedad; estaban tratando de introducir una mutación en el alma individual. Y tenían que existir en la sociedad. Recuerda eso siempre.

Pero entonces, ¿qué sucede cuando una tradición se ha establecido? Ahora, el hasidismo se ha establecido como tradición, ahora se ha convertido en una ortodoxia. Ahora es el momento adecuado. Si la comunidad existiera en Nueva York - existe una comunidad hasida en Nueva York - ése sería el momento, pero ahora ellos se han vuelto ortodoxos. Ellos tienen su propia tradición, no pueden actuar contra Baal-Shem. Y esa gente que ahora son hasidas, no son verdaderamente Maestros; son simples seguidores de los seguidores de los seguidores.

Tú estás aquí conmigo. Tú estás encarando algo original. Cuando se lo digas a alguien, dejará de ser original. Lo has oído de mí, luego lo contarás a alguien y con eso se perderá mucho. Y entonces esa persona se lo dirá a algún otro y le entregará el mensaje. De nuevo se volverá a perder mucho. Al cabo de unos pocos años, tras unas cuantas transacciones, la verdad será completamente distorsionada; sólo quedarán mentiras. Y, otra vez, un movimiento revolucionario se convertirá en una tradición ortodoxa.

La segunda pregunta :

¿No puedes hacerlo tú por mí? ¿No puedes cortarme la cabeza? Porque yo no soy capaz de abandonarla. Lo sé, porque lo he intentado.

Puedo hacer eso, pero asurgirán muchos problemas. Déjame contarte una anécdota.

San Pedro se dirigió al recién llegado que esperaba con impaciencia al otro lado de las puertas.

«No puedo encontrar tu nombre», le indicó. «¿Podrías deletreármelo? El hombre así lo hizo y San Pedro se dirigió a comprobar de nuevo su lista de reservas.

Al poco tiempo volvió, «No te esperábamos hasta dentro de diez años. ¿Quién es tu médico?»

Si te corto tu cabeza entonces San Pedro te dirá, «No te esperábamos hasta dentro de muchas vidas. ¿Quién es tu gurú?»

Eso no puede hacerlo alguien que no seas tú. No es algo que pueda ser hecho desde el exterior. De hecho, tú tampoco puedes hacerlo. Tú has de crecer en ello. No es algo que puedas hacer u obligar. Llega a través de una profunda comprensión.

El abandonar la cabeza es una de las cosas más difíciles porque estás identificado con tu cabeza. ¡Tú eres la cabeza! Tus ideas, tus ideologías, tu religión, tu política, tus escrituras, tu saber, tu identidad. Todo está en tu cabeza. ¿Cómo puedes desembarazarte de eso? Con sólo pensar en abandonar la cabeza, ¿quién serás entonces? Sin la cabeza no eres nadie.

Has de crecer en la comprensión. Cuando seas capaz de hacer surgir una cabeza sobre la que ahora tienes, solamente entonces, podrás abandonar esta cabeza. Ese es todo el esfuerzo de la meditación, ayudarte a desarrollar una nueva cabeza, una nueva cabeza que no necesite pensamientos, que no necesite ideologías, que sea pura consciencia y suficiente por sí misma, que no necesite de influencias externas para vivir, que viva desde su propio centro interior. Cuando tú hayas desarrollado una nueva cabeza, la antigua será abandonada con facilidad. Se desprenderá por sí misma.

Si yo fuerzo algo en ti, te resistirás, te asustarás, te atemorizarás. Y nadie quiere morir. Este es un gran arte que ha de aprenderse.

Oí una vez.

Era el día de la ejecución y Mulla Nasrudin era conducido al patíbulo. De repente se detuvo y rehusó dar un paso más.

«Vamos», dijo el guarda con impaciencia. «¿Qué es lo que pasa?»

«Esos escalones», dijo Mulla Nasrudin, «no parecen muy seguros. No me ofrecen la suficiente garantía para que suba por ellos».

¡Va a ser colgado, pero esos escalones no parecen muy seguros! ¡No son suficientemente seguros para pisarlos! Incluso en el momento de morir una persona sigue estando apegada; hasta el mismo final. Nadie quiere morir y a menos que aprendas a morir nunca serás capaz de vivir. Nunca serás capaz de saber lo que es la vida. Una persona que es capaz de morir es una persona que es capaz de vivir porque la vida y la muerte son dos aspectos de la misma moneda. Puedes escoger ambos o puedes desechar ambos, pero ambos van en el mismo paquete; no son cosas diferentes.

Una vez que te asustas de la muerte, te asustas de la vida. Por eso estoy hablando sobre este enfoque hasídico. Toda su aproximación consiste en métodos, formas y modos de cómo morir. El arte de morir es también el arte de vivir. Morir como ego y renacer como un no-ego. Morir como parte y renacer como todo. Morir como hombre es un paso fundamental para renacer como un Dios. Pero morir es muy difícil, muy difícil. ¿Lo has observado? Excepto el hombre ningún animal puede suicidarse. No es posible para ningún animal ni siquiera pensar en cometer suicidio. ¿Has pensado en ello? ¿Has oído de algún árbol que cometiera suicidio, de algún animal que cometiera suicidio? No. Solamente el hombre, la inteligencia del hombre, puede hacer que un hombre sea capaz de suicidarse. Yo no estoy hablando del suicidio común porque ése no es el verdadero suicidio; simplemente cambias de cuerpo. Estoy hablando del suicidio supremo. Una vez mueres en la forma que te estoy enseñando a morir, nunca renacerás de nuevo. Desaparecerás en el cosmos, no asumirás ninguna otra forma nunca más, te convertidas en Lo-Sin-Forma.

He oído.

Aquel hombre era acusado de haber violado los límites de la granja y de cazar codornices. El abogado defensor trató de confundir al granjero.

«Veamos», preguntó, «¿podría usted jurar que este hombre disparó a sus codornices?»

«No dije que les disparara», fue la respuesta. «Yo dije que sospechaba que lo había hecho».

«¡Ah! Nos vamos acercando. ¿Y qué le hizo sospechar de este hombre?»

«Mire, en primer lugar», replicó el granjero, «le cogí en mis tierras con una escopeta. En segundo lugar, oí un disparo y vi una codorniz caer. En tercer lugar, encontré cuatro codornices en su zurrón, ¡No va usted a decirme que esos pájaros se metieron volando ahí y se suicidaron».

Solamente el hombre es capaz de cometer suicidio. Esa es la gloria del hombre. Solamente el hombre es capaz de pensar que la vida no vale la pena ser vivida, solamente el hombre es capaz de reflejar que esta vida es totalmente fútil. Por lo general cuando la gente se suicida no lo hacen porque hayan comprendido la futilidad de la vida, lo hacen solamente porque han comprendido la futilidad de esta vida y esperan que en otra vida, en alguna parte, las cosas vayan mejor.

El suicidio espiritual significa que un hombre ha llegado a comprender que no solamente esta vida es fútil, sino que la vida como tal es fútil. Entonces él empieza a pensar en cómo liberarse del renacer una y otra vez, de cómo liberarse de entrar en el túnel corporal y de ser encerrado y encapsulado. Entonces él empieza a pensar en cómo permanecer absolutamente libre sin forma alguna. Esto es lo que es el *Moksa*, esto es lo que es la Liberación, o puedes llamarlo Salvación.

Un hombre nunca puede ser feliz en el cuerpo porque es una prisión. Todo a su alrededor son paredes; estabas encerrado en una prisión. No parece una prisión porque la prisión camina contigo, dondequiera que vaya va contigo, por eso no la percibes como una prisión. Una vez has conocido una vida sin el cuerpo, una vez que has sido capaz de salir del cuerpo, aun por un solo instante, verás en qué manera estás aprisionado, de qué modo estás encerrado.

El cuerpo es una esclavitud, la mente es un esclavitud, pero, y lo has de comprender, no puedo obligarte a que te liberes. Recuerda una cosa: puedes ser obligado a esclavizarte desde el exterior, pero no puedes ser obligado a liberarte desde el exterior. Alguien puede obligarte a que te metas en una prisión, pero nadie puede sacarte de una prisión. Si quieres seguir estando en una celda, encontrarás alguna otra celda en algún otro lugar. Puedes escapar de una prisión, pero te meterás en otras. De la sartén al fuego. Puedes fácilmente cambiar tus prisiones, pero eso no comporta diferencia alguna. Eso es lo que todo el mundo ha estado haciendo durante milenios. En cada vida has estado en una prisión, a veces como hombre, a veces como mujer, a veces negro, a veces blanco, a veces como indio, a veces como chino, a veces como americano. Has adoptado todas las formas posibles.

Cuando la gente acude a mí y los observo por dentro, es sorprendente ver el gran número de formas en las que han vivido, el gran número de cuerpos, la multitud de formas en que han vivido, la gran multitud de nombres y religiones y países... y aún no están hartos. Siguen repitiendo el viejo círculo una y otra vez.

Recuerdo una cosa más. Así como te he dicho que el suicidio es absolutamente humano, que ningún animal lo comete, lo mismo es aplicable al aburrimiento. El aburrimiento es absolutamente humano. Un búfalo nunca se aburre, y un asno nunca está aburrido, solamente lo está el hombre, solamente lo está una consciencia altamente evolucionada. Si tú no te aburres con tu vida, eso simplemente refleja que vives en un estado muy bajo de consciencia.

Un Buda está aburrido, un Jesús está aburrido, un Mahavira está aburrido. ¡Están aburridos en grado sumo! Pura repetición siempre y nada más. De este aburrimiento nace la renunciación. Un hombre que está aburrido con el mundo, se convierte en un *sanyasin*. La búsqueda no es en pos de otro mundo; es en pos de un final de la búsqueda misma. Esto es el suicidio total, supremo.

La tercera pregunta,

Mientras te escucho siento como si me estuviera muriendo, como si continuamente me estuvieras empujando más y más lejos . Tú eres mi cima, mi Everest, tan hermoso y tan lejano y no obstante, increíblemente cercano. ¿Hay algo que pueda hacer para abrirme a ti?

Todo mi propósito aquí es empujarte hacia la muerte, empujarte hacia el abismo de lo desconocido, empujarte hacia la experiencia cero. En la India lo llamamos *samadhi*. Es una experiencia cero, en la que en cierta manera estás y en la que en cierta manera no estás; dónde estás vacío de todo contenido, dónde solamente el contenedor ha quedado; dónde ha desaparecido todo lo escrito en el libro; solamente queda el libro, vacío. Esa es la verdadera Biblia, el verdadero Veda. Cuando toda escritura ha desaparecido y el libro está absolutamente vacío, cuando todo el contenido, todos los pensamientos, cuando la mente, las emociones, los deseos, han desaparecido y solamente existe una conciencia pura, vacía de todo contenido, esto es a lo que llamo el abismo.

Tú dices «... *eres mi cima, mi Everest* ...» Sí, eso es cierto, pero la cima llegará tan sólo más tarde. Primero se presenta el abismo. Yo también soy tu abismo. Deja que te cuente una anécdota muy, muy hermosa. Escúchala muy, muy atentamente y luego cuando estés sentado en silencio en casa, meditas sobre ella.

Un hombre se fue a un rancho a comprar un caballo. Señaló uno y dijo, «Ese es un *pony* muy bonito. ¿De qué clase es?»

«Es un palomino», (*) dijo el ranchero.

«Bien, cualquier amigo tuyo, es un amigo mío (*). Me gustaría comprar ese pony,» dijo el hombre.

El ranchero replicó, «Tengo que decirle señor, que era propiedad de un predicador. Si quiere que el caballo camine ha de decirle, «Gracias a Dios». Si quiere que el caballo se detenga tendrá que decirle, "Amén"».

«Déjeme que lo pruebe», dijo el comprador.

Montó en el caballo y dijo, «Gracias a Dios». El caballo empezó a caminar con presteza y pronto estuvo galopando por las montañas. El hombre gritaba, «¡Gracias a Dios, gracias a Dios!» y el caballo obedecía bien. De repente llegó al borde de un precipicio y aterrorizado grito «¡Para, para!». Eso no funcionó y entonces se acordó y dijo «Amén». El caballo se detuvo justo al borde de la colina.

Limpiándose el sudor con alivio, el hombre dijo «¡Gracias a Dios!»

Nuevamente tú me preguntas «... *¿Hay algo que pueda hacer para abrirme a ti?*». Di «Gracias a Dios» y entonces todo sucederá automáticamente.

La cuarta pregunta,

Me encanta escucharte, pero cuando más me gustó oirte fue el otro día cuando nos preguntaste si éramos capaces de oír.

Me gustaría preguntártelo cada día, a cada instante. ¿Puedes oirme? Pero por pura cortesía no lo pregunto. Ese día el micrófono se estropeó y pude reunir suficiente valor. Pero recuerda que me mentiste. Cuando yo dije, «¿Puedes oirme?»,

---

* N. del T.- Juego de palabras en inglés, en el original. «*Palomino*», una raza de caballos, se pronuncia como «pal-of-mine», que literalmente es «amigo mío».

tú dijiste, «No». Mentiste. Si no oíste mi pregunta, ¿cómo pudiste contestar? Y de nuevo, por cortesía, permanecí callado. Tuve que hacerlo.

Una joven acudió a Mulla Nasrudin para pedirle consejo. Ella le dijo, «¿He de casarme con un hombre que me miente?»

«Sí, a menos que desees permanecer sin casarte el resto de tu vida», dijo Nasrudin.

He de aceptaros, mentirosos, como mis discípulos porque no hay otra forma, a menos que decida quedarme como un Maestro sin discípulos. Me mentíis a cada momento. Me oíste, e inmediatamente dijiste, «No». No es solamente que te guste que te pregunte, «¿Puedes oírme?» A mí también me gusta tu respuesta.

La quinta pregunta,

Tú consideras a la comunidad hasida como feliz e Iluminada, no obstante los hasidas de la moderna Nueva York aparecen como muy rígidos, austeros, dogmáticos y despectivos con los demás judíos. ¿Cómo tuvo lugar esa transformación?

Siempre ocurre así.

La verdad no puede permanecer mucho tiempo sobre la Tierra. Llega y desaparece. Si estás abierto, te golpea y luego se va. No puedes mantenerla sobre la Tierra. La Tierra es tan falsa y la gente está tan envuelta en sus mentiras que la Verdad no puede seguir allí por mucho tiempo. Siempre que un Buda camina sobre la Tierra, la Verdad camina durante unos instantes. Cuando el Buda se va, la Verdad también desaparece. Solamente las huellas quedan y tú sigues venerando esas huellas. Las huellas no son el Buda, y las palabras pronunciadas por un Buda son solamente palabras. Cuando las repites son solamente palabras, no significan nada.

Lo importante tras las palabras, era el Buda mismo. Puedes repetir exactamente las mismas palabras, pero no significan lo mismo, porque la persona tras las palabras no es más la misma.

La comunidad hasida era una comunidad escogida cuando Baal-Shem vivía. Cuando él caminaba sobre la Tierra, los hasidas eran una de las más bellas comunidades en la Tierra. Florecieron. Se necesita a un Maestro, se requiere un Maestro vivo. Solamente en presencia de un Maestro vivo puede tú ser más interno abrirse, florecer.

Después de que Baal-Shem desapareciera, solamente quedó una tradición. Lo que él dijo, lo que él hizo, las leyendas sobre él, son muchas. Y luego la gente sigue repitiéndolas, la gente sigue imitando. Esa gente evidentemente será falsa.

Pero esto es natural, así que no te enfades con ellos. Cuando yo me haya ido de aquí ,esta comunidad no será tan festiva, no podrá serlo. Esto es, simplemente, natural. Entonces quedarán las palabras y la gente seguirá repitiéndolas y tratarán de seguirlas religiosamente, pero habrá un esfuerzo. Ahora no hay ese esfuerzo. Simplemente flotas conmigo. Ahora es espontáneo, ahora es un asunto de amor. Luego será algo así como un deber que cumplir. Sentirás una obligación.

Te acordarás de mí. Tratarás de vivir del mismo modo, pero se habrá perdido algo muy vital. Se habrá perdido la vida. Siempre que un Maestro se va, solamente queda el cuerpo muerto de su enseñanza.

Busca siempre a un Maestro vivo. Un Maestro muerto no es de ninguna utilidad porque un Maestro muerto no es nada más que una enseñanza muerta. Busca siempre un Maestro vivo. Pero es muy difícil porque las mentes de la gente van muy despacio. Para cuando reconoces a alguien como un Maestro, él se ha ido. Esta es la dificultad. Para cuando reconoces que Jesús es un Maestro, Jesús ya no está. Solamente quedan entonces los cristianos, quedan las iglesias, quedan los Papas y los sacerdotes y ellos se apoderan de ti.

Sí, el hasidismo se ha convertido en ortodoxo, pero los hasidas no lo eran. Eran una religión viva; un río con mucha vida.

He oído.

Un recalcitrante judío anti-cristiano estaba en su lecho de muerte. Toda su familia estaba reunida a su alrededor cuando dijo, «Traedme un sacerdote». Todos quedaron anonadados, pero su esposa le dijo a su hijo mayor, «Ve, es su último deseo. Trae un sacerdote». Así que el hijo trajo a un sacerdote católico, que acogió al anciano en su Iglesia, le dio las últimas bendiciones y partió. El hijo mayor, con lágrimas en sus ojos, le susurró al padre, «Papá, toda tu vida nos has educado en la creencia de que la Iglesia de Roma es anti-religiosa. ¿Cómo puedes, cuando te estás muriendo, unirte a ellos? Eres judío y siempre has creído en la tradición judía. ¿Cómo puedes hacer eso en el último momento?»

Y con su último aliento el viejo susurró, «Así muere otro de esos bastardos».

Se convirtió al catolicismo para que otro católico muriera en el mundo. «¡Otro de esos bastardos muerto!»

La gente siempre se comporta así porque viven a través de la mente. La mente es tradición.

He oído.

«¿Es tu abuelo un hombre religioso?», preguntó la joven compañera a su novio.

«El también es ortodoxo», replicó el chico, «Por eso cuando juega al ajedrez no emplea álfiles, emplea rabinos». (*)

El ego funciona de un modo muy tradicional. Para ser revolucionario uno necesita trascender el ego. Y no es que puedas hacerlo de una vez y para siempre, si no que has de hacerlo a cada instante una y otra vez porque el ego continúa cerniéndose sobre ti, desplomándose sobre ti. A cada instante eso que atraviesas, eso que vives, eso que experiencias, se con-

---

* N del T.- Juego de palabras en inglés, en el original. «Alfiles» en inglés son «bishops», literalmente obispos.

vierte en tu ego. Has de descartarlo. La renunciación no es de una vez y para siempre. Has de renunciar a cada momento, has de renunciar a todo aquello que acumules. Solamente entonces la renuncia sigue siendo una revolución. Y no sólo es que tengas que renunciar a las cosas mundanas corrientes, has de renunciar también a las ideologías ordinarias: la judía, la cristiana, la hindú, la musulmana. Has de renunciar a las ideas de forma que puedas permanecer como una pura imagen especular. Entonces tu consciencia puede permanecer inalterada, sin ser coloreada por pensamiento alguno; puedes ver en las cosas de forma directa y tu consciencia no es distorsionada o distraída por ningún prejuicio.

Una vez una tradición se asienta, una vez una religión deja de ser revolucionaria, empiezas a intentar interpretarla según tu propia forma. Entonces no te preocupa lo que quería decir Buda, entonces empiezas a interpretar tus propios pensamientos sobre las manifestaciones de Buda. Entonces no te preocupas por lo que Krishna dijera, sigues leyendo en el Gita lo que tú quieres leer. Entonces surge la perversión. Por eso insisto una y otra vez: si puedes encontrar un Maestro vivo, acude junto a él porque no podrás distorsionar a un Maestro vivo. ¡Lo intentarás! Pero no podrás distorsionarlo porque un Maestro vivo es capaz de evitar que tú distorsiones su mensaje. Pero un libro sin vida, una escritura, la Santa Biblia, el Santo Corán, el santo Gita, ¿que pueden hacer? Pueden ser sagrados, pero no tienen vida, puedes hacer lo que quieras con ellos. Y el hombre es muy astuto y sagaz.

Cuando el viejo Fenessy se desplomó en la calle, pronto una multitud se arremolinó y empezaron a sugerir como animar al pobre viejo.

Maggie O´Reilly gritó, «¡Dadle un poco de *whisky* al viejo!».

Nadie le prestó atención y la multitud continuó aportando sugerencias. Finalmente Fennessy abrió un ojo, levantó una ceja y dijo con voz débil, «¿Podéis callaros la boca y dejar que hable Maggie?»

Sea lo que sea lo que queramos oír, sea lo que sea lo que deseemos, se convierte en nuestra interpretación, se convierte en nuestras escrituras. La gente es rígida. Por esto, tanto si son hasidas como budistas o sufíes o budistas zen, no importa; las mentes de la gente son rígidas. Pertenezcan donde pertenezcan, allí crean rigidez. Tú puedes dejar de ser un hindú y puedes convertirte en cristiano, o siendo un cristiano puedes convertirte en musulmán, pero la diferencia no es mucha porque tú sigues siendo tú. Y tú haras lo mismo siendo un cristiano, tú harás lo mismo siendo un musulmán o siendo un hindú. La ideología en la que creas no importa mucho. Lo que importa eres tú, tu consciencia, tu nivel de consciencia.

Estás aquí conmigo. Tus hijos, la generación venidera, creerá en mí por la sencilla razón de que su padre o su madre creyeron en mí. No tendrán un contacto directo conmigo. Simplemente creerán, no será confianza, será algo mental, algo formal.

A veces sucede que los hijos vienen y cuando la madre toma *sanyas*, el hijo también quiere tomar *sanyas*. El niño no sabe qué es lo que está haciendo, adónde se dirige, solamente imita a su madre. La madre ha venido por su propia voluntad, pero el niño ha llegado como una sombra. Para la madre tengo un significado totalmente diferente; para el niño carezco de significado. Si la madre hubiera acudido a otro Maestro, el niño hubiera sido iniciado allí. Si la madre se hubiera convertido en musulmana o cristiana, el niño se hubiera vuelto musulmán o cristiano.

No es importante para el niño, no es significativo para el niño y puede llegar a formar parte de su ego el convertirse en *sanyasin*. Puede que, más tarde, en su vida, vaya de naranja, puede que lleve un mala, y lo hará como una formalidad, pero será una mente tan corriente como las que existen por todo el mundo. El hará esto con la creencia que la mente corriente ha tenido siempre, adquirirá una rigidez en torno a ella, se convertirá en un fanático respecto a ella. Empezará a declarar que aquí y en ningún otro lado está la Verdad.

Cuando declaras que solamente tu creencia es la verdad y

todo lo demás es falso, es que a ti no te preocupa para nada la Verdad. Simplemente te preocupa la conservación de tu ego. Es una declaración del ego, «Mi país ha de ser el bueno, mi religión ha de ser la correcta. Para bien o para mal, mi país ha de ser el bueno, mi religión ha de ser la correcta, porque es mi religión».

En lo profundo es mi «yo» el que ha de ser el correcto.

La sexta pregunta,

Anoche, de madrugada, yo tuve dos sueños, uno tras otro. En uno tú estabas sentado en la habitación en completo silencio. Yo entré en la habitación muy lentamente, fui acercándome y acercándome a ti, me postre ante ti, te toque tus pies. Tú colocaste tus manos sobre mi cabeza. Me sentí muy feliz, extático, muy, muy ligero. En el otro había una hermosa habitación, muy fresca, suave, en tono azul. Estabas tendido en la cama. Laxmi, otros discípulos y yo mismo estábamos sentados allí. Había muy pocos discípulos. Laxmi me invitó a acercarme a tu cama. Tú estabas señalando algo que no habías dicho antes. Tus dedos adoptaba gestos muy extraños. Parecía como si fueras a entregar tu último mensaje. Incluso pude oírlo con claridad. Decías, «Bébeme, cómeme, respírame. No pases sin beberme, sin comerme, sin respirarme». Y todos estábamos llorando .

Ahí te equivocaste. Tenías que haber reído. Corrige tu sueño. La próxima vez no cometas ese error.

La séptima pregunta,

¿Será el día de la partida, el día del encuentro? ¿Se dirá que mi víspera fue en verdad mi amanecer? ¿Se convertirá mi corazón en un árbol cargado de fruta para que la pueda recoger y repartir a los demás? ¿Soy yo el arpa que puede ser

tocada por la mano del Todopoderoso, o una flauta para que su aliento me atraviese? Soy un buscador de silencios y ¿qué tesoro he encontrado en esos silencios que pueda repartir confiadamente?

Sí, un millón, un millón de veces sí. Que esto sea tu guía. Deja que lo Divino venga y empezará a tocar a través de tu flauta. No te interpongas en su camino.

Solamente es necesaria una cosa: no obstaculizar a Dios. No es que Dios vaya o no vaya a tocar tu flauta. Es únicamente una cuestión de si tú le dejas o no. Si le dejas, la canción empieza en este mismo instante. Si no le dejas y sigues rogando, «Toca mi flauta», entonces nunca empezará.

El hombre solamente ha de entregarse, con profunda confianza, con un amor profundo. No has de ser tú el que hagas, tan sólo entrégate. Déjate ir. A todo lo que has pedido, te digo sí, un millón, un millón de veces sí.

La octava pregunta,

Yo era un niño triste, un adolescente asustado, un joven colérico. Aun así, durante toda mi vida he sentido en mi más recóndito interior que todo era divertido, absurdo, ridículo. Cuando estuve en el seminario hace unos años, un amigo me dijo que tenemos una capacidad tan limitada para lo Divino que si Dios nos contará un chiste, nos moriríamos riendo. Recuerdo la frase de mi amigo porque desde que llegué a Puna he sentido una gran risa que, naciendo desde el vientre, brota en mí. Siento que Dios me ha contado un chiste y el fin se me viene encima. Estoy un poco asustado de que no pueda comprenderlo todo hasta que haya dejado Puna en diciembre y entonces reiré tan fuerte y tan alto que serás capaz de oírme desde Texas. Por favor dime, ¿sobreviviré a este chiste?

Es imposible sobrevivir a este chiste. La risa que te estoy enseñando que es algo que te va a destruir por completo. La risa que estoy mostrándote es altamente destructiva, es una crucifixión. Pero solamente después de esta destrucción viene la creación. Solamente del caos nacen las estrellas y solamente tras la crucifixión surge la resurrección.

No, no serás capaz de sobrevivir a esta risa si de verdad la permites; te ahogarás en ella, desaparecerás y solamente quedará la risa. Si tú ríes, entonces la risa no es total. Cuando hay solamente risa y tú no éstas, entonces es total. Y solamente entonces has escuchado el chiste que Dios te está contando.

Sí, el cosmos entero es un chiste. Los hindúes lo llaman *lila*. Es una broma, es una comedia. Y el día en que entiendas, empezarás a reír y esa risa nunca se parará. Seguirá y seguirá. Se esparcirá por todo el cosmos.

La risa es oración. Si eres capaz de reír habrás aprendido cómo rezar. No seas serio; una persona seria nunca puede ser religiosa. Solamente una persona que es capaz de reírse, no solamente de los demás, sino también de sí mismo, puede ser religiosa. Una persona que puede reír plenamente, que ve la ridiculez y el juego de la vida, se Ilumina con esa risa.

No. Tú preguntas: *«Por favor, dime, ¿sobreviviré a este chiste?»*

No, si has escuchado el chiste no puedes sobrevivir. Si no lo has escuchado entonces esto es una tremenda desgracia porque sobrevivirás.

La última pregunta y la más importante:

Osho, ¿por qué los judíos tienen la nariz grande?

No te asustes. No te voy a soltar un discurso, una charla de noventa minutos, no, porque sé la respuesta. Cuando no conoces la respuesta has de ofrecer largas respuestas. ¿Ves? Por eso charlo durante tanto tiempo. Cuando no sé la respuesta, tengo que hablar mucho rato. Con mi charla te olvidas de la pregunta. Pero cuando sé la respuesta, no hay necesidad. Y yo sé la respuesta. Sucede que conozco la respuesta.

¿Cómo di con la respuesta? Sobre esto debo decirte algo.

Un día, hace unos años, Vivek, de madrugada, me preguntó esto, «¿Por qué los judíos tienen la nariz grande?». Me senté en mi silla, en mi postura. Acomodé mi toalla, miré al reloj y estaba a punto de empezar un gran discurso sobre la filosofía y la fisiología de la nariz judía. Pero entonces ella se asustó. Es natural porque una vez despego, tardo al menos noventa minutos en aterrizar. Así que ella dijo, «¡Para, para! ¡Ya sé la respuesta! ¡No tienes porque responder!»

Me quedé anonadado porque ya casi había empezado. Apresuradamente ella dijo, «¡Porque el aire es gratis!»

Es fantástico. Me encanta. Eso lo explica todo. ¡Los judíos tiene la nariz grande porque el aire es gratis!

VII

EL TESORO

El rabino Bunam solía contarles a los jóvenes que acudían por primera vez a él, la historia del rabino Eisik, hijo del rabino Yekel, en Cracovia...

«Después de muchos años de una gran pobreza, los cuales nunca socavaron su fe en Dios, soñó que alguien le ordenaba que buscara un tesoro oculto bajo el puente que conduce al palacio real en Praga. Cuando el sueño se repitió por tercera vez, partió hacia Praga. Pero el puente estaba custodiado día y noche y no se atrevió a empezar a cavar. No obstante no dejó de ir al puente cada mañana y allí se quedaba merodeando hasta el anochecer.

Finalmente, el capitán de la guardia, que le había estado observando, le preguntó cortésmente si estaba buscando algo o esperaba a alguien.

El rabino Eisik le contó el sueño que le había hecho venir desde un país tan lejano.

El capitán se sonrió, «¡Y para satisfacer el sueño gastaste tus zapatos viniendo aquí! Te compadezco. Y por lo que respecta a creer en los sueños, si hubiera creído en ellos ¡hubiera tenido que ir a Cracovia y buscar un tesoro oculto bajo un hornillo en la habitación de un judío, Eisik, hijo de Yekel! Eso fue lo que me reveló el sueño. ¡E imagínate lo que hubiera sido;: allí la mitad de los judíos se llaman Eisik y la otra mitad Jekel!» Y se rió de nuevo. El rabino Eisik se despidió, volvió a casa, desenterró el tesoro de debajo de su hornillo y construyó la casa de oración conocida como la Sinagoga del rabino Eisik.

El rabino Bunam solía añadir, «Guarda esta historia en tu corazón y haz tuyo lo que dice. Hay algo que no podrás encontrar en ninguna parte del mundo, ni incluso en la casa del zadik, y hay, sin embargo, un lugar donde sí podrás encontrarlo».

La vida es una búsqueda, una constante búsqueda, una búsqueda desesperada, una búsqueda sin esperanzas... una búsqueda en pos de algo que uno desconoce. Hay una profunda urgencia de buscar, pero uno no sabe lo que está buscando.

Y hay un cierto estado mental en el que cualquier cosa que obtengas no te va a proporcionar satisfacción alguna. La frustración parece ser el destino de la Humanidad, porque todo aquello que obtienes deja de tener importancia en el instante en que lo alcanzas. Empiezas a buscar de nuevo.

La búsqueda continúa tanto si obtienes algo como si no. Parece irrelevante lo que obtengas o lo que dejes de obtener; la búsqueda sigue de todos modos. El pobre busca, el rico busca, los enfermos buscan, los sanos buscan, los poderosos buscan, los débiles buscan, los estúpidos buscan, los sabios buscan, y nadie sabe exactamente qué.

La búsqueda misma - en lo que consiste y su objetivo - ha de ser comprendida. Parece que existe una brecha en el ser humano, en la mente humana. En la estructura misma de la consciencia humana parece que existe un agujero, un agujero negro. Sigues lanzándole cosas y ellas siguen desapareciendo. Parece que nada lo llena, parece que no hay nada que lo pueda llenar. Es una búsqueda desesperada. Lo buscas en este mundo, lo buscas en el otro mundo, a veces lo buscas en el dinero, en el poder, en la fama y a veces lo buscas en Dios, en la dicha, en el amor, en la meditación, en la oración, pero la búsqueda continúa. Parece que el hombre padece la enfermedad del buscar.

El buscar no te permite estar aquí y ahora porque el buscar siempre te lleva a alguna otra parte. El buscar es una proyección, el buscar es un deseo. En alguna parte está lo que se necesita, eso que existe, pero existe en alguna otra parte, no aquí donde tú estás. Existe con certeza, pero no en este mismo instante del tiempo; no ahora, sino en otra parte. Existe allí, nunca aquí y ahora. Continua incordiándote, sigue tirando de ti, empujándote, lánzándote más y más hacia la locura. Te vuelve loco y nunca es satisfecha.

Oí de una gran mujer sufí, una mística, Rabia Aldavia.

Una noche la gente la encontró sentada en medio del camino buscando algo. Era una anciana, sus ojos estaban cansados y le era difícil ver bien. Así que los vecinos acudieron para ayudarla.

Le preguntaron, «¿Qué es lo que estás buscando?»

Rabia dijo, «Eso no tiene importancia. Estoy buscando. Si podéis ayudarme, ayudadme».

Ellos se rieron y le dijeron, «Rabia, ¿te has vuelto loca? Dices que lo que te preguntamos no es importante, pero si desconocemos qué es lo que estás buscando ¿cómo vamos a ayudarte?»

Rabia dijo, «Vale. Sólo para satisfaceros os diré que estoy buscando mi aguja. He perdido mi aguja».

Ellos empezaron a ayudarla, pero de inmediato se dieron cuenta de que el camino era demasiado grande y que una aguja era algo muy pequeño.

Por eso le preguntaron a Rabia, «Dinos por favor dónde la perdiste, el lugar preciso, exacto. Sino será difícil. El camino es grande y podemos seguir buscando por toda la eternidad. ¿Dónde la perdiste?»

Rabia les dijo, «Volvéis a preguntarme algo que no tiene importancia.¿Qué tiene que ver con mi búsqueda?»

Ellos se detuvieron. Le dijeron, «En verdad te has vuelto loca».

Rabia les dijo, «De acuerdo. Solamente para satisfaceros os diré que la he perdido en mi casa».

Ellos le preguntaron, «Entonces, ¿por qué la estás buscando aquí?»

Y se dice que Rabia les dijo exactamente esto: «Porque aquí hay luz y en casa no tengo luz».

El sol se estaba poniendo y aún quedaba algo de luz en el camino.

Esta parábola es muy significativa. ¿Te has preguntado nunca qué es lo que estás buscando? ¿Has hecho del saber lo que estás buscando un objeto de profunda meditación? No. Incluso aunque en ciertos momentos, en momentos de ensoñación, hayas tenido alguna intuición de qué es lo que estás buscando, nunca es algo preciso, nunca es exacto. Aún no lo has definido. Si tratas de definirlo, cuanto más lo definas más sentirás que no hay necesidad de buscarlo. La búsqueda puede continuar solamente en un estado de vaguedad, en un estado de ensoñación. Cuando las cosas no están claras simplemente sigues buscando, empujado por una urgencia interior, arrastrado por una urgencia interior. Has de saber una cosa: necesitas buscar. Es una necesidad interior. Pero tú no sabes qué es lo que estás buscando.

A menos que sepas lo que estás buscando, ¿cómo vas a encontrarlo? Es algo difuso, crees que es el dinero, el poder, el prestigio, la respetabilidad. Pero cuando ves a los que son respetables, a los que son poderosos, ellos también están buscando. Luego ves a gente que es tremendamente rica; ellos también están buscando. Hasta el final de sus vidas están buscando. Así que la riqueza no servirá de ayuda, el poder no servirá de ayuda. La búsqueda continúa a pesar de lo que tú tienes.

El buscar debe ser para algo más. Esos nombres, esas etiquetas: dinero, poder, prestigio, son solamente para satisfacer tu mente. Están ahí sólo para ayudarte a que sientas que estabas buscando algo. Ese algo se mantiene todavía indefinido, es un sentimiento muy difuso.

Para el auténtico buscador, para el buscador que está un poco alerta, consciente, lo primero es definir la búsqueda; es formular un concepto nítido de ella, de lo que es, sacándola de la consciencia que sueña, enfrentándola con profunda atención, mirando en ella directamente, encarándola. Inmediatamente empieza a suceder una transformación. Si empiezas a definir lo que buscas, empezarás a perder tu interés en la búsqueda. Cuanto más definida resulte, menos se hará presente. Una vez sabes con claridad lo que es, de repente desaparece. Existe solamente cuando tú no estás atento.

Déjame que te lo repita: la búsqueda existe solamente cuando estás dormido. La búsqueda existe solamente cuando no eres consciente. La búsqueda existe solamente por tu falta de consciencia. La inconsciencia crea la búsqueda.

Sí, Rabia está en lo cierto. Dentro no hay luz y debido a que no hay luz y no hay consciencia adentro sigues buscando afuera porque el exterior parece estar más despejado.

Nuestros sentidos se dirigen hacia el exterior. Los ojos se abren al exterior, las manos se mueven, actúan en el exterior, las piernas se mueven en el exterior, los oídos escuchan los ruidos, los sonidos exteriores. Todo aquello que te es accesible, lo es por una apertura al exterior. Los cinco sentidos operan de modo extrovertido. Empiezas a buscar allí donde ves, allí donde sientes, allí donde tocas. La luz de los sentidos ilumina el exterior. Y el buscador está dentro.

Esta dicotomía ha de ser comprendida. El buscador está dentro, pero debido a que la luz es exterior, el buscador empieza ambiciosamente a moverse tratando de descubrir algo afuera, lo cual resulta insatisfactorio.

Nunca sucederá. Nunca ha sucedido. No puede suceder por la naturaleza misma de las cosas, porque a menos que hayas buscado al buscador, toda tu búsqueda carece de sentido. A menos que descubras quién eres, toda tu búsqueda será fútil, porque no conoces al buscador. Sin conocer al que busca ¿cómo podrás moverte en la dimensión correcta, en la dirección adecuada? Es imposible. Lo primero ha de ser lo primero.

Por esto esas dos cosas son muy importantes. Primero, clarifica con total nitidez ante ti mismo cuál es tu objetivo. No sigas tanteando en la oscuridad. Fortalece tu atención sobre el objeto, sobre eso que realmente estás buscando. Porque a veces deseas una cosa y continúas buscando otra, de modo que si tienes éxito éste no te satisface. ¿Has visto a la gente que triunfa? ¿Puedes encontrar mayores fracasados? Has oído el proverbio de que no hay nada que tenga tanto éxito como el éxito. Es absolutamente falso. Me gustaría decirte: no hay fracaso mayor que el éxito. El proverbio debe de haber sido inventado por estúpidos. No hay fracaso mayor que el éxito.

Se dice de Alejandro Magno que el día en se convirtió en el conquistador del mundo, cerró las puertas de su habitación y empezó a llorar. No sé si realmente sucedió o no sucedió, pero si tuvo algo de inteligencia, así debió de suceder.

Sus generales estaban confundidos, ¿qué le estaba ocurriendo? Nunca habían visto a Alejandro llorar. El no era de esta clase de hombres, él era un gran guerrero. Le habían visto en graves dificultades, en situaciones donde la vida corría gran peligro, donde la muerte era inminente, y nunca habían visto brotar las lágrimas de sus ojos. Nunca le habían visto en un momento bajo, de desesperación. ¿Qué le estaba sucediendo ahora, ahora que había triunfado, ahora que era el conquistador del mundo?

Llamaron a su puerta, entraron y le preguntaron, «¿Qué te ocurre? ¿Por qué lloras como un niño?» Él contestó, «Ahora que he triunfado, sé que he sido un fracasado. Ahora sé que estoy exactamente en el mismo lugar en el que estaba cuando empecé con esta estupidez de conquistar el mundo. Y esto se me ha hecho evidente porque ahora no hay otro mundo que conquistar; sino, hubiera seguido en lo mismo, habría podido empezar a conquistar otro mundo. Ahora no hay otro mundo que conquistar, ahora no hay nada más que hacer y de repente he sido devuelto a mí mismo».

Un triunfador, al final, siempre es devuelto a sí mismo y entonces sufre las torturas del infierno porque desperdició toda su vida. Buscó y buscó, se jugó todo lo que tenía; ahora ha alcanzado el éxito y su corazón está vacío y su alma carece de importancia y para él no hay fragancia alguna, no hay dicha alguna.

Por eso lo primero es saber exactamente qué es lo que estás buscando. Insisto en ello porque cuanto más fijas tus ojos sobre el objeto de tu búsqueda, más empieza a desaparecer el objeto. Cuando tus ojos están absolutamente fijos, de repente no hay nada que buscar. De inmediato tus ojos empiezan a volverse hacia ti mismo. Cuando no hay un objeto para la búsqueda, cuando todos los objetos han desaparecido, aparece el vacío. En ese vacío surge el cambio de rumbo, el ir hacia dentro. De repente empiezas a mirarte a ti mismo. Ahora no hay nada que buscar y surge un nuevo deseo de conocer a este buscador.

Si tienes algo que buscar, eres un hombre de mundo. Si no hay nada que buscar y la pregunta «¿Quién es éste que busca?» se ha vuelto importante para ti, entonces eres un hombre religioso. Esta es la forma en que defino al hombre mundano y al hombre religioso.

Si todavía estás buscando algo - puede que en la otra vida, en la otra orilla, en el cielo, en el paraíso, en el *moksha*, da igual - eres todavía un hombre mundano. Si ha cesado toda búsqueda y de repente te has hecho consciente de que solamente hay una cosa que buscar - ¿Quién es este buscador que hay en mí? ¿Qué es esta energía que desea buscar? ¿Quién soy yo? - entonces surge una transformación. De improviso todos los valores cambian. Has empezado a ir hacia dentro.

Entonces Rabia ya no está sentada en el camino buscando la aguja que ha perdido en algún sitio en la oscuridad de su propia alma. Una vez has empezado a moverte hacia dentro... al comienzo está muy oscuro; Rabia está en lo cierto. Está muy, muy oscuro, porque durante muchas vidas nunca has estado dentro; tus ojos se han acostumbrado al mundo exterior.

¿Lo has observado? ¿Lo has visto? A veces cuando vienes del exterior y hay un día muy soleado y el sol es cálido y hay mucha luz y de repente entras en la habitación o en la casa, está muy oscuro, porque los ojos están acostumbrados a la gran luz exterior... Cuando hay mucha luz, las pupilas se contraen. En la oscuridad los ojos han de relajarse. Se necesita una dilatación mayor en la oscuridad; en la luz se necesita una dilatación menor. Así es cómo funciona la cámara fotográfica y así es cómo funciona tu ojo. La cámara ha sido inventada siguiendo el diseño del ojo humano.

Por eso cuando, de repente, llegas desde el exterior, tu propia casa parece oscura. Pero si te sientas un rato, poco a poco la oscuridad desaparecerá. Habrá más luz, tus ojos se empezarán a acomodar.

Durante muchas vidas has estado en el exterior bajo el tórrido sol, en el mundo; por eso cuando te dirijes hacia tu interior te has olvidado por completo de cómo entrar y como reajustar tus ojos. La meditación no es nada más que un reajustar tu visión, un reajuste de tu capacidad de ver, de tus ojos. En la India eso es lo que llaman tu tercer ojo. No es un ojo verdadero, es un reajuste, un reajuste total de tu capacidad de ver. Poco a poco la oscuridad deja de ser oscuridad; se empieza a percibir una sutil, una difusa luz.

Y si sigues mirando hacia dentro, - y lleva tiempo - gradualmente, lentamente, empiezas a percibir una hermosa luz interior. No es una luz agresiva, no es como el sol, es más como la luna. No es cegadora, no es deslumbrante, es muy suave; no es tórrida, es muy amable, es muy suave, es un bálsamo.

Poco a poco, cuando te hayas ajustado a la luz interior verás que tú eres la misma fuente. El que busca es lo buscado. Entonces verás que el tesoro está dentro de ti y que todo el problema residía en que estabas buscando en el exterior. Lo estabas buscando en el exterior y siempre ha estado dentro de ti, siempre ha estado aquí dentro de ti. Estabas buscando en una dirección equivocada, eso es todo.

Todo está a tu alcance de la misma manera que está al alcance de cualquier otro, de la misma manera que estuvo al alcance de un Buda, de un Baal-Shem, de un Moisés, de un Mahoma. Estaba a tu alcance, únicamente ocurría que buscabas en la dirección equivocada. Por lo que respecta al tesoro no eres más pobre que Buda o que Mahoma. No, Dios nunca ha hecho a un hombre pobre. Esto no puede ocurrir, no ocurre, porque Dios te crea desde su riqueza. ¿Cómo va a crear a un hombre pobre? Provienes de su superabundancia, eres parte de su ser, ¿Cómo vas a ser pobre? Tú eres rico, infinitamente rico, tan rico como Dios mismo.

Pero buscas en la dirección equivocada. La dirección está equivocada; por eso no lo encuentras. Y no es que no puedas lograrlo en tu vida; puedes lograrlo, pero aún así serás un fracasado. Nada te va a satisfacer porque nada puede obtenerse del mundo exterior que sea comparable al tesoro interior, a la luz interior, a la dicha interna.

Ahora esta historia. Es una historia tremendamente significativa.

El rabino Bunam solía contarles a los jóvenes que acudían por primera vez a él, la historia del rabino Eisik, hijo del rabino Yekel, en Cracovia...

«Después de muchos años de una gran pobreza, los cuales nunca socavaron su fe en Dios, soñó que alguien le ordenaba que buscara un tesoro oculto bajo el puente que conduce al palacio real en Praga. Cuando el sueño se repitió por tercera vez, partió hacia Praga. Pero el puente estaba custodiado día y noche y no se atrevió a empezar a cavar. No obstante no dejó de ir al puente cada mañana y allí se quedaba merodeando hasta el anochecer.

Finalmente, el capitán de la guardia, que le había estado observando, le preguntó cortésmente si estaba buscando algo o esperaba a alguien.

El rabino Eisik le contó el sueño que le había hecho venir desde un país tan lejano.

El capitán se sonrió, «¡Y para satisfacer el sueño gastaste tus zapatos viniendo aquí! Te compadezco. Y por lo que respecta a creer en los sueños, si hubiera creído en ellos ¡hubiera tenido que ir a Cracovia y buscar un tesoro oculto bajo un hornillo en la habitación de un judío, Eisik, hijo de Yekel! Eso fue lo que me reveló el sueño. ¡E imagínate lo que hubiera sido; allí la mitad de los judíos se llaman Eisik y la otra mitad Jekel!» Y se rió de nuevo. El rabino Eisik se despidió, volvió a casa, desenterró el tesoro de debajo de su hornillo y construyó la casa de oración conocida como la

Sinagoga del rabino Eisik.

El rabino Bunam solía añadir, «Guarda esta historia en tu corazón y haz tuyo lo que dice. Hay algo que no podrás encontrar en ninguna parte del mundo, ni incluso en la casa del zadik, y hay, sin embargo, un lugar donde sí podrás encontrarlo».

Lo primero que has de entender en esta historia es que él estaba soñando. El desear es soñar y el soñar te aleja de ti mismo. Esa es la naturaleza del sueño.

Puede que estés durmiendo en Puna y sueñes que estás en Filadelfia. Por la mañana no te levantarás en Filadelfia; te despertarás en Puna. En sueños puedes ir adonde quieras. El soñar posee una tremenda libertad porque es irreal. En un sueño puedes estar en cualquier parte: en la Luna, en Marte,... puedes escoger cualquier planeta; es tu juego. En sueños puedes estar en cualquier parte; solamente hay un lugar en el que no puedes estar: el lugar en el que estás. Esto es lo primero que has de comprender sobre la naturaleza del soñar. Si estás donde estás, entonces el sueño no puede existir, porque no tiene sentido soñar; entonces soñar carece de significado. Si estás exactamente en el lugar en el que estás, y si eres exactamente el que eres, ¿cómo va a existir el sueño? El sueño solamente puede existir si te alejas de ti mismo. Puedes ser un pobre y soñar que eres un emperador. Puedes ser un hombre corriente y soñar que eres alguien extraordinario. Caminas por la tierra y sueñas que vuelas por el cielo. El soñar ha de ser una falsificación de la realidad; el sueño ha de ser algo más que la realidad.

Verdaderamente no existe el soñar, por eso aquellos que quieren conocer lo Real han de dejar de soñar.

En la India hemos dividido la consciencia humana en cuatro niveles. Al primer nivel lo llamamos el estado común de vigilia. Ahora mismo estás en el estado normal de consciencia de vigilia. ¿Qué es una consciencia común de vigilia? Parece que estás despierto, pero no lo estás. Estás un poco despierto, pero es tan poca cosa que no significa nada.

Puedes caminar hacia tu casa, puedes reconocer a tu esposa o a tu marido, puedes conducir tu coche... ese poquito es suficiente para esas cosas. Te permite una cierta movilidad; eso es todo. Pero es una consciencia muy pequeña, que se agota con facilidad, que se pierde fácilmente. Si alguien te insulta, la pierdes, se agota. Si alguien te insulta, te enfadas. Dejas de ser consciente. Por eso tras un enfado la gente dice, «¿Por qué hice esto? ¿Cómo pude hacerlo? ¿Cómo he podido hacerlo? Sucedió muy a mi pesar». Sí, están en lo cierto. Sucedió a pesar tuyo porque perdiste tu consciencia. Al enfadarte, al encolerizarte, la gente es poseída. Hacen cosas que nunca harían si fueran un poquito conscientes. Son capaces de matar, de destruir; incluso pueden destruirse a sí mismos.

Al estado común de consciencia de vigilia se le llama «de vigilia» a título anecdótico. En lo profundo, el sueño prosigue. Solamente una puntita del iceberg está alerta; la mayor parte está enterrada en la oscuridad. Obsérvalo a veces. En cualquier lugar cierra los ojos y mira en tu interior; verás los sueños flotando como nubes que te rodean. Puedes sentarte en una silla, en cualquier momento del día, cerrar los ojos, relajarte y verás que de repente el soñar ha empezado. De hecho no ha empezado, continúa, del mismo modo que durante el día las estrellas desaparecen del cielo. En realidad no desaparecen, están ahí, pero debido a la luz del sol no las ves. Si bajas a un pozo muy profundo, muy profundo y oscuro, desde el interior podrás mirar al cielo y reconocer algunas estrellas, aunque sea al mediodía. Las estrellas están allí; cuando llega la noche no reaparecen, siempre han estado allí, las veinticuatro horas del día. No van a ninguna parte; simplemente la luz del sol las oculta.

Exactamente el mismo caso ocurre con tu soñar. Está bajo la superficie; enterrado continúa. En la parte más alta hay algo de consciencia; debajo hay mil y un sueños. Cierra tus ojos a cualquier hora y te encontrarás soñando.

Por eso la gente se encuentra con grandes dificultades cuando empiezan a meditar. Vienen a mí y me dicen, «Es divertido, extraño. Nunca supusimos que hubiera tantos pensamientos».

Nunca habían cerrado sus ojos, nunca se habían sentado en una postura relajada, nunca habían ido hacia adentro para ver lo que allí sucedía porque estaban demasiado ocupados con el mundo exterior. Estaban demasiado atareados. Debido a este estar ocupados nunca se dieron cuenta de esta constante actividad interior.

En la India, al estado de consciencia normal de vigilia se la llama el primer estado. El segundo estado es el del soñar. Cierras los ojos en cualquier momento y estás en él. Por la noche estás continuamente en él; casi continuamente. No tiene importancia el que te acuerdes o no te acuerdes por la mañana de lo soñado durante la noche. Sigues soñando. Hay, al menos, ocho ciclos de sueño durante la noche. Un ciclo dura unos quince, veinte minutos, luego surge una pausa; luego, de nuevo, otro ciclo y entonces otra pausa; luego, de nuevo, otro ciclo. Durante toda la noche estás continuamente soñando, soñando y soñando. Este es el segundo estado de consciencia.

Esta parábola se ocupa de este segundo estado de consciencia. Por lo general, todos los deseos existen en este segundo estado de consciencia, en el estado de sueño. El desear es un sueño y trabajar para un sueño es una pérdida de tiempo desde el mismo comienzo, porque un sueño nunca podrá ser real. Incluso si a veces sientes que se ha hecho casi realidad, nunca se hará real. Un sueño está, por naturaleza, vacío. No contiene substancia.

El tercer estado es el del sueño profundo, *sushupti*. En él, todo sueño desaparece, pero también desaparece toda consciencia. Mientras estás despierto estás algo consciente, muy poco; cuando estás soñando, incluso ese poco desaparece. Pero aún así existe una minúscula consciencia; por eso eres capaz de recordar por la mañana que has soñado, que tuviste éste y este otro sueño. Pero en el sueño profundo, incluso eso desaparece. Es como si hubieras desaparecido por completo. Nada permanece. Y un vacío te rodea.

Esos son los tres estados corrientes. El cuarto estado se denomina *turiya*. El cuarto estado es simplemente llamado «el cuarto». *Turiya* quiere decir «el cuarto». El cuarto estado es el de un Buda. Es casi como el estado de sueño sin sueños, pero con una diferencia. Y esa diferencia es enorme. Es tan calmado como el sueño profundo, como el sueño profundo sin sueños, pero es un estado de absoluta alerta, de absoluta consciencia.

Krishna dice en su Gita que un verdadero yogui nunca duerme. Esto no quiere decir que un auténtico yogui esté durante toda la noche despierto en su habitación. Hay algunos estúpidos que sí hacen esto. Que un auténtico yogui nunca duerma quiere decir que mientras duerme, permanece consciente, alerta.

Ananda vivió con Buda durante cuarenta años. Un día le preguntó a Buda, «Hay una cosa que me sorprende mucho. Estoy intrigado. Tendrás que contestarme. Es pura curiosidad, pero no puedo contenerme más. Te he observado muchas veces cuando duermes por la noche, durante horas, y duermes de una forma que parece como si estuvieras despierto. ¡Duermes con tanta dignidad! ¡Tu cara, tu cuerpo, todo es tan bello! He observado a muchos otros mientras duermen y empiezan a murmurar, sus caras se vuelven feas, dejan de parecer hermosos...» Toda belleza ha de ser inducida, controlada, practicada. En el sueño profundo, desaparece. «Y una cosa más,» dijo Ananda, «nunca cambias tu postura, siempre permaneces en la misma postura. Tu mano permanece en la misma posición en que la pusiste cuando te fuiste a dormir,. Nunca la cambias. Parece que, en lo más profundo, te mantienes absolutamente alerta». Buda le contestó, «Estás en lo cierto. Esto ocurre cuando la meditación es perfecta».

Entonces la consciencia penetra tu ser tan profundamente que te mantienes consciente en los cuatro estados. Cuando estás consciente en los cuatro estados, el soñar desaparece por completo porque con una mente atenta el soñar no puede surgir. Y el normal estado de vigilia se convierte en un estado de vigilia extraordinario; eso que Gurdjieff llama «recuerdo de sí». Uno se recuerda a sí mismo siempre, en todo momento. No hay discontinuidad. El recordarse es un continuo. Entonces uno se convierte en un ser luminoso.

Y el sueño profundo está allí, pero entonces cambia por

completo su cualidad. El cuerpo está dormido, pero el alma está despierta y alerta, atenta. Todo el cuerpo está en una oscuridad profunda, pero la lámpara de la consciencia arde con brillante luz.

Esta historia dice,

Después de muchos años de una gran pobreza, los cuales nunca socavaron su fe en Dios, soñó que alguien le ordenaba que buscara un tesoro oculto bajo el puente que conduce al palacio real en Praga. Cuando el sueño se repitió por tercera vez, partió hacia Praga.

Después de muchos años de extrema pobreza es normal que uno empiece a soñar con tesoros. Siempre soñamos con aquello de lo que carecemos. Ayunas un día y por la noche sueñas con la comida. Trata de imponerte el celibato y tus sueños se volverán sexuales, adquirirán tintes sexuales.

Por eso es que el psicoanálisis sostiene que el análisis de los sueños es tremendamente importante, porque muestra que estás reprimiendo algo. Tu sueño se convierte en una indicación del contenido reprimido de tu mente. Si una persona sueña constantemente con comida, con festines, esto revela que se trata simplemente de una persona que se hace pasar hambre a sí misma. Los monjes jainos siempre sueñan con comida. Puede que lo reconozcan o puede que no. Si ayunas en exceso, soñarás con comida. Por eso es que muchos santos religiosos tienen tanto miedo a quedarse dormidos.

Incluso Mahatma Gandhi tenía mucho miedo a dormirse. Trataba de reducirlo al mínimo posible. La gente religiosa trata de no dormir en exceso; cuatro, cinco horas como máximo. Tres es lo ideal. ¿Por qué? Porque una vez tu necesidad de descanso diario es satisfecha, tu mente comienza a hilar y enhebrar sueños. E inmediatamente la mente hace aflorar eso que has estado reprimiendo. Mahatma Gandhi dice, «Soy célibe por lo que respecta a mi estado de consciencia de vigilia, pero en mis sueños no soy célibe». El era sincero en ese sentido, más auténtico que muchos de los denominados santos. Al menos aceptó que en sus sueños no era aún célibe.

Pero a menos que seas célibe en tus sueños, no serás todavía célibe porque el sueño revela todo aquello que has estado reprimiendo durante el día. El sueño simplemente te devuelve a tu consciencia. El soñar es un lenguaje, un mensaje del inconsciente que está diciendo, «Por favor, no me hagas esto. No puedo soportarlo. Acaba con esta tontería. Estás destruyendo mi espontaneidad natural. Deja, permite que todo lo que está en mi como potencial, florezca».

Cuando una persona no reprime nada, el soñar desaparece. Por eso un Buda nunca sueña. Si tu meditación se va haciendo más profunda , descubrirás inmediatamente que tus sueños van siendo cada vez más y más escasos. El día en que tus sueños desaparezcan por completo y alcances la claridad en tus sueños - sin nubes, sin humo, sin pensamientos; un sueño puro, silencioso, sin interferencias de los sueños - ese día te habrás convertido en un Buda; tu meditación habrá dado sus frutos.

El psicoanálisis insiste en que los sueños han de ser comprendidos porque el hombre es muy astuto: puede engañarse mientras está despierto, pero no puede hacerlo cuando está soñando. Un sueño es más cierto ... observa la ironía. Un sueño es más cierto respecto a ti que tu denominada consciencia de vigilia. El hombre ha llegado a ser tan falso, tan postizo, que uno no puede confiar en la consciencia de vigilia; ha sido corrompida en exceso. Un psicoanalista quiere, inmediatamente, descifrar los sueños, no quiere saber sobre tu religión, no quiere saber cuál es tu filosofía de la vida, no desea saber si eres un hindú o un cristiano, un indio o un americano. Todo esto es pura tontería. Quiere saber cuáles son tus sueños. Mira la ironía: tus sueños se han vuelto tan reales que tu realidad no es tan auténtica como tus sueños. Vives una pseudo vida, tan falsa, tan poco auténtica que el psicoanalista ha de valerse de tus sueños para descubrir algunos destellos de verdad. Solamente los sueños están aún fuera de tu control.

Hay gente que trata también de controlar sus sueños. En Oriente se han inventado métodos para el control de los sueños. Eso quiere decir que ya no se le permite a tu inconsciente que te entregue mensaje alguno. Puedes hacer eso también. Puedes cultivar tus sueños si te empeñas. Puedes empezar a planear tus sueños. Puedes proporcionar una historia a tu propio inconsciente para que él la desarrolle en tus sueños. Si lo haces con perseverancia, cada día, poco a poco irás corrompiendo el inconsciente.

Por ejemplo, una vez estaba con un devoto de Krishna. Me dijo, «Siempre sueño con Krishna». Yo le pregunté, «¿Cómo te las arreglas? Un sueño no es algo que puedas manejar a tu gusto. ¿Qué método empleas?»

Me contestó, «Un simple método que me entregó mi gurú. Cada noche cuando me voy a dormir, pienso y pienso en Krishna; me lo imagino. Después de tres años de practicar ese fantasear continuamente mientras me voy quedando dormido, un día sucedió. Cualquier cosa que hubiera imaginado, continuaba en mi sueño y se convertía en mi sueño. Desde entonces he tenido increíbles sueños religiosos».

Le dije, «Dame los detalles, porque puede que hayas introducido la historia, pero el inconsciente estará enviando sus mensajes a través de esa historia. El inconsciente puede emplear tu historia para enviar sus mensajes».

El me dijo, «¿Qué quieres decir?». Le dije, «Simplemente cuéntame el contenido de tu sueño; el contenido detallado».

Y empezó a contarme. Era absolutamente sexual. Krishna era su amante y él se había convertido en un *gopi,* un novio. El contenido era homosexual. Y estaban bailando juntos y se besaban, se abrazaban, se amaban.

Le dije, «Has cambiado el escenario, pero el contenido sigue siendo el mismo. Y tal y como lo entiendo veo que eres homosexual». El se quedó anonadado y estupefacto. Dijo, «¿Qué quieres decir? ¿Cómo lo has descubierto?» Le dije «Tu sueño es un mensaje muy claro».

Empezó a llorar y a gemir. Dijo, «Desde mi infancia nunca me atrajeron las mujeres. Siempre me atrajeron los hombres. Y creía que era correcto porque así las mujeres no me distraerían de mi camino».

El contenido homosexual había penetrado en su historia

religiosa. Krishna no era nada más que un compañero homosexual. Se alteró mucho y esa misma noche el sueño desapareció y en su lugar se presentó un puro sueño homosexual. Me dijo, «¿Qué es lo que me has hecho?». Le contesté, «No he hecho nada. Simplemente te he aclarado el mensaje. Puedes fabricarte una historia, pero eso no importa, el contenido interno permanece siendo el mismo».

Simplemente observa. Ve a una persona que no sea religiosa. Encontraras fotos de mujeres desnudas en las casas de los hindúes, en las casas de los solteros. Esa gente no es religiosa. Pero ve a ver a un hombre religioso. Puede que tenga cuadros de dioses y diosas, pero atiende al contenido, a los detalles. Tanto si es una actriz de cine como si es una diosa carece de importancia. ¡Observa los pechos! Te indicarán exactamente el mismo contenido. La historia es diferente. Uno tiene colgado en su pared el retrato de una diosa y otro tiene el de Elizabeth Taylor o de cualquier otra, de Sofía Loren; pero eso no lo hace diferente. Tanto si la llamas diosa como si la llamas actriz de cine, eso no es una diferencia. Atiende a los detalles y fíjate en qué es lo que anhela ese hombre.

Puedes manipular tus sueños, puedes destruir la pureza de tus mensajes inconscientes, pero aun así el inconsciente seguirá enviándotelos. Ha de hacerlo. Ha de gritarte porque estás destruyendo la naturaleza que le es propia, tu propia espontaneidad.

Este sueño le sobrevino «...*después de muchos años de una gran pobreza, los cuales nunca socavaron su fe en Dios. Soñó que alguien le ordenaba que buscara un tesoro oculto bajo el puente que conduce al palacio real en Praga*».

Los pobres siempre sueñan con palacios y tesoros de reyes y cosas así. Si tienes sueños de grandes riquezas, eso simplemente revela que eres pobre. Sólo los muy ricos sueñan con convertirse en *sanyasins*, en un Buda, un Mahavira. Viviendo en sus palacios sueñan con convertirse en *sanyasins* porque están hartos de su fortuna. El éxito ya no tiene atractivo para ellos, se ha acabado, no los deslumbra, ha dejado de fascinarles. Ahora creen que la vida del pobre es la vida auténtica y empiezan a buscar en algún lugar distinto del que se encuentran.

Pero el sueño siempre se dirige hacia otras partes. El rico cree que el pobre vive la auténtica vida y el pobre cree que el rico vive la verdadera vida. Pero la falacia es la misma: ambos creen, «La auténtica vida está en alguna parte distinta de ésta en la que estoy. De alguna manera estoy excluido de la auténtica vida; otros la están disfrutando. La vida está siempre aconteciendo en algún otro lugar. Donde vaya, la vida desaparece. Siempre que la alcanzo, siempre hallo un vacío». Pero siempre sucede en algún otro lugar. La vida se asemeja al horizonte, siempre unos pasos más allá. Es un espejismo.

Cuando el sueño se repitió por tercera vez, partió hacia Praga.

Y recuerda, si un sueño se repite demasiadas veces, empieza a parecer real. La repetición hace reales a las cosas.

Adolfo Hitler escribió en su autobiografía «Mein Kampft», que si sigues repitiéndola, una mentira se vuelve real. La repetición es la clave. Y debía saberlo. Lo practicó. No está simplemente afirmando algo teórico; lo practicó durante toda su vida. Mintió, absurdas mentiras, pero en una cosa siguió insistiendo: en repetirlas. Cuando repites una mentira una y otra vez, empieza a volverse real porque la mente comienza a ser hipnotizada por ella.

La repetición es el método de la hipnosis. Repite algo y esto se queda grabado en tu ser. Así es como somos engañados en nuestras vidas. Si repites, «Esta mujer es hermosa, esta mujer es hermosa,...» si sigues repitiéndolo, empezarás a descubrir cierta belleza en ella. Puede que sea auténtica, puede que no lo sea; no importa. Si lo repites suficientemente, se convierte en verdad. Si piensas que el dinero es la meta de la vida, repítelo continuamente y se convertirá en la meta de tu vida.

Así es como funcionan todos los anuncios : simplemente se van repitiendo. El anunciante cree en la ciencia de la repetición; simplemente sigue repitiendo que esa marca de cigarrillos es la mejor. Cuando lo lees por primera vez, puede que no lo creas. Pero a la vez siguiente, una vez tras otra, ¿durante cuánto tiempo seguirás sin creértelo? Poco a poco empezarás a creerlo. Y la creencia se establecerá de modo que ni siquiera serás consciente de ello. Será de un modo subliminal, justo por debajo de la conciencia. Un día, de repente, te diriges a la tienda y el dependiente te pregunta qué marca quieres, y tú le dices una determinada marca. La repetición funcionó. Te hipnotizó.

Así es como las religiones han estado funcionando en el mundo; y todos los políticos también dependen de ello. Anúncialo, sigue repitiéndolo en público y no te preocupes por si te creen o no; eso no es lo importante. Hitler decía que solamente había una diferencia entre una verdad y una mentira; la verdad es una mentira que ha sido repetida con insistencia. Un hombre es capaz de creer cualquier mentira. La credulidad del hombre es infinita. El hombre puede creer en el infierno, puede creer en el cielo, puede creer en los ángeles, puede creer en los demonios, puede creer en cualquier cosa. Tú sigue simplemente repitiéndola.

Y no hay necesidad de discutir. Un anunciante nunca argumenta, ¿lo has observado? No hay necesidad de argumentar. El anunciante simplemente te persuade; nunca discute. Uno que te dé argumentos puede que no sea capaz de convencerte, pero una persona que te persuade, que simplemente te va lanzando suaves sugerencias, sin argumentar directamente... Porque cuando alguien argumenta contigo, te pones a la defensiva, pero si alguien simplemente te va apuntando ciertas cosas, de una forma indirecta, con simples suposiciones, es más fácil que te convenza.

El soñar funciona de esta forma; un sueño es un vendedor. Un sueño simplemente se repite a sí mismo una y otra vez. Nunca argumenta, sencillamente insiste siendo repetido. Y , repetido con frecuencia, uno empieza a creer en él.

Cuando el sueño se repitió por tercera vez, partió hacia Praga. Pero el puente estaba custodiado día y noche y no se atrevió a empezar a cavar.

En el mundo existe mucha competitividad. Cada lugar está guardado y uno ha de luchar por cada objeto; no es fácil. Es algo muy extraño. En este mundo nada es importante y aun así has de luchar por todo. Nada parece ser importante, pero hay mucha competitividad, mucho conflicto. Todo el mundo se abalanza en su busca; eso crea el problema , no el que contenga algo en sí. No hay nada en ello, pero todo el mundo se dirige apresuradamente en su busca. Todo el mundo suspira por el lugar de otro; por esto el mundo está tan atestado.

En realidad, no está tan atestado como parece. Mira... estamos sentados aquí, todo el mundo está sentado en su sitio. No hay excesiva gente. Pero si una especie de frenesí se apodera de vuestras mentes y todo el mundo empezara a tratar de llegar al sitio de otro, entonces este lugar quedaría atestado. Ahora estáis sentados religiosamente; en la otra situación estaríais corriendo políticamente en pos de los demás. Ahora mismo estáis satisfechos con vuestros lugares y no suspiras por el lugar de nadie, al menos en el Chuang Tse Auditorium. Pero si comenzarais a apelotonaros en el lugar del vecino, los demás se pondrán a la defensiva y comenzaran a empujaros. Se organizará una pelea, una guerra.

¿Por qué hay tantas guerras en el mundo? La razón es que todo el mundo está tratando de obtener el territorio del vecino. Y el vecino está tratando de hacer lo mismo. Puede que te esté observando.

Pero el puente estaba custodiado día y noche y no se atrevió a empezar a cavar. No obstante no dejó de ir al puente cada mañana y allí se quedaba merodeando hasta el anochecer.

Eso es lo que la gente está haciendo. Muy pocos tienen éxito, la mayoría simplemente deambula alrededor. Pero continúan haciéndolo. Aunque no tengas éxito, tus deseos, tus esperanzas están continuamente allí. Al menos puedes ir al sitio, cerca del palacio, y deambular por allí. Durante todo el día, de la mañana a la noche, él estaba caminando. Esto es lo que hace tanta gente, esperando que suceda algún milagro. Puede que algún día los guardias no estén, puede que algún día estén de vacaciones, puede que algún día se pueda excavar... uno espera y espera. Y nunca sucede porque uno desperdicia su vida esperando.

No obstante no dejó de ir al puente cada mañana y allí se quedaba merodeando hasta el anochecer.

Finalmente, el capitán de la guardia, que le había estado observando, le preguntó cortésmente si estaba buscando algo o esperaba a alguien.

El rabino Eisik le contó el sueño que le había hecho venir desde un país tan lejano.

El capitán se sonrió, «¡Y para satisfacer el sueño gastaste tus zapatos viniendo aquí! Te compadezco. Y por lo que respecta a creer en los sueños, si hubiera creído en ellos ¡hubiera tenido que ir a Cracovia y buscar un tesoro oculto bajo un hornillo en la habitación de un judío, Eisik, hijo de Yekel! Eso fue lo que me reveló el sueño. ¡E imagínate lo que hubiera sido; allí la mitad de los judíos se llaman Eisik y la otra mitad Jekel!» Y se rió de nuevo. El rabino Eisik se despidió, volvió a casa, desenterró el tesoro de debajo de su hornillo y construyó la casa de oración conocida como la Sinagoga del rabino Eisik.

Es una hermosa historia, y muy cierta. Así es como suceden las cosas en la vida. Buscas en algún otro lugar eso que ya está en ti.

El rabino Eisik hizo una reverencia, dio las gracias al hombre, volvió a su casa ... Este es el verdadero viaje de la religión: el viaje de regreso a casa. Y un hombre que ha comprendido la vida, presenta sus respetos a la vida porque ella le ha despertado de su sueño. No está en contra de la vida; simplemente sabe que él no tiene nada que ver con la vida, sabe simplemente que estaba buscando en la dirección equivocada.

La vida siempre ha sentido compasión hacia ti, siempre te ha estado diciendo, una y otra vez, que no encontrarías nada aquí, que regresaras a casa. Pero no escuchas.

Ganas dinero y un día el dinero está ahí; entonces la vida te dice, «¿Qué es lo que has obtenido?» Pero no escuchas. Ahora piensas que has de invertir el dinero en política, que has de llegar a ser el Primer Ministro o el Presidente; entonces todo estará bien. Un día llegas a Primer Ministro y la vida te dice de nuevo, «¿Qué has obtenido?» Y tú no escuchas. Sigues pensando en otras cosas, en más y más cosas. La vida es inmensa, por eso es que tantas vidas son desperdiciadas.

Pero no te enfades con la vida. No es la vida la que está haciendo que te sientas frustrado, eres tú el que no escuchas a la vida. Y a esto yo lo considero el criterio a seguir, la piedra de toque; si ves a un santo que está en contra de la vida, amargado contra la vida, has de tener claro que no la ha comprendido todavía. Si lo hubiera hecho se habría postrado ante ella en profunda reverencia y respeto porque la vida lo ha sacado de sus sueños. La vida te conmociona; ése es el porqué. La vida es dolorosa. El dolor surge porque estás deseando algo que no es posible. No surge de la vida, surge de tus expectativas.

La gente dice que el hombre propone y Dios dispone. Nunca ha sido así. Dios nunca ha dispuesto nada. Pero con tu mismo proponer te has pre-dispuesto de alguna manera. Escucha la proposición de Dios y guárdate tus proposiciones para ti. Mantente tranquilo. Atiende a lo que el Todo quiere. No trates de tener tus metas particulares, no trates de tener tus anhelos privados. No pidas nada individualmente; el Todo se está moviendo hacia su destino. Sé simplemente una parte suya. Coopera. No te pongas en conflicto. Entrégate a él. Y la vida siempre te devolverá a tu propia realidad; por eso es que conmociona.

Conmociona porque no satisface tus sueños. Y es bueno que la vida nunca satisfaga tus deseos; siempre hace arreglos, en cierta forma. Te da mil y una oportunidades para que te sientas frustrado de modo que alcances a comprender que las expectativas no son buenas y que los sueños son fútiles y los deseos nunca son satisfechos. Entonces abandonas el desear, abandonas el soñar, abandonas el proponer. De repente estás de vuelta a casa y el tesoro está ahí.

El rabino Eisik se despidió, volvió a casa, desenterró el tesoro de debajo de su hornillo y construyó la casa de oración conocida como la Sinagoga del rabino Eisik.

El tesoro siempre había estado esperándole bajo su hornillo. En la misma habitación en la que había soñado que el tesoro se encontraba en algún lugar cerca del palacio del rey, en Praga. En su propia habitación, en su propia casa, estaba simplemente allí, esperando ser desenterrado.

Esto es muy revelador. Tu tesoro está en tu propio ser; no lo busques en ninguna otra parte. Todos los palacios y todos los puentes que conducen a palacio no valen para nada; has de crear tu propio puente en tu propio ser. El palacio está ahí; el tesoro está ahí.

Dios no envía nunca a nadie a este mundo sin un tesoro. El te envía preparado para cualquier contingencia; ¿cómo podría ser de otra forma? Cuando un padre envía a su propio hijo a un largo viaje, dispone todos los preparativos. El padre incluso incluso prevee las situaciones imprevistas. Lo prevee todo.

Llevas contigo todo lo que necesitas. Simplemente sumérgete en el buscador, no busques en el exterior. Busca al buscador; deja que el buscador sea buscado.

Por esto, el rabino Eisik construyó la casa de oración. Fue una revelación tremenda, una experiencia tremenda: «Dios ha puesto el tesoro donde siempre he vivido. He sido pobre por mi culpa, no he sido pobre porque Dios quisiera que fuera pobre. Por lo que a El respecta, soy un rey, siempre fui un rey». Debido a la comprensión de este hecho, construyó una casa de oración, un templo, producto de su tesoro. Lo empleó adecuadamente.

Siempre que alguien llega a su tesoro más recóndito, surge la oración; éste es el significado de la historia. Construyó una casa llamada la Sinagoga del rabino Eisik. Siempre que alcanzas a comprender la gracia de Dios, la compasión, el amor, ¿qué otra cosa puedes hacer? Una enorme oración de gratitud surge en tu ser; te sientes colmado, inundado con su amor. ¿Qué otra cosa puedes hacer? Simplemente te arrodillas y rezas.

Y recuerda, si rezas para pedir algo, eso no es oración. Cuando oras para agradecerle algo, solamente entonces es oración. Orar siempre es dar gracias. Si pides algo entonces la oración es corrompida por el deseo. Entonces no es aún oración; aún esta envenenada por el soñar. La auténtica oración surge solamente cuando has alcanzado tu verdadero ser, cuando has conocido lo que Dios te ha dado sin haberlo pedido. Cuando descubres lo que te ha sido dado, las infinitas fuentes que te han sido dadas, surge una oración. Te gustaría decirle a Dios, «Gracias». No existe nada más que un agradecimiento total.

Cuando una plegaria es solamente un agradecimiento entonces es oración. Nunca pidas nunca nada al orar; nunca digas, «Haz esto, haz eso; no hagas eso, no hagas esto». Nunca des consejos a Dios. Esto demuestra tu irreligiosidad, esto demuestra tu falta de confianza. Dale las gracias. Tu vida ya es una bendición; pura dicha. Cada instante es pura alegría, pero tú te la estás perdiendo; lo sé. Por eso la oración no surge; si no fuera así construirías una casa de oración; tu vida entera se convertiría en esa casa de oración, te convertirías tú mismo en ese templo, en Su santuario; su santuario emegería desde tu propio ser. El florecería en ti y Su fragancia se esparciría en todas direcciones.

Eso no sucede porque estás pasando por alto algo. Y te lo estás perdiendo, no por Su culpa, sino por la tuya. Si deseas y crees que el tesoro está en alguna otra parte, te desplazas al futuro. El futuro es necesario porque deseas, el futuro es un subproducto del desear. ¿Cómo puedes proyectar deseo alguno en el presente? El presente está ya aquí; no puedes proyectar deseo alguno en él, no tolera deseo alguno. Si deseas, el presente se ha esfumado; solamente puedes desear en el futuro, solamente puedes hacerlo en el mañana.

Esto ha de ser entendido. El deseo siempre se sitúa en el futuro, pero el futuro nunca está ahí. El futuro es eso que no es, y el deseo solamente mora en el futuro. Y el deseo surge del pasado, que tampoco existe. El pasado se ha esfumado y el futuro no ha llegado todavía. El deseo surge del pasado porque debes de haber conocido algo de eso que deseas en el pasado. ¿Cómo vas a desear algo que sea completamente nuevo? No puedes desear lo nuevo, solamente puedes pedir que algo se repita. Tuviste algo de dinero; pedirás más, pero al dinero ya lo conoces. Tuviste algo de poder; pedirás más, pero al poder ya lo conoces. El hombre no puede desear aquello que no conoce. El deseo es una mera repetición de lo conocido. Obsérvalo. Lo conociste y no te sentiste satisfecho, por eso pides más otra vez. ¿Crees que te sentirás satisfecho? Y lo más que puedes pedir es mayor cantidad, pero si una rupia no te satisface, ¿cómo te van a satisfacer mil rupias? Si una rupia es insatisfactoria, diez mil rupias más serán diez mil veces más insatisfactorias. Es pura lógica. Si una mujer no te ha satisfecho, entonces diez mil mujeres no te van a satisfacer. Si una mujer ha creado tal infierno, entonces diez mil mujeres... ¡simplemente piensa en ello! Es pura aritmética. Puedes hallar la solución.

Puedes pedir solamente basándote en el pasado y para el futuro, y ambos no existen. Eso que existe es el presente. Este mismo momento es el único momento que existe. En él no hay posibilidad de desear; solamente puedes estar presente. Solamente puedes disfrutarlo.

Y nunca me he encontrado con nadie que pueda ser desgraciado en el presente. Te sorprenderás. Muchas veces la gente viene a mí y me cuentan que son muy desgraciados y que eso y lo otro, y yo les digo, «Cierra tus ojos y dime ahora mismo si eres o no eres desgraciado». Ellos cierran los ojos, luego los abren y me dicen, «Ahora mismo no soy desgraciado».

Ahora mismo nadie es desgraciado. No existe esa posibilidad. La naturaleza de las cosas no la permite. ¿Te sientes desgraciado en este mismo instante? ¿En este mismo instante?

Puede que hayas sido desgraciado justo un momento antes, vale, de acuerdo. Puede que te sientas desgraciado un momento después; eso también vale. Pero en este mismo instante, entre estos dos momentos que no tienen existencia, ¿eres desgraciado? Nadie lo ha sido nunca.

Este instante es siempre pura bendición, este instante siempre es un momento de alegría, de tremenda dicha, este momento es el momento de Dios. El pasado es tuyo, el futuro es tuyo, el presente es de Dios. Dividimos al tiempo en estos tres tiempos: pasado, presente y futuro, pero no deberíamos dividirlos de esta forma. Esa división es incorrecta. El tiempo puede ser dividido en pasado y futuro, pero el presente no forma parte del tiempo, es parte de la eternidad. Dios no tiene pasado, recuérdalo, no puedes decir que Dios era. Dios no tiene futuro, no puedes decir que Dios será. Dios posee solamente un tiempo, el presente. Dios es. Dios siempre es. De hecho, Dios es otro nombre para la condición de *ser* de la existencia. Siempre que estés en este momento, siempre que estés en esta condición de *ser*, eres feliz, dichoso. Surge una oración. Te conviertes en un santuario. Te conviertes en la Sinagoga del rabino Eisik. Te conviertes en una casa de oración.

El rabino Bunam solía añadir, «Guarda esta historia en tu corazón y haz tuyo lo que dice. Hay algo que no podrás encontrar en ninguna parte del mundo, ni incluso en la casa del zadik, y hay, sin embargo, un lugar donde sí podrás encontrarlo».

«*Zadik*» quiere decir «el Maestro». La palabra «*zadik*» proviene de una raíz hebrea que significa : el puro, lo más puro, la pureza misma. «*Zadik*» quiere decir «Maestro», aquél que ha alcanzado su «estar presente», aquél que no mora ya más en el pasado ni en el futuro, aquél que simplemente está aquí y ahora, aquél que es sólo una presencia. Estar en presencia de un Maestro es estar en la presencia de una Presencia. Eso es todo. Y estar en presencia de un Maestro puede ayudarte a estar presente porque su presencia puede convertirse en infecciosa.

Pero el rabino Bunam dice, «...*Hay algo que no podrás encontrar en ninguna parte en el mundo, ni incluso en la casa del* zadik,...» El está diciendo que hay algo que no podrás encontrar en parte alguna, ni siquiera ante la presencia de un Maestro. Pero no te desesperes, «...*hay, sin embargo, un lugar donde sí podrás encontrarlo*».

Ese lugar eres tú y el momento es el ahora. De hecho, el esfuerzo del *zadik*, del Maestro, no es otro que lanzarte a tu «estar presente», hacerte asequible a Dios, o, hacer a Dios asequible a ti.

Este «estar presente» no puede ser enseñado, pero si puede ser captado, de aquí el valor del *satsang*, de estar en presencia de un *zadik*, de un Maestro, de un gurú. Simplemente estar ahí sin hacer nada... En realidad, un Maestro no hace nada. Simplemente está ahí. Un Maestro es una oración, una constante acción de gracias. Con cada aliento él está dando las gracias a Dios, no verbalmente. Su misma respiración es una acción de gracias, con cada latido de su corazón él dice: gracias. Este agradecimiento no es verbal, es existencial. Su ser es oración. Estar en presencia de un hombre así puede ayudarte a probar algo del sabor de la oración. Ese sabor propiciará el comienzo de un nuevo camino en tu vida: el camino hacia adentro.

Has estado buscando durante siglos, durante miles de años y todavía no lo has encontrado. Ahora, deja que el buscador se convierta en lo buscado. Has estado viajando en el exterior durante tanto tiempo, que ahora estás muy cansado, exhausto.

Jesús dice, «Esos que están cansados, esos cuya carga es pesada, deberían acudir a mí. Yo les daría descanso». ¿Qué quiere decir con esto? Simplemente quiere decir, «Ven a mí. Yo estoy descansando. Pruébalo». Y ese mismo sabor provocará la marea y empezarás a dirigirte hacia adentro.

Estás aquí conmigo. Prueba algo de mi ser. No escuches simplemente mis palabras, escúchame a mí. Pruébame. Y entonces, de repente, estarás aquí y ahora y te estarás dirigiendo hacia adentro y no preguntarás nada y no desearás nada y no tendrás movimiento alguno en pos del futuro y no te sentirás apegado al pasado.

Y entones, ese instante es la Liberación, ese momento es la Iluminación.

VIII

UN NIÑO
EN LAS ORILLAS
DEL TIEMPO

*¿Quién eres y qué clase de juego estás
jugando con nosotros?*

*¿Cuál es la utilidad de contestar los sueños de los que
plantean preguntas?*

*¿Puede ser que el recordar los sueños,
el revivirlos y experimentarlos de nuevo estando despierto,
sea un método útil?*

¿Cómo puedo acercarme? ¿Qué es lo que debo hacer?

*...Yo no pienso en Iluminarme o en obtener
algún beneficio estando a tu lado...*

*No siento que yo sea un hombre,
aunque veo la cara de un hombre en el espejo.*

La primera pregunta:

Osho, ¿quién eres y qué clase de juego estás jugando con nosotros? Y ¿durante cuánto tiempo estarás jugándolo? Por favor, explícalo.

Para ser honesto contigo, cosa que por lo general no soy, no sé quién soy. El conocimiento no es posible aquí donde estoy. Solamente queda el conocedor; lo conocido ha desaparecido. Solamente queda el continente, el contenido ha desaparecido. Para que exista el conocimiento se necesita realmente una gran división: el conocedor y lo conocido. Entre los dos, surge el conocimiento. Lo conocido es un requisito para que el conocimiento se dé.

El espacio en el que yo estoy, es absolutamente indiviso e indivisible. No es posible el conocimiento. Así que, para ser exactos, yo no sé nada.

Y me gustaría que tú también llegarás a esta inocente ignorancia, a este estado en que no sabes nada. Porque este estado de ausencia de conocimiento es el más alto estado de sabiduría; no de erudición, ¿oyes?, de sabiduría. Y esta sabiduría no posee contenidos. No es que sepas sobre algo; no hay nada que saber. Simplemente eres. Yo soy, pero no sé quién soy. Todas las identidades han desaparecido; solamente queda detrás un tremendo vacío.

Lo llamo vacío porque tú estás lleno de identidades, si no, sería una absolute presencia, no una ausencia. Es la presencia de algo, que por su propia naturaleza es un misterio y no puede ser reducido a conocimiento.

Por eso no sé quién soy, pero estoy tremendamente

satisfecho de no saberlo. Y todo aquél que ha llegado a la puerta del no-saber, se ha reído de toda la erudición y de toda la estupidez que gira en torno al conocimiento. La erudición, el conocimiento, es algo mediocre. Estar en el estado de ausencia de conocimiento es inteligencia, es consciencia. Y no es acumulativo. A cada momento que aparece, desaparece. No deja ninguna pista tras de sí, ninguna pista existencial. Uno sale de él, puro de nuevo, de nuevo inocente, de nuevo como un niño.

Por esto soy un niño a la orilla del tiempo, coleccionando conchas, piedrecillas de colores. Pero estoy tremendamente satisfecho. No sé quién soy porque yo no soy. Cuando digo que «yo no soy», quiero decir que ese «yo» ha dejado de tener importancia. Empleo la palabra, y obviamente he de usarla y no existe ningún impedimento para ello, pero ha dejado de tener importancia para mi mundo interior. Contigo aún es de utilidad, pero cuando estoy solo, no soy. Cuando estoy contigo, entonces se ha de emplear esa palabra, «yo», como truco para comunicarnos, pero cuando estoy solo, «yo» no existo. La soledad está presente, la cualidad de «ser» está presente, pero el «yo» no está ahí. Por eso, ¿quién debería saber? ¿Y qué?

Antes te dije que el contenido había desaparecido, ahora quisiera decirte - pues cuanto más dispuesto y receptivo te encuentras, más cosas puedo decirte - que el continente también ha desaparecido. El continente solamente es significativo en función del contenido; sin el contenido ¿qué significado tiene el continente? Ambos, el contenido y el continente, ya no están ahí. Hay algo, algo tremendo, verdaderamente hay algo, pero no es posible nombrarlo. Sumido en el amor, lo llamas *«Bhagwan»* y con un profundo respeto yo también lo llamo *«Bhagwan»*.

La otra noche estaba leyendo una carta en Current (*). El que la había escrito me preguntaba quién me había proclamado *«Bhagwan»*.

* N. del T.- «Current» es el nombre de un periódico local.

Nadie puede declarar a otro, «*Bhagwan*». Si alguien proclama a alguien «*Bhagwan*», entonces aquél que lo proclama es el «*Bhagwan*», no el proclamado. Es una realización, un reconocerse. «*Bhagwan*» simplemente quiere decir que todo aquello que llamamos mundano ya no está presente; eso es todo. El deseo de poseer, de ser poseído, el deseo de acumular, el deseo de estar apegado, el deseo de ser, la líbido, el deseo vehemente por la vida, ha desaparecido. Cuando el humo del deseo desaparece y solamente la llama permanece en toda su pureza, ¿quién va a ser el que lo proclame? ¿Quién está allí para pregonarlo? No es una proclama. O si te gusta mucho la palabra, entonces te diré, «Es una autoproclamación». Pero eso tampoco tiene mucha importancia. Es una declaración.

El que escribió la carta quería que le indicara quién soy. Nadie puede decidir quién soy. Esto es lo que declaro. Solamente yo sé lo que ha sucedido dentro de mí; nadie más puede saberlo. A menos que tú también alcances este estado de ser divino - el estado está escondido en ti; en cualquier momento puedes tener el valor necesario para entrar en él - solamente entonces me reconocerás; no antes.

Yo también llamo a este espacio, con profundo respeto, «*Bhagwan*». La palabra «*Bhagwan*» es muy bella. La palabra inglesa «Dios», no es tan bella. «*Bhagwan*» simplemente significa, «aquél que ha sido bendecido». Eso es todo. El bendecido. Y yo me declaro a mí mismo como «el que ha sido bendecido». Y lo declaro así solamente para que te llegue al corazón y te esfuerces por ello, de modo que mi presencia pueda crear un sueño en ti, de modo que mi presencia sea capaz de incitarte a viajar, de modo que mi presencia pueda crear un fuego en ti, un fuego que te abrasará y a través del cual vas realmente a renacer. Un fuego que va a destruirte, a aniquilarte totalmente, y aun así, a través de él surgirás absolutamente nuevo, sin identidad, sin nombre, sin forma.

Me he declarado a mí mismo «*Bhagwan*» porque me gustaría que también tú llegarás a este reconocimiento. Has olvidado el lenguaje. Ha de haber algo delante de ti que sea una realidad, que exista no como concepto, no como alguien de las escrituras. Krishna existe en el Gita, Cristo existe en la Biblia. Puede que hayan existido o puede que no hayan existido, nadie puede tener una certeza absoluta.

Yo estoy simplemente aquí, retándote. Si eres suficientemente valeroso como para abrirte a mí, de repente un brote empezará a salir de tu semilla, empezarás a crecer hacia una dimensión desconocida. Para hacer esta dimensión asequible a ti, yo me declaro a mí mismo *«Bhagwan»*. A nadie más le importa.

Pero solamente me puedo declarar *«Bhagwan»*, porque «no soy». Solamente uno que «no es» puede llamarse a sí mismo «el que ha sido bendecido».

Si tú «eres», sigues sufriendo, tu mismo ser es tu aflicción. El infierno no está en ninguna otra parte; el infierno es el estado de confinamiento, el infierno es el estado de aflicción que se da cuando vives en el «yo». Vivir con el ego es vivir en el infierno.

Me preguntas, *«¿Qué clase de juego estás jugando con nosotros?»* En verdad es un juego. Yo no soy serio. Y si tú eres serio, no nos encontraremos. La seriedad no cruza en absoluto mi camino. Soy absolutamente no-serio. Esto es un juego. Y me gustaría llamarle, «el juego loco».

A la palabra «loco», la describo así. «M» de «Maestro», «a» de «y», y «d» de «discípulo». ¡El juego del Maestro y del discípulo! (*) ¡Es un juego loco! Soy un experto en ser un Maestro. Si tú estás dispuesto a llegar a ser un discípulo, pues ¡vamos allá!

Y a nadie le importa excepto a mí. Es un juego entre tú y yo. Si tú decides ser un discípulo, de la misma forma que yo he decidido ser un Maestro, entonces podemos jugar ese juego. ¡Y aquellos que ya han decidido ser discípulos están disfrutando de lo lindo!

---

* N. del T.- En inglés «loco» se escribe *«mad»* y al descomponerla como m-a-d, resulta: «m» de *«Master»* = maestro; «a» de *«and»* = y; «de» de *«disciple»* = discípulo.

Una vez decides ser un discípulo, entras en otro mundo, en un mundo totalmente distinto, del corazón, del amor, de la confianza. Entonces es un juego. No eres serio, pero sí eres muy sincero. Nunca confundas seriedad con sinceridad. La sinceridad es muy juguetona, nunca es seria. Es auténtica, verdadera, pero nunca seria. La sinceridad no tiene una cara alargada; está hirviendo de alegría, radiando de gozo interior.

¡Alégrate de que yo esté aquí! Si decides ser un discípulo, entonces solamente tú podrás comprender lo que estoy haciendo aquí, entonces solamente tú podrás comprender este loco juego, este juego locamente loco. Es un juego, de hecho es el juego supremo en la vida. Has jugado otros muchos juegos. Este es el último. Has jugado a ser amante, a ser amigo, a ser padre, a ser marido, a ser una esposa, una madre, un hermano, a ser rico, a ser pobre, a ser el líder, a ser un seguidor; has jugado todos los juegos. Y solamente aquellos que han jugado todos los juegos son capaces de jugar este juego, porque son lo suficientemente maduros como para jugarlo.

Este es el último juego. Después de este juego, no hay más juegos, se deja de jugar a juegos. Una vez has jugado correctamente el juego, el juego del Maestro-discípulo, poco a poco llegas a un punto donde desaparece todo jugar. Solamente quedas tú. Ahí no existe ni el Maestro ni el discípulo. Es solamente una estratagema.

Entre el Maestro y el discípulo, si se siguen adecuadamente las reglas del juego, surge la devoción. Esa es la fragancia, el río que fluye entre las dos orillas que son el Maestro y el discípulo. Por eso es que le es tan difícil a uno del exterior el comprenderlo. Pero a mí no me interesa en absoluto que uno ajeno lo comprenda; es un juego muy esotérico. Solamente es para los que están dentro, solamente es para los locos. Por eso es que no estoy interesado en contestar a la gente que no son del círculo, porque no entenderían. No tienen esa actitud del «ser» en la cual la comprensión se hace posible.

Simplemente observa. Si dos jugadores de ajedrez están jugando y tú desconoces lo que es jugar al ajedrez y empiezas a plantear preguntas, simplemente te dirán, «¡Cállate! Primero aprende a jugar. Es un juego complicado».

¡Y el ajedrez no es nada comparado con esta locura de juego! Tu vida al completo, tus emociones, tus sentimientos, tu intelecto, tu cuerpo, tu mente, tu alma, todo se halla implicado, todo está en juego. Es la última aventura.

Por eso, solamente aquellos que están dentro pueden entenderlo; los del exterior siempre se sentirán incómodos con ello. Desconocen el lenguaje.

No estoy aquí para jugar al juego del sacerdote, no estoy aquí para jugar al juego del profeta. De hecho, el profeta no es más que el político disfrazado. El lenguaje del profeta es el lenguaje del político, aunque sea, desde luego, en nombre de la religión. El profeta es revolucionario, desea cambiar al mundo, al mundo entero, según el deseo de su corazón. Yo no tengo planes para cambiar al mundo. Está perfectamente bien tal y como ésta y va a seguir tal y como es. Todos los profetas han fallado. Ese juego está condenado a ser un fracaso.

No soy un sacerdote porque no pertenezco a religión alguna; simplemente pertenezco a la religión tal cual es. No soy un judío, no soy un hindú, no soy un cristiano, no soy un musulmán, no soy un jaino, no pertenezco a ninguna religión. Por eso no soy un sacerdote, no soy un predicador. Sencillamente amo la pura religión.

Déjame que te cuente una anécdota.

El Sr. y la Sra. Goldberg habían hecho algunos ahorros para que su hijo mayor pudiera ir al Instituto. Por fin reunieron el dinero y decidieron enviarlo a un internado refinado y culto del este. Le vieron partir en el tren y con los ojos llenos de lágrimas se despidieron.

Al cabo de unos meses él volvió a casa durante las vacaciones de Navidad. Sus padres estaban sumamente felices por tener de nuevo a su hijo, Samy, con ellos. Su madre le dio la bienvenida con una «¡Samelah! ¡Qué alegría el verte!»

«Madre», le replicó el hijo, «deja ya de llamarme Samelah. Al fin y al cabo ya soy un hombre ahora y preferiría que me llamaras Samuel».

Ella se disculpó y le preguntó, «Espero que solamente comieras comidas *kosher* mientras estuviste lejos». (*)

«Madre, vivimos en la edad moderna y es absurdo aferrarse a las viejas tradiciones. Me complací tomando todo tipo de comida y, créeme, ¡sería mucho mejor si tú también lo hicieras!»

«Bien, dime, ¿fuiste de tanto en tanto a la sinagoga a ofrecer una plegaria de gratitud?»

El hijo le contestó, «¿Crees realmente que el ir a la sinagoga, cuando te relacionas con un gran tanto por ciento de no judíos, es lo más adecuado que puedes hacer? Honestamente, madre, no está bien por tu parte pedirme que haga esto».

En este momento la Sra. Goldberg, controlando su enfado, se encaró a su hijo y le dijo, «Dime Samuel, ¿estás aún circuncidado?»

No me interesa si estás o no estás circuncidado. No me interesa si eres un judío, un hindú, un cristiano o un musulmán. Para mí, este tipo de cosas son pura estupidez. No te estoy enseñando ninguna religión. Todo mi esfuerzo, o todo mi juego aquí, es que te hagas consciente de la realidad tal cual es, es hacerte consciente del hecho, sin proporcionarte ninguna fantasía entorno a ello; el hacerte consciente de la verdad, sin darte teoría alguna sobre ella. No soy un teórico. No soy un teólogo. De hecho, la teología ha acabado con Dios y el que haya tantas religiones ha creado tal confusión en la mente de la gente que, más que ayudar, han sido un veneno y un mal. Más que ayudar a la gente a ser religiosa, han creado la mayor política en nombre de la religión. En nombre de la religión se ha generado gran violencia, conflicto, odio.

Para mí, la religión simplemente significa la dimensión del amor. Estoy aquí para mostrarte la belleza de la vida, la grandiosidad que te rodea. Desde esa misma grandeza tendrás los primeros destellos de Dios.

---

* N. del T.- *Kosher* es el nombre de la comida ritual judía.

Estoy aquí para seducirte y que te enamores de la vida, para ayudarte a que te vuelvas algo más poético, para ayudarte a morir para lo mundano y lo ordinario de forma que lo extraordinario explosione en tu vida. Pero solamente será posible si decides ser un discípulo.

El *sanyas* es un tremendo acuerdo, un pacto. Cuando te inicio en el *sanyas*, te estoy iniciando en el mundo de mi juego. Y si tú estás dispuesto a ir conmigo, hay unas enormes puertas esperando abrírse para ti. Pero esas puertas no son las de la mezquita, las de la iglesia, las del *gurudwara,* las del templo; esas puertas son las de la misma vida. La vida es el único templo de Dios y jugar con ello es la única plegaria.

«¿Quién eres tú y que clase de juego estás jugando con nosotros? ¿Y durante cuanto tiempo estarás jugándolo?» No es una cuestión de tiempo. Si decides ser un discípulo, puedo continuar y continuar, en el cuerpo y fuera del cuerpo, con la mente y sin la mente, en la vida y en la muerte, en los confines de la vida y más allá de la vida. Este juego es un juego eterno, por eso lo llamo el juego supremo. Aquellos que decidieron jugar con Cristo, todavía están jugando; continúan con nuevos planes, con nuevos horizontes. Aquellos que decidieron jugar con Buda, están todavía jugando. El juego es tan hermoso, tan eterno que ¿quién desea pararlo?

Puede que no esté aquí en el cuerpo, pero eso solamente será una pérdida para aquellos que no estén cerca de mí, eso será una pérdida para aquellos que no fueron suficientemente valerosos como para estar conmigo. Cuando haya dejado el cuerpo, eso no supondrá una pérdida si tú realmente has sido un discípulo. El juego continuará. Yo seguiré siendo accesible, tú seguirás siendo accesible. Es una cuestión del corazón, es una cuestión de consciencia, y la consciencia no conoce el tiempo; la consciencia está más allá del tiempo, la consciencia es intemporal.

Por eso la pregunta tiene importancia para alguien del exterior, pero en este caso no la contestaré. La pregunta carece de sentido para uno que está dentro, y solamente entonces podré contestarla. Si tú eres alguien que estás dentro sabes que hay un comienzo para este juego, pero no un final. Has entrado en algo que va a durar para siempre.

«Osho, por favor, explícalo». Un juego ha de ser jugado, no explicado. Si lo explicas, pierde todo el encanto. Ven, participa, implícate en él.

Hay algunas cosas que no pueden ser explicadas; con la explicación misma, mueren. Por ejemplo, un chiste no puede ser explicado. Esa es la belleza del chiste: o lo coges o no lo coges. Si pides, «Por favor, explícamelo», no se puede explicar. Si alguien te lo explica, si se te hace perfectamente evidente, no surgirá risa alguna. La risa surge cuando, de repente, el chiste alumbra tu ser; cuando hay un salto, un salto cuántico, entonces surge la risa. Discurrías por un plano, la historia discurría en un determinado plano y entonces, repentinamente, un giro inesperado, que no podías imaginarte, sucede. Ese mismo giro, que no podías ni imaginarte que se diera, le otorga su belleza. Ese mismo giro es el que te golpea. Ese mismo giro es el que libera la tensión que se estaba acumulando. El suspense iba creciendo - ¿Qué va a suceder? ¿Qué va a suceder? - y todo era normal hasta que, de repente, la historia da un vuelco extraordinario. El impacto ha de ser un giro súbito. Entonces la tensión acumulada se relaja y empiezas a reír. La tensión es liberada, explota. Pero si alguien te lo explica, si disecciona el chiste de una forma lógica, si te lo explica todo y así lo comprendes, entonces la gracia desaparece. El chiste está para ser disfrutado, no entendido.

Este mundo al completo es una broma cósmica. Si tratas de comprenderlo, te lo perderás... por eso los filósofos siempre se lo pierden. Han estado tratando de resolverlo, han estado tratando de buscar pistas. No hay pistas. Es puro misterio. No hay llaves ni cerraduras. Es accesible si tú eres accesible. Pero una mente que anhela comprenderlo se pone tensa y se vuelve inasequible.

No trates de entender la vida. ¡Vívela! No trates de entender el amor. Enamórate. Entonces sabrás, y ese saber surgirá de tu experiencia. Ese saber nunca destruirá el misterio; cuanto más sepas, más sabrás que hay mucho más que está ahí para ser conocido. La vida no es un problema. Considerarla como un problema es dar un paso equivocado. Es un misterio para ser vivido, amado, experimentado.

En realidad, la mente que anda siempre en busca de explicaciones, es una mente asustada. Debido a que tiene mucho miedo quiere que todo tenga una explicación. No puede sumergirse en nada si antes no le ha sido explicado. Con las explicaciones siente que el territorio le es familiar, que ahora conoce su geografía, que ahora puede desplazarse con un mapa y la guía de viaje y un esquema. Nunca se encuentra dispuesta a adentrarse en un territorio desconocido, no cartografiado, sin un mapa, sin una guía. Pero la vida es así. Y los mapas no son posibles porque la vida cambia y cambia. A cada momento es nueva. No hay nada viejo bajo el sol, te lo aseguro. Todo es nuevo. Hay un tremendo dinamismo, un movimiento absoluto. Solamente es permanente el cambio, solamente el cambio nunca cambia; todo lo demás va cambiando.

Por esto no puedes tener un mapa. Cuando tienes el mapa listo, está ya anticuado. Cuando el mapa está listo, ya no sirve. La vida ha cambiado su rumbo. La vida ha empezado a jugar un nuevo juego. No puedes habértelas con la vida con mapas, porque la vida no es medible. Y no puedes habértelas con la vida con guías de viaje porque las guías de viaje solamente son posibles cuando las cosas están estancadas. La vida no está estancada, es un proceso, es una dinámica. No puedes tener un mapa de ella. No es medible, es un misterio inmensurable. No busques explicaciones.

Por eso, aunque contesto cuando planteas una pregunta - porque esto forma parte de las reglas de este loco juego: preguntarás y te responderé - nunca has de tomar mis respuestas como explicaciones. No lo son. Son simples introducciones hacia el misterio, prefacios del misterio, seducciones para el misterio, No son realmente respuestas.

Mis respuestas no son respuestas. Mis respuestas sencillamente son ayudas para que salgas de tus preguntas y empieces a vivir. Una respuesta es una respuesta cuando contesta simplemente a tu pregunta y tú te sientes satisfecho porque ahora tienes cierta información que necesitabas y tu pregunta ha desaparecido. Ahora, el lugar que ocupaba la pregunta, lo ocupa la respuesta. Mis respuestas no son respuestas de este tipo. Te ayudarán a que te deshagas de la pregunta, pero no van a darte una respuesta a la pregunta. Y una vez hayas abandonado la pregunta, no encontrarás respuesta alguna ocupando su lugar. No habrá respuesta. Toda mi forma de contestar es tal que siempre respondo, pero aun así no contesto. Respondo para que no te sientas ofendido; tu pregunta merece respeto y por eso la respeto, pero no puedo darle una respuesta porque la vida no tiene respuestas.

Y a esto yo lo llamo madurez mental: cuando alguien llega al punto de contemplar la vida sin ninguna pregunta y simplemente se sumerge en ella con valor y sin miedo.

La segunda pregunta:

Los sueños son irreales, pero he oído y leído que la madre de Mahavira vio nueve elefantes blancos en sueños antes del nacimiento de Mahavira. ¿Qué significa esto entonces? Y, ¿cuál es la utilidad de contestar los sueños de los que plantean preguntas?

Los sueños son irreales, pero también lo es tu vida. Los sueños son irreales, pero eso es lo que es tu vida. Tu vida es puro sueño porque estás profundamente dormido. ¿Acaso no puedes oír como roncas?

Estás profundamente dormido. Sea lo que sea a lo que llamas tu vida, es simplemente un sueño contemplado con los ojos abiertos. Ves dos clases de sueños: uno con los ojos cerrados, uno con los ojos abiertos. Pero los dos son sueños.

Dices, «*Los sueños son irreales, pero he oído y leído que la madre de Mahavira vio nueve elefantes blancos en sueños antes del nacimiento de Mahavira*» . Lo que lees es un sueño, lo que oyes es un sueño. Cualquier cosa que hayas oído sobre Mahavira no tiene nada que ver con Mahavira. Es tu sueño.

Y simplemente observa, la madre de Mahavira soñó con

nueve elefantes blancos. En primer lugar, es un sueño, y luego es un sueño sobre nueve elefantes blancos. ¡Un sueño es un sueño! ¿Elefantes blancos? La historia es hermosa; dice que la vida es como una cajita china: una caja dentro de una caja. Es como una cebolla. La pelas, y hay una nueva capa; la pelas, y otra capa. Cajas dentro de cajas.

En primer lugar, el que Mahavira naciera es un sueño. Luego, el que naciera de una madre, es otro sueño. Entonces la madre sueña. ¡Y la madre sueña con elefantes blancos! Considera el absurdo de todo esto.

Y luego está toda esa gente estúpida que empieza a analizar esos sueños y arma tanto follón con ellos. Los jainos dicen que siempre que un *Tirtankara* nace, a la madre le vienen una serie de sueños determinados. Y si esos sueños no surgen, entonces el hombre no es un *Tirtankara*. Por eso todas las madre han de soñar; recuérdalo. En la India nacieron veinticuatro *Tirtankaras* y todas las madres de los *Tirtankaras* tuvieron que repetir el mismo sueño. Es un deber, es una legalidad, ¡no puedes evitarlo! Si no lo sueñas, no puedes ser un *Tirtankara*. Cuando mi madre comenzó a soñar, le dije, «¡Déjalo! No hay necesidad. No voy a seguir legalidad o formulismo alguno. No hay necesidad de soñar con elefantes blancos. Puedes descansar» .

Los tontos siguen descubriendo tonterías, pero las decoran muy bien. Preguntas qué significa. No significa nada. Simplemente significa que estás más interesados en sueños que en lo que en realidad eres.

La gente no está interesada en Mahavira como tal. Si la madre de Mahavira se hubiese olvidado de soñar esos sueños, los jainos no lo hubieran aceptado como el vigésimo cuarto *Tirtankara*. Eso fue una de las cosas más importantes que hubo que decidir. Puede que no lo sepas, pero también hubo otra gente que proclamó que eran *Tirtankaras*. En los tiempos de Mahavira hubo ocho personas que afirmaban que eran *Tirtankaras* y fue un gran problema el decidir sobre ello porque no existía criterio alguno. Por eso la gente tuvo que inventarse esos estúpidos criterios. Solamente fue la madre de

Mahavira, dice la historia, la que soñó esos sueños. La madre de Goshalak falló. El pobre Goshalak sufrió por ello. La madre de Mahavira debió de haber sido muy inteligente, debió de planearlo todo con sumo detalle. O al menos así lo vieron los astrólogos de Mahavira; la madre murió inmediatamente tras el parto. En realidad no comprendo cómo pudo decírselo a alguien, pues murió inmediatamente. Pero eso también es otro tema. Los jainos dicen que cuando nace un *Tirtankara*, la madre muere de inmediato. Le han puesto las cosas muy difíciles a la madre. La muerte de la madre de Mahavira debió de ser una cosa puramente accidental. La madre de Goshalak vivió. Eso no está permitido. Goshalak sufrió porque su madre no murió. La madre de Mahavira, murió. Esos son estúpidos criterios. Esa gente no ve directamente a Mahavira; están buscando otras indicaciones.

Cuando Jesús vivía, los judíos planteaban ciertas preguntas porque él tenía que cumplir con las profecías del Antiguo Testamento. ¿Se cumplieron o no? Jesús estaba allí en realidad, ante ellos, pero a ellos no les importaba Jesús, les preocupaban las profecías del Antiguo Testamento. Si eran cumplidas, entonces él era el hombre; si no eran cumplidas, entonces él no era el hombre. ¡Qué tonta puede ser la Humanidad! Jesús está allí, pero eso no prueba nada; no. Y los judíos renegaron de él porque pensaron que no cumplía con los requisitos. Le crucificaron porque pensaron que era un charlatán, un estafador; no había cumplido con las profecías.

Y los cristianos siguen empeñados en demostrar que sí las cumplió. En la actualidad, esto se ha convertido en un juego verbal, de lógica. La realidad ha sido completamente olvidada.

Mira lo real; Mahavira está ahí, Mahavira está ahí tanto si la madre soñó con elefantes blancos o con elefantes negros. Si soñó o no soñó, no importa; si ella sobrevivió o no, no importa. Eso son cosas irrelevantes. Si Mahavira está ahí, encáralo directamente. Su presencia será suficiente prueba. Y si no es suficiente prueba, entonces no hay porqué preocuparse por otras pruebas. ¿Qué otras pruebas podrá haber?

Y, *«¿cuál es la utilidad de contestar los sueños de los que plantean preguntas?*» Los que preguntan solamente tienen sueños, carecen de una vida real; por eso, al contestar sus preguntas estoy tirando de ellos para sacarlos del fango de sus sueños. No me interesan sus sueños, estoy interesado en la consciencia que está soñando. Esa consciencia no es un sueño. Está soñando, está en un sueño, pero no es un sueño. Es una realidad y ha de ser sacada del estado de sueño.

Por eso sigo empleando cualquier método que sea necesario. Si a veces siento que analizar el sueño puede ayudarte a salir de él, entonces lo analizo. Pero recuerda siempre y por siempre que no estoy interesado en los sueños; no soy un psicoanalista. Pero si siento que diseccionando el sueño seré capaz de hacer que seas consciente de que tú no eres el sueño, de que tú eres el testigo que lo ve, entonces lo disecciono. La realidad no está en el sueño, la realidad es el soñador. Y el soñador ha de ser despertado. Funciono como un despertador.

La tercera pregunta:

Para la gente que ha estado tan cegada por mentiras y engaños en el estado de vigilia, ¿puede ser que el recordar los sueños, el revivirlos y experimentarlos de nuevo estando despiertos, sea un método útil; el primer paso en el camino de una verdad y una consciencia superior? ¿Puede este método despertar la sed de Dios hasta el punto en el que la mente soñadora desaparezca?

Sí, hasta cierto punto puede ser de gran ayuda, pero recuerda: sólo hasta cierto punto. Si no, la gente es tal, que primero perdería su tiempo soñando, luego perdería su tiempo reviviendo el sueño estando despierta, luego perdería su tiempo en algún diván de un psicoanalista hablando de sus sueños, mientras el psicoanalista los analiza. Entonces el sueño se convertiría en algo demasiado importante. No se le ha de dar esa importancia.

Hay una gran necesidad de que la consciencia dé un giro desde el contenido al continente. En ciertas ocasiones, pueden emplearse los sueños. El revivirlos puede ser de utilidad. Si por la noche has tenido un sueño, el revivirlo por la mañana puede ser de gran ayuda porque por la noche estabas dormido. El sueño estaba allí, el mensaje estaba allí, el mensaje fue entregado por el inconsciente, pero el consciente estaba profundamente dormido. Es como si estuvieras borracho y alguien te llamara y tú descolgaras a duras penas el teléfono y escucharas, pero sin poder recordar exactamente cuál era el mensaje porque estabas borracho. El mensaje fue entregado, el inconsciente entregó un determinado mensaje; esto es lo que es un sueño: un mensaje empaquetado enviado por el inconsciente diciéndote que estás haciendo algo mal, que estás yendo *contra natura*, de que vas contra mí, de que vas en contra de ti mismo. Es una advertencia del inconsciente de que ya es suficiente, ¡detente! Regresa a casa, sé natural, sé más espontáneo. No te pierdas en formalidades y moralidades sociales y no seas falso. Sé real.

El mensaje ha sido entregado, pero estabas dormido y por la mañana no puedes recordarlo con exactitud. ¿Te has dado cuenta? Cuando te levantas por la mañana, durante unos segundos algunos fragmentos del sueño flotan en la consciencia; solamente durante unos pocos segundos, no más de treinta segundos o, como máximo, unos sesenta segundos, un minuto. Después desaparecen. Te has lavado la cara, has tomado una taza de café, has acabado con la noche; ahora no recuerdas nada. E incluso, cuando te despiertas por la mañana, solamente quedan algunos restos, pocos. Son retales del sueño. Cuando sueñas, lo haces de determinada forma: empiezas a soñar a las cinco de la madrugada, te sumerges en él, y a las seis te despiertas. Eso es la parte final del sueño, como si hubieras estado mirando una película y solamente hubieras estado despierto en la parte final. De modo que te acuerdas de la parte final del sueño, no del principio, no del medio. Entonces has de ir contracorriente. Si quieres recordar el sueño has de ir en orden inverso como si estuvieras leyendo un libro hacia atrás. Es muy difícil.

Y una cosa más. Cuando estás consciente empiezas de nuevo a interpretar el contenido del sueño, no dejas que la totalidad del mensaje sea recibida. Descartas muchas cosas. Si en el sueño has matado a tu madre, lo descartas. No te acordarás, no le dejarás que se vuelva algo consciente. O, a lo sumo, dejarás que esté disfrazado: has matado a alguna otra persona. O, si has estado viviendo en una comunidad que tiene en gran estima la no-violencia, puede que ni te acuerdes de que mataste. Esa parte simplemente desaparece. Solamente oímos lo que queremos oír.

Me contaron.

Mientas se acostaba en su lecho de muerte, le dijo, «Sara, quiero que sepas, antes de que muera, que Ginsburg, el sastre, me debe doscientos dólares, y que Morris, el carnicero, me debe cincuenta dólares, y que Klein, el vecino, me debe trecientos dólares».

Su esposa se dirigió a los niños y les dijo, «¡Qué hombre tan maravilloso es vuestro padre! Incluso muriéndose posee la suficiente cabeza como para recordar quién le debe dinero».

El anciano continuo, «Y, Sara, también quiero que sepas que le debo cien dólares al señor de la finca».

A lo cual la esposa gritó, «¡Oh, oh! Está delirando».

Lo que quieres oír es lo correcto. Si no, ¡Oh, oh! Inmediatamente te desconectas.

Recordarás el sueño. Has de entender el mecanismo. El sueño es un mensaje del inconsciente al consciente porque el consciente está haciendo algo que el inconsciente siente que es innatural. Y el inconsciente siempre está en lo correcto, recuérdalo. El inconsciente es tu naturaleza. El consciente es cultivado por la sociedad, es un condicionamiento. El consciente significa la sociedad dentro de ti. Es un truco de la sociedad. El consciente está haciendo algo que el inconsciente percibe que es totalmente anti-natural, de modo que el inconsciente desea enviar una señal. Por la mañana, al recordar, de nuevo recordarás desde el consciente, de nuevo el consciente interferirá. Cualquier cosa que esté en su contra, no la permitirá. Todo aquello que sea dulce, será permitido. Pero eso no vale. La parte amarga es el verdadero mensaje.

Pero inténtalo. Lo que se hace en el psicodrama puede ser de utilidad. Mejor que recordar un sueño, es revivirlo. Y son cosas diferentes. Cuando recuerdas, recuerdas desde el consciente; cuando revives, revives desde la totalidad. Al revivirlo es más probable que el inconsciente sea, de nuevo, capaz de dar algún mensaje.

Por ejemplo, por la noche sueñas que caminas por una carretera. Caminas y caminas y la carretera nunca se acaba. Esa carretera interminable crea un miedo atroz en ti porque la mente no puede habérselas con algo que nunca acaba; la mente se asusta. ¿Interminable? Parece muy aburrido. Sigues y sigues y sigues y la carretera nunca se acaba. Te cansas, te sientes frustrado, estás harto, te desplomas, pero la carretera continúa y continúa. Tienes limitaciones y la carretera parece no tener límite.

Si sueñas un sueño así... Mucha gente sueña con eso porque contiene un mensaje. El famoso escritor ruso, Máximo Gorki, solía soñar con eso muchas veces. Contó que en su vida éste fue uno de los sueños más significativos. Se repetía casi cada mes. Debió de contener algún mensaje muy importante, pues de lo contrario no se hubiera repetido. Y se repetía. Eso simplemente demuestra que Gorky nunca lo entendió. Una vez comprendes un sueño, una vez es entregado el mensaje, el sueño desaparece. Si un sueño se repite continuamente, sencillamente demuestra que no lo has comprendido, por eso el inconsciente sigue llamando a tu puerta. Quiere que lo entiendas.

El recordar es una cosa. Puedes cerrar los ojos y recordar el sueño como si estuvieras viendo una película, un film. El revivir es algo totalmente diferente. Creas toda la situación, visualizas la situación al completo. No es un sueño en una pantalla; lo revives. Otra vez estás en la carretera. Mira a tu alrededor. Cuando lo recuerdes, cierra tus ojos, mira a tu alrededor. ¿Qué clase de carretera es? ¿Hay árboles o es un desierto? ¿Qué clase de árboles? ¿Es de día o es de noche? Visualízalo, quédate en la carretera y visualízala y deja que sea tan colorida como sea posible, porque el inconsciente tiene mucho color. El consciente es solamente blanco y negro; el inconsciente es muy psicodélico.

Deja pues que haya colorido. Contempla la belleza de los árboles, el color de las flores, el brillo de las estrellas. Siente la carretera, su toque bajo tus pies. Siente la carretera, áspera, suave, muerta, viva. Cada carretera posee su propia individualidad. Huélela. Estando allí, huélela. ¿Qué clase de olor es? ¿Ha acabado de llover y un delicado aroma surge de la tierra? ¿Han florecido las flores y está presente su fragancia? Siente la brisa, percibe si es fría o cálida. Entonces comienza a moverte, como si te estuvieras moviendo realmente. No sucede en la pantalla de la memoria; lo estás reviviendo. Y a través de la sensibilidad del gusto, del tacto, el aire, el sentir la calidez, la frialdad, el verdor, el colorido, de nuevo se vuelve real. De nuevo el inconsciente empezará a darte mensajes. Pueden ser de un tremendo valor.

Pero existe un límite. Trata de entenderlo así, pero siempre recuerda que tanto si el sueño se sueña por la noche como si revive durante el día, es un sueño. Y bajo el inconsciente, o más allá del inconsciente hay otra puerta de tu ser que ha de ser abierta.

Freud y los freudianos pensaban que el hombre acaba con el consciente y el inconsciente. El hombre no acaba con el consciente y el inconsciente; también hay un elemento de superconsciencia. Y es más auténtico.

Por eso no creas que el consciente es la única mente. Antes de Freud se creía que el consciente era la única mente. Cuando Freud introdujo el concepto del inconsciente por primera vez, se rieron de él, le ridiculizaron, porque la gente decía, «¡Qué tontería! ¿Cómo va a ser la mente, inconsciente? La mente quiere decir consciencia. Si es inconsciente, no es mente; si es mente, es consciente». Desde luego que gramaticalmente estaban en lo cierto y que su lenguaje era cierto, pero existencialmente estaban equivocados. Y poco a poco, Freud venció. La verdad siempre se impone.

Ahora, se ha introducido otro nivel en el mundo de la psicología. Este nivel es el del superconsciente. Los psicólogos estarán de nuevo en su contra. Dirán, «¿De qué tonterías estáis hablando? Estáis introduciendo la religión en la psicología. ¡A duras penas nos hemos librado de la religión y ahora la traéis de nuevo por la puerta de atrás!» Pero no puedes librate de la religión; la religión no es algo accidental. Es muy esencial. Has de reconocerlo. Y has de reconocer lo que sostiene.

El hombre es consciente, inconsciente y superconsciente. El hombre es una trinidad. Ese es el significado del concepto de la trinidad en el cristianismo, en el judaísmo. En Oriente tenemos el concepto de *trimurti*, las tres caras de dios, las tres caras del ser. El hombre es un triángulo. Se ha de recordar la tercera parte.

El que preguntaba plantea, «*Para la gente que ha estado tan cegada por mentiras y engaños en el estado de despierto, ¿puede ser que el recordar los sueños, el revivirlos y experimentarlos de nuevo estando despiertos, sea un método útil?*» Sí, es un método útil, pero con posibilidades limitadas. Y mejor que recordar, enfatiza el revivir.

«*¿Puede ser el primer paso en el camino de una verdad y una consciencia superior?*» Ciertamente, pero sólo el primer paso. Hay mucha gente que se pierde en el primer paso y que nunca emprenden el segundo. De modo que el primero resulta inútil. A menos que se dé el segundo, el primero carece de sentido. Solamente con el segundo, el primero adquiere relevancia. Y solamente cuando has alcanzado la meta, se vuelve relevante tu viaje. De otro modo permanece irrelevante; la relevancia es trascendental.

Por eso, primero revive tus sueños. Será de ayuda, te hará estar más alerta. Y luego, incluso cuando estés soñando, incluso cuando estés reviviéndolo, o cuando estés despierto, caminando por la calle en el estado corriente de vigilia, empieza a verte a ti mismo como un testigo, no como un participante. Como un observador. El espectador, el observador, el que ve, el testigo, es el auténtico paso que te llevará a la realidad. Está más allá del soñar.

Los sueños pueden ser útiles para que la presa de los sueños sobre tu mente se afloje, pero el verdadero paso solamente se da cuando has empezado a volverte observador. Inténtalo durante todo el día. Hagas lo que hagas, recuerda que eres el observador. Caminando... recuerda que el cuerpo está caminando; tú eres el observador. Comiendo... recuerda que el cuerpo está comiendo; tú eres el testigo. Si sigues con ello durante todo el día, un día, de repente, verás que en el sueño también el observador tiene una pequeña posibilidad. Y cuando puedas recordar que «Yo soy solamente el observador» durante el sueño, entonces el sueño desaparece. Entonces, con la desaparición de los sueños, una nueva consciencia surge en ti. Esa consciencia es la que yo llamo la superconsciencia. Y esa consciencia es la meta de la psicología de los Budas.

La quinta pregunta:

¿Cómo puedo acercarme? ¿Qué es lo que debo hacer?

Déjame contarte una anécdota.

«Ayúdeme», le pidió aquél hombre al rabino. «Tengo mujer y doce hijos y no puedo mantenerlos. Cada año mi esposa me da una nueva criatura. ¿Qué es lo que he de hacer?»

«¿Hacer?», exclamó el rabino. «¿Acaso no has hecho suficiente?»

Me preguntas, «*¿Qué es lo que debo hacer para acercame más a ti?*» El hacer no te va a ayudar, porque al hacer te conviertes más en uno que hace, y el que hace alimenta al ego y el ego es la barrera entre tú y yo. Dejando de hacer, te irás acercando a mí, no haciendo. No puedes acercarte a mí con el poder de la voluntad, solamente entregándote. Solamente cuando reconoces que no hay nada que puedas hacer y te sientes desvalido y te relajas, descubrirás de repente que te has acercado a mí. Cuando te entregas, te acercas a mí.

La mente sigue preguntando, «¿Qué he de hacer?» Si haces algo, ese mismo hacer no te va a permitir que te alejes del ego.

Deja que te cuente otra anécdota.

El viejo Ginsberg estaba disgustado con su familia. Les dijo que les dejaba y que se marchaba a Japón.

Los niños le preguntaron, «Papá, ¿cómo llegarás hasta allí?»

El les dijo, «No os preocupéis. Remando».

Ellos se dirigieron hasta el muelle y sin que su padre les viera ataron una larga cuerda a su bote de remos. El se despidió de ellos y empezó a remar hacia el horizonte. Le dejaron estar en el bote durante toda la noche, pero cuando el amanecer se acercaba empezaron a preocuparse por su bienestar. Había una niebla espesa y el viejo y el bote ya no eran visibles. El viejo había estado remando toda la noche cuando de repente oyó una voz a lo lejos que le decía, «Abuelo Ginsberg, ¿estás bien?»

El se dio la vuelta hacia donde procedía la voz y le dijo, «¿Quién me conoce en Japón?»

El cree que ha llegado al Japón solamente por haber remado durante toda la noche, y el bote ha estado atado con una larga cuerda. No ha ido a ninguna parte. Si quieres acercarte a mí haciendo algo, entonces puede que estés atado, que la cuerda sea larga o corta, pero permanecerás ligado a la orilla; no podrás ir muy lejos.

Haciendo, nadie puede acercarse a un Maestro. Haciendo puedes lograr cosas mundanas, pero haciendo no puedes alcanzar nada en Dios; solamente sin hacer nada, con una tremenda receptividad, pasividad. Simplemente déjamelo a mí; disfruta tan sólo de estar aquí. Baila, canta, celebra. Olvídate de esta tontería de acercarte y te encontrarás acercándote. Con tu danza, con tu cantar, con tu regocijo, te irás acercando a mí.

La pregunta es de Priya. Ella ha preguntado hoy, pero hace

tres semanas le di el mensaje de que bailara cada día. Su pregunta se ha planteado hoy, pero hace tres semanas que me llegó. Puede que haya llegado a ella hoy, puede que haya alcanzado su propia consciencia hoy, pero hace tres semanas, yo sentí que en su inconsciente estaba surgiendo un profundo deseo de acercarse a mí, por eso le envié el mensaje de que se pusiera a bailar. Y ella está bailando, y creedme, se está acercando.

Con tu risa, con tu baile, con tu alegría, te vas acercando a mí, porque con la danza te relajas, el hacedor desaparece. Te pierdes en el cantar. Siempre que te pierdes puedo penetrar en tu ser; siempre que estás presente, surge la dificultad, porque estás cerrado.

La sexta pregunta:

He oído decir a los sanyasins *que ellos están aquí contigo para obtener un beneficio. Tienen la motivación de la Iluminación o de algo así, pero yo no pienso en Iluminarme o en obtener algún beneficio estando a tu lado. Simplemente amo estar contigo sin motivo alguno. Por favor, coméntalo.*

Entonces, ¿porqué preguntas? En tu pregunta hay una motivación. Quieres que te diga, «Buen chico. Estás en lo cierto. Tú eres el que se va a Iluminar y no los demás, porque careces de motivación». ¡Este es el motivo por el cual estás planteando la pregunta!

Pero recuerda, no puedes engañarme. Tus palabras no pueden engañarme. Tus palabras no pueden esconder la motivación. ¿Por qué me pides que las comente? Si realmente estás disfrutando de estar aquí, no se requiere comentario alguno. Si realmente estás enamorado de mí, eso es suficiente, no se necesita nada más. En el amor no hay preguntas; es una actitud sin preguntas.

Pero tú quieres oírme decir, «Este es el verdadero camino. Estás en el camino correcto. La Iluminación te llegará pronto y los demás que están aquí por algún motivo, no llegarán».

Déjame contarte una anécdota.

Una pareja judía se hallaba en Florida incapaz de encontrar una habitación de hotel. El único sitio con habitaciones vacías era un hotel conocido por su política de no admitir a judíos.

El marido se volvió hacia su mujer y le dijo, «Becky, mantén tu bocaza cerrada. Que no salga palabra alguna de tus labios. Déjamelo a mí. Verás, habló un correcto inglés y el recepcionista nunca nos descubrirá y tendremos la habitación».

Confiados, se acercaron a la recepción; Dave pidió una habitación, el recepcionista les dio las llaves y allí se fueron.

Becky le dice, «Dave, hace mucho calor ¿por qué no bajamos a la piscina y nos damos un chapuzón?»

Dave le dice, «De acuerdo, pero recuerda que no salga ninguna palabra de tus labios».

Bajan hasta el bar de la psicina. Dave hace una señal al camarero y él les prepara unas sillas y toallas.

Becky se gira hacia Dave y le pregunta, «¿Puedo meterme en la piscina?»

El le contesta, «De acuerdo, pero no pronuncies palabra».

Becky se dirige al borde de la piscina y sumerge la punta del pie en el agua, que está helada, y antes de que se dé cuenta de lo que hace grita, «¡*Oy vay*!» (*) Y entonces todo el mundo en la piscina se vuelve hacia ella. Sin pestañear ella añade, «Sea lo que sea lo que signifique».

Pero tú no puedes engañarme. Lo pongas como lo pongas, lo descubriré. La motivación es algo que no puedes esconder. No hay forma de esconderlo, no hay lenguaje que lo esconda. La motivación simplemente se revela.

* N. del T.- Expresión en *yiddish*, la lengua-argot de los judíos, equivalente a «¡Oh, no!»

Ahora, deja que te diga esto. Esta motivación puede que no sea muy consciente para ti, pero está ahí. Y no te estoy diciendo que haya algo malo en ella, no estoy tratando de que te sientas culpable. Recuerda siempre una cosa: nunca te sientas culpable de nada.

Es natural llegar con una motivación, no hay nada malo en ello. Es absolutamente natural llegar con una motivación, si no fuera así ¿por qué vendrías? Sin motivos, solamente un loco puede venir aquí. ¿Cómo vas a venir sin un motivo? Debes tener alguna motivación: aprender a meditar, tener una vida más silenciosa, aprender a amar, tener relaciones más amorosas, saber de qué va esta vida, conocer lo que es la muerte, saber si hay algo más allá de la muerte. Sin motivos no puedes venir a mí.

Por eso lo acepto por completo y tú has de aceptarlo; has venido aquí por algún motivo.

Es mi función aquí ayudarte a deshacerte de la motivación. Llegas con un propósito, ese es tu trabajo; sin él no habrías venido. Entonces comienza mi trabajo: ayudarte a deshacerte de tu motivación. La motivación te acerca a mí, pero entonces la motivación en sí se convierte en el obstáculo. Has venido a mí con un motivo y luego has de aprender a abandonarlo. Y cuando desaparece, de repente no sólo estás cerca de mí, sino que eres uno conmigo porque la cercanía supone aún una distancia. Por muy cerca que estés, estás lejos. La verdadera proximidad se da solamente cuando toda distancia y toda cercanía desaparecen; simplemente eres uno conmigo, yo soy uno contigo; cuando solamente parecemos ser dos, pero no lo somos.

Hazte consciente de tus motivos al plantear esta pregunta y esto te ayudará a deshacerte de ellos. La consciencia ayuda a deshacerte de ellos. Cualquier cosa de la que te haces consciente empieza a deslizarse fuera de tus manos. No puedes apegarte siendo consciente, no puedes enfadarte conscientemente, no puedes ser codicioso conscientemente, no puedes tener motivos conscientemente.

La consciencia es una mutación que aporta tanta luz a tu ser que la oscuridad simplemente desaparece.

Por eso lo único que has de recordar es: no te preocupes por los motivos de los demás, eso no es asunto tuyo. Si tienen un motivo, sufrirán por él, crearán su propio infierno. Tú sencillamente no te preocupes por eso, simplemente sigue observando tus propios motivos, sigue simplemente penetrando más y más en él porqué estas aquí.

Y nunca te sientas culpable si encuentras un motivo. Si te encuentras con una motivación, es natural. Pero cuando digo que es natural, no quiero decir que tenga que estar ahí por siempre y para siempre. Es natural, pero ha de desaparecer. Cuando se va, algo supernatural empieza a suceder. Si no eres consciente de ello y sigues ocultándola, entonces nunca se irá.

Y esto puede ser un truco de la mente: el buscar los motivos de los demás. Puede que estés empleando a los demás como cabezas de turco. Una de las grandes verdades psicológicas sobre la mente humana es que cualquier cosa que deseas esconder en tu propio interior, empiezas a proyectarla sobre los demás. Siempre que empieces a ver algo en alguien, recuerda que es un mensaje. Ve inmediatamente hacia adentro; debe estar allí. El otro funciona solamente como una pantalla. Cuando ves ira en los demás, ve hacia adentro y escarba en ti y la encontrarás allí; cuando ves demasiado ego en los demás, simplemente ve hacia adentro y descubrirás al ego sentado allí. El interior funciona como un proyector. Los demás se convierten en pantallas y empiezas a ver películas en los demás que realmente son tus propios films.

La última pregunta:

No siento que yo sea un hombre aunque veo la cara de un hombre en el espejo.

Has tenido un gran vislumbre, has hecho un gran descubrimiento. Déjalo que profundice, déjalo que se convierta en una constante consciencia.

Ninguna cara es la tuya. Todos los rostros son falsos. Una vez tuviste el rostro de un león, una vez tuviste el rostro de un burro, una vez tuviste el rostro de un árbol y una vez la cara de una roca. Ahora tienes el rostro de un hombre, o de una mujer; repugnante, hermoso, blanco o negro.

Pero tú no tienes rostro alguno. Tu realidad carece de rostro. Y esa carencia de rostro es lo que la gente zen denomina «el rostro original». No es en absoluto una cara.

Cuando no habías nacido, ¿cuál era tu rostro? Cuando mueras, ¿qué cara te llevarás contigo? Esta cara que ves en el espejo será entonces abandonada, desaparecerá en la tierra; polvo en el polvo. Te irás sin rostro, tal y como viniste sin rostro.

Ahora mismo no tienes ninguna cara; la cara es simplemente una creencia; has creído demasiado en el espejo. Y cuando te has dado cuenta de esta ausencia de rostro, has visto el rostro de Dios.

IX

VEO LO QUE NECESITO VER

Un día, después de haberse vuelto ciego, el rabino Bunam visitó al Rabino Fishel. El rabino Fishel era famoso en todo el territorio por sus milagrosas curaciones.

«Confíate a mi cuidado», le dijo su anfitrión, «te haré recobrar tu visión».

«Eso no es necesario», le contestó Bunam, «veo lo que necesito ver».

La espiritualidad no es cuestión de moralidad, es una cuestión de visión. La espiritualidad no es la práctica de virtudes, porque si practicas una virtud, ésta deja de ser una virtud. Una virtud practicada es una cosa muerta, una carga sin vida. La virtud solamente es virtud cuando es espontánea; la virtud solamente es virtud cuando es natural, cuando no es practicada, cuando brota de tu visión, de tu consciencia, de tu comprensión.

Por lo general, se piensa en la religión como en una práctica. No lo es. Ese es uno de los fundamentales malentendidos sobre la religión. Puedes practicar la no-violencia, pero seguirás siendo violento porque tu visión no ha cambiado. Cargas aún con los viejos ojos. Una persona codiciosa puede practicar el compartir, pero la codicia seguirá siendo la misma. Incluso el compartir será corrompido por la codicia porque no puedes practicar nada que vaya contra tu comprensión, que esté más allá de tu comprensión. No puedes forzar tu vida según principios, a menos que esos principios formen parte de tu propia experiencia.

Pero la llamada gente religiosa trata de practicar la virtud, por eso son la gente más carente de virtud que existe sobre la Tierra. Tratan de practicar el amor y son la gente menos amorosa de toda la Tierra. Han creado toda clase de maldades: guerras, odio, ira, enemistad, asesinato. Practican la amistad, pero la amistad no ha florecido sobre la Tierra. Siguen hablando de Dios, pero crean más y más conflicto en nombre de Dios. El cristiano está en contra del musulmán, el musulmán está en contra del hindú, el hindú está en contra del jaino, el jaino está en contra del budista. Eso es todo lo que están haciendo.

Existen trescientas religiones y ellas han fragmentado la mente humana, no han sido una fuerza integradora, no han sanado las heridas del alma humana. Por su culpa, la Humanidad está enferma, por ellos la Humanidad está loca; y la locura surge de una cosa. Esto ha de ser entendido tan profundamente como sea posible porque puede que tú también vayas en la dirección equivocada. La dirección equivocada tiene un tremendo atractivo, pues sino no habría habido tanta gente que la siguiera. El atractivo ha de ser grande. La fuerza magnética de la dirección equivocada ha de ser entendida; solamente entonces podrás evitarla.

Puedes tratar de practicar cualquier cosa que te guste y puedes seguir oponiéndote a ella. Puedes forzar sobre ti una clase de quietud, puedes sentarte en silencio, puedes aprender una postura de yoga, puedes aquietar el cuerpo como si no se moviera, puedes hacer del cuerpo una estatua. Y repitiendo un *mantra* o reprimiendo la mente continuamente durante largo tiempo, puedes forzar una cierta quietud en tu ser, pero éste será el silencio del cementerio; no estará vivo, latiendo, vibrante. Será algo congelado. Puedes engañar a los demás, pero no puedes engañarte a ti mismo, ni puedes engañar a Dios. Lo obtienes sin comprensión alguna, lo has forzado sobre ti mismo; es un silencio practicado.

El verdadero silencio surge de la comprensión: «¿Por qué no estoy en silencio? ¿Por qué sigo creando en mí tantas tensiones? ¿Por qué sigo enredándome en modelos miserables? ¿Por qué sostengo mi infierno?» Uno empieza a comprender el «porqué» del infierno de uno, y con esa comprensión, lentamente, sin ninguna práctica de tu parte, empiezas a abandonar esas actitudes que crean el sufrimiento. No es que las abandones; simplemente empiezan a desaparecer.

Cuando surge la comprensión, las cosas empiezan a cambiar a tu alrededor. Amarás, pero no serás posesivo. No es el amor el que causa el problema. Si les preguntas a los llamados santos, te dirán que es el amor el que causa los problemas. Esta es una afirmación absolutamente falsa. Se basa en una profunda incomprensión de la vida y el amor humanos. No es el amor el que crea el sufrimiento; el amor es una de las mayores bendiciones, puro gozo. Es la posesividad la que crea el sufrimiento. Posees a tu amada, a tu amado, a tus niños y sufres. Y cuando vives afligido esa gente religiosa te espera a la vuelta de la esquina. Saltan sobre ti. Te dicen, «Ya te lo dijimos. Nunca ames, pues de lo contrario te meterás en dificultades. Abandona todas las situaciones que impliquen amor; huye del mundo». Y desde luego, esto posee un atractivo porque tú ya estás viendo que te está sucediendo. ¡Ahora es tu propia experiencia la que confirma que ellos están en lo cierto! Y aun así se equivocan, pero no es tu experiencia. Nunca has analizado lo que te ha sucedido, nunca has observado que no es el amor el que te ha engañado y llevado al sufrimiento; es la posesividad. Abandona la posesividad, no el amor.

Si abandonas el amor, desde luego que desaparecerá el sufrimiento, porque abandonando al amor estarás abandonando también la posesividad; será abandonada automáticamente. El sufrimiento desaparecerá, pero nunca serás feliz. Ve y observa a tus santos. Son una prueba de lo que te estoy diciendo. Nunca son felices.

No son infelices, eso es cierto, pero tampoco son felices. ¿Qué ocurre pues? Si la felicidad no surge cuando se abandona la infelicidad, entonces es que se ha cometido algún error. Si no, sería algo natural. Dices, «He encendido la luz y la oscuridad aún persiste». O bien te estás engañando a ti mismo o estás soñando, alucinando respecto a la luz. Si no, no es posible. ¿La luz está brillando y la oscuridad persiste? No, la oscuridad es la certeza, la confirmación de que la luz no ha aparecido.

Cuando se abandona la infelicidad, de repente surge la felicidad. ¿Qué es la felicidad? La ausencia de infelicidad es felicidad. ¿Qué es la salud? La ausencia de enfermedad es la salud. Si no eres infeliz, ¿cómo podrás ser feliz? ¿Cómo vas a evitar entonces ser feliz cuando no eres infeliz? Es imposible. No está en la naturaleza de las cosas, está en contra de la aritmética de la vida. Cuando una persona no es infeliz, repentinamente todos sus recursos están vivos, en su ser surge una danza, en su ser brota alegría. Una risa estalla. El explosiona. Se convierte en un hasida, en un sufí. Se convierte en una personificación del éxtasis divino. Al verle, ves a Dios, un destello, un rayo de luz. Al visitarle estarás visitando un templo, un lugar sagrado, un *tirta*. Solamente con estar en su presencia te sentirás inundado por una nueva luz, un nuevo ser; una nueva ola surgirá a tu alrededor y podrás subirte en esa ola y alcanzar la otra orilla.

Siempre que realmente se abandona la infelicidad, queda la felicidad; no puede ocurrir otra cosa. Uno simplemente está feliz, sin razón alguna, sin motivo.

Pero tus santos no son felices, tus santos están tristes, tus santos no viven, tus santos están muertos. ¿Qué ha sucedido? ¿Qué calamidad es ésa? ¿Qué maldición es ésa? Un paso mal dado. Pensaron que el amor debía ser abandonado y que entonces desaparecería el sufrimiento. Abandonaron el amor, pero el amor no era el origen del sufrimiento; el sufrimiento existía debido a la posesividad.

¡Abandona la posesividad! Convierte la energía implícita en la posesividad en energía de amor. Pero esto no puede hacerse forzando; se requiere una clara visión; claridad.

Por eso lo primero que me gustaría decirte es: la espiritualidad no es la práctica de ninguna virtud; la espiritualidad es la obtención de una nueva visión. La virtud sigue a esta visión, llega por sí misma. Es un subproducto natural. Cuando empiezas a ver, las cosas empiezan a cambiar.

Hay tres cosas en la vida. Una, el mundo objetivo, el mundo de las cosas. Todo el mundo es capaz de verlo. Por naturaleza somos capaces de ver el mundo objetivo. Pero esto es solamente el comienzo del viaje. Muchos se han detenido ahí creyendo que han llegado. Desde luego, no han llegado, por eso son desgraciados.

Más allá de lo objetivo está la abertura a otro mundo, el mundo de la subjetividad. Lo objetivo es el mundo de las cosas, de los objetos; lo objetivo es el mundo de la ciencia, de las matemáticas, de la física, de la química. Lo objetivo es muy claro porque por naturaleza hemos nacido perfectamente capaces de ver lo objetivo.

Lo subjetivo ha de ser explorado; nadie nace con una visión de lo subjetivo. Lo subjetivo ha de ser explorado, uno ha de aprender lo que es; uno ha de probarlo poco a poco y ha de entrar en ello poco a poco. El mundo de la música, de la poesía, del arte, el mundo de la creatividad, es el mundo de lo subjetivo. El hombre que empieza a moverse hacia adentro se va volviendo más poético, más estético. Posee un diferente aroma a su alrededor, un aura distinta. El científico vive con cosas; el poeta vive con personas. El científico no es consciente de quién es; simplemente es consciente de lo que le rodea. Puede que sepa de la Luna y de Marte y de las estrellas lejanas, muy lejanas, pero es completamente ajeno a su propio interior. En realidad, cuanto más se ocupa de lo lejano, más se olvida de sí mismo. Permanece casi en una especie de sueño sobre sí mismo.

El poeta, el pintor, el bailarín, el músico, están cerca de casa. Viven en lo subjetivo; saben que son personas. Y cuando sabes que eres una persona, de repente eres capaz de mirar en las demás personas. Para un poeta, incluso un árbol es una persona, incluso los animales son personas; para un científico un hombre o una mujer no son más que objetos. Un científico considera al hombre como si fuera un objeto. Y si no es consciente de su propio interior, ¿cómo va a ser consciente del interior de los demás?

Cuando empleo la palabra «persona» quiero decir que hay un «interior» que no es observable mediante la observación exterior, mediante el análisis, mediante la disección. Una roca existe, no posee interior; puedes partirla y lo verás todo. Si rompes una roca, no cambia nada, no se destruye nada. Incluso reduciéndola a trocitos es la misma roca. Pero si «rompes» una persona, de inmediato algo de un tremendo valor desaparece. Te quedas con un cuerpo sin vida, y el cuerpo sin vida no es la persona. La roca en pedazos es todavía la misma roca, pero la persona no es ya la misma persona. En realidad, la persona «rota» no es, en absoluto, una persona. En la mesa de operaciones de un cirujano dejas de ser una persona.

Solamente cuando un poeta te toca y sostiene tu mano, te haces persona.

Por eso la gente anhela el amor. La razón de este anhelo de amor no es otro que éste: te gustaría que alguien se diera cuenta de que eres una persona, no una cosa.

Vas al dentista. El no se preocupa por ti, simplemente está interesado en tus dientes. Incluso si voy al dentista... le estoy viendo. ¡Qué milagro! No se interesa por mí, simplemente observa mi dentadura. Yo estoy allí, sentado en la silla, y él es totalmente ignorante de mi presencia. Hay un gran espacio disponible en su habitación, pero ni me mirará; eso no le interesa. Solamente le interesan los dientes, solamente está interesado en su propia técnica. Su conocimiento del mundo objetivo es su único conocimiento.

La gente suspira por el amor porque solamente el amor hará de ti una persona, solamente el amor puede revelarte tu propio interior, solamente el amor puede hacerte sentir que tú no eres únicamente eso que se ve desde el exterior. Eres algo más, eres algo totalmente distinto a eso que aparentas ser. El reflejo en el espejo no es tu totalidad; el reflejo en el espejo es solamente el reflejo de tu exterior, no de tus profundidades. No dice nada de tu interior.

Cuando te acercas a un científico o a una persona que está absolutamente absorbida con la dimensión objetiva, te observa como si solamente fueras el reflejo en el espejo. No te mira a ti; mira a tu alrededor. Su acercamiento no es directo, su acercamiento no es íntimo y tú sientes que hay algo que falta. Te está maltratando porque no está aceptando tu personalidad. Te está tratando como si fueras una cosa. Hace sus cosas, pero no te llega a ti en absoluto. Para él permaneces siendo algo casi inexistencial.

Y a menos que alguien te toque con amor, te mire con amor, tu propio interior permanecerá sin ser reconocido, sin ser colmado. Eso es lo que es la necesidad de ser necesitado.

La subjetiva es la dimensión, la dimensión interior, de la poesía, de la canción, de la danza, del arte. Es mejor que la dimensión científica porque es más profunda. Es mejor que la dimensión objetiva porque está más cercana a tu hogar. Pero todavía no es la dimensión de la religión; recuérdalo. Hay mucha gente cuya mente está obsesionada con lo objetivo; cuando piensan en Dios, Dios se convierte en un objeto. Entonces Dios es algo exterior. Pregúntale a un cristiano dónde está Dios y él mirará hacia arriba, hacia algún lugar en el cielo; en el exterior. Cuando le preguntas a alguien que dónde está Dios y él mira hacia alguna otra parte distinta de su propio interior, entonces él pertenece a la dimensión no-religiosa. La gente pregunta, «¿Qué prueba tenemos de Dios?» Las pruebas son necesarias solamente para las cosas. Dios no necesita pruebas. Si yo te amo, ¿cuál es la prueba de ello? Para la poesía no existen las pruebas; para la química sí. Pero la poesía existe. Y un mundo sin química no sería mucho peor, pero un mundo sin poesía dejaría de ser humano.

La poesía aporta significado a la vida; lo que no es sustentado con pruebas aporta significado a la vida. Lo que ha sido probado, a lo sumo, te hace sentirte más cómodo. Dios no es un objeto y no puede ser demostrado. Dios es más como la música. Existe, ciertamente existe, pero no hay forma de aprehenderlo. No puedes tenerlo en tu puño, no puedes encerrarlo en tu cámara de los tesoros; no hay forma.

El amor existe, pero no puedes poseerlo. Si tratas de poseerlo, entonces perteneces a la dimensión objetiva y estás matando al amor; por eso la posesividad es destructiva. Si posees una mujer, si dices, «Es mi esposa y la poseo», entonces deja de ser una persona. La has reducido a una cosa y ella nunca podrá perdonarte. Ninguna esposa ha sido capaz de perdonar a su marido; ningún marido ha sido nunca capaz de perdonar a su esposa, porque ambos se han reducido a objetos el uno al otro. Un marido es una cosa, una esposa es una cosa y cuando te conviertes en una cosa, entonces te vuelves repugnante, pierdes la libertad, pierdes tu espacio interior, pierdes la poesía, pierdes el romance, pierdes significado. Simplemente te conviertes en una cosa en el mundo de las cosas. Lo útil está ahí, pero ¿quién vive para lo útil? Lo útil nunca puede ser satisfactorio. Estás siendo utilizado, ¿cómo va a ser satisfactorio? Siempre que sientes que estás siendo utilizado, te sientes ofendido. Y deberías sentirte ofendido porque utilizar a alguien es un crimen y permitir que alguien te utilice también es un crimen. Es un crimen contra Dios.

Pero hay gente que también utiliza a Dios. Cuando vas y oras por algo estás tratando de emplear a Dios. Desconoces lo que es la oración, desconoces lo que es el amor, desconoces lo que es la poesía, desconoces por completo lo que es el mundo subjetivo. Tus rezos, si ocultan alguna motivación, algún deseo, son repugnantes. Pero somos gente muy astuta; encontramos, descubrimos, caminos y medios.

Deja que te cuente una anécdota.

Un sacerdote protestante, un rabino y un cura estaban discutiendo el modo de decidir qué parte de la colecta de dinero que cada uno realizaba tenía que ser retenida para necesidades personales y qué parte debía ser enviada a sus respectivas organizaciones.

«Yo dibujo una linea», dijo el protestante, «sobre el suelo. Lanzo todo el dinero al aire. El que cae a la derecha, me lo quedo; el que cae a la izquierda, es del Señor».

El cura asintió con la cabeza diciendo, «Mi sistema es esencialmente el mismo, solamente que yo empleo un círculo. Lo que cae dentro es mío; lo que cae afuera es suyo».

El rabino sonrió y dijo, «Yo hago lo mismo. Lanzó todo el dinero al aire. Lo que coja Dios, es suyo».

Empleamos trucos hasta con Dios. En realidad, Dios es invención nuestra, una invención muy astuta. Está en algún lugar por ahí; y puedes rezarle, puedes pedirle cosas, puedes hallar seguridad en él, consuelo, asistencia. Es una medida de seguridad, una clase de cuenta corriente en el otro mundo. Pero sigue siendo un objeto.

Dios no es un objeto, por eso los musulmanes, los cristianos, los judíos, han tratado de no hacer imágenes de Dios. Esto es altamente simbólico y significativo porque cuando haces una imagen de Dios, éste se convierte en un objeto. Deja que Dios siga sin imágenes. Pero ha permanecido sin imágenes solamente en la teología. Tanto si has construido imágenes de Dios como si no las has construido, no importa; tu mente, si es capaz de actuar en la dimensión objetiva, tratará a Dios como a un objeto. Incluso un musulmán encara la Meca para sus oraciones; eso se convierte en una imagen. Incluso un musulmán se dirige a la Meca para besar la piedra; eso se convierte en la imagen. La Piedra negra de la meca es y ha sido la piedra más besada. En realidad es altamente peligroso besarla ahora; es antihigiénico.

Pero tanto si construyes una imagen de Dios como si no la construyes, si la mente es objetiva, tu idea de Dios será objetiva. Cuando empieces a pensar en Dios, empezarás a pensar en el alto cielo, en el límite superior del cielo. Dios está allí. Si le preguntas a una persona verdaderamente religiosa dónde está Dios, cerrará sus ojos y se irá hacia adentro. Dios está allí, adentro. Tu propio ser es divino. A menos que Dios sea inmanente en ti, a menos que Dios esté inmerso en ti, estarás acarreando con una imagen. Tanto si has construido una imagen con piedra o con madera, no importa; puedes hacer una imagen con cualquier cosa: con el pensar, con el pensamiento, con las ideas. Eso también es una imagen; hecha de un material más sutil, pero aun así una imagen.

El hombre seguirá siendo el mismo a menos que cambie su dimensión. Uno es un ateo; dice, «Dios no existe porque no puedo verle. Muéstramelo y creeré». Y luego, un día, tiene una experiencia, una visión, un sueño en el cual contempla a Dios ante él. Entonces empieza a creer.

En el Gita, Arjuna, el discípulo de Krishna, pregunta una y otra vez, «Hablas y hablas de él, pero a menos que lo vea, no creeré». ¿Qué es lo que afirma? Dice, «Hagamos a Dios objetivo y entonces creeré». Y Krishna concede su deseo. A mí esto no me complace, porque conceder este deseo quiere decir aceptar que la dimensión objetiva es capaz de ver a Dios. La historia dice que entonces Krishna reveló su realidad, su vastedad; reveló a Dios. Arjuna empezó a temblar y a agitarse. Dijo, «¡Detente! ¡Ya es suficiente! ¡He visto!» Contempló a

Krishna expandiéndose y convirtiéndose en el universo entero. Y las estrellas se desplazaban, el sol salía, la luna y los planetas y el comienzo del mundo y el final del mundo y toda la vida y toda la muerte estaba allí, en Krishna. Era demasiado, no pudo soportarlo. Gritó, «¡Déjalo!» Y entonces empezó a creer.

Pero este creer no cambia el objeto, este creer no cambia la dimensión objetiva. No creía porque no había visto; ahora que lo había visto, creía, pero Dios sigue estando en el mundo objetivo, Dios sigue siendo una cosa. No estoy contento con Krishna porque hizo esto. No debería haberlo hecho. Es acceder a un estúpido deseo del discípulo. El discípulo necesita ser cambiado de dimensión; debería de volverse más subjetivo.

Pero seguimos siendo los mismos. Cambiamos las formas, pero seguimos siendo los mismos.

He oído.

El funeral se había acabado. Aún sollozando, Goldberg, el nuevo viudo, acompañó a su ex-cuñada hasta el automóvil que les esperaba. Mientras el cochazo atravesaba las puertas del cementerio, la cuñada se quedó espantada al sentir la mano de Golberg que, lenta, pero apasionadamente, ascendía por su pierna. Con su cuerpo todavía compungido por sollozos de congoja, gritó, «¡Goldberg, monstruo, diablo, animal! Mi hermana no está aún fría en su tumba, ¿qué te ocurre?»

Con una voz trémula de emoción, Goldberg replicó, «Apenado como estoy ¿cómo voy a saber lo que estoy haciendo?»

La gente sigue siendo la misma, tanto en su pena como en cualquier estado. Siguen siendo los mismos, no cambian de dimensión.

Por eso, lo primero que hay que entender es que necesitas cambiar de lo objetivo a lo subjetivo. Medita más y más sobre tus emociones, sobre tus pensamientos, con los ojos cerrados. Mira más profundamente en tu mundo interior, en el mundo que es absolutamente privado. Lo objetivo es público; lo subjetivo es privado. No puedes invitar a nadie a tus sueños; no es posible. No le puedes decir a tu amigo, «Esta noche ven a mi sueño», porque el sueño es totalmente tuyo. No puedes ni siquiera invitar a tu amada que está durmiendo a tu lado en la cama, que puede que esté durmiendo justo a tu lado, mano a mano. Pero tú sueñas tus sueños y ella sueña sus sueños. Los sueños son privados. Lo subjetivo es lo privado; lo objetivo es lo público, lo objetivo es el mercado. Mucha gente es capaz de observar un hecho, pero casi nadie es capaz de observar un pensamiento; solamente puede hacerlo aquél a quien pertenece dicho pensamiento.

Desplaza tu consciencia más y más hacia lo privado. El poeta vive una vida privada; el político vive una vida pública. Mahatma Gandhi solía decir que él no tenía vida privada. Eso significa que debió de llevar una existencia muy pobre. Una vida privada es una vida rica. La vida del político es observada por todo el mundo: en la televisión, en los periódicos, en la calle, en la multitud. El político solamente tiene una cara pública. Cuando va a su casa, no es nadie. Pierde todos sus rostros.

Has de descubrir tu rostro privado. El énfasis debería radicar más en lo privado que en lo público. Y deberías empezar a aprender como amar lo privado, porque lo privado es la puerta hacia Dios. Lo público es la puerta hacia la ciencia, pero no hacia la religión, no hacia Dios. Lo público es la puerta hacia la aritmética, hacia el cálculo, pero no es la puerta hacia el éxtasis, hacia el amor. Y disfruta con las cosas que son privadas: la música, la poesía, la pintura. El zen insiste en la caligrafía, en la pintura, en la poesía, en la jardinería, en todo lo que es absolutamente privado, en eso que vives desde el interior hacia el exterior, en algo que surge como una ola desde el centro más interno de tu ser y que se expande hacia el exterior.

La vida pública es simplemente lo contrario: algo surge en el exterior y se dirige hacia tu interior. En una vida pública el origen, la fuente, siempre es externa. El centro de tu ser nunca está dentro de ti, siempre radica en el exterior. Por eso un político siempre está asustado del exterior, porque su vida depende de ese exterior. Si la gente no le vota, no será nadie.

Pero para un pintor o para un poeta eso no importa. Nadie compraba las pinturas de Van Gogh. En toda su vida no vendió ni una sola de sus pinturas; pero eso no tenía importancia para él; él disfrutaba con ello. Si se vendían, bien; si no se vendían, bien. Su verdadero valor no estribaba en que se vendieran y fueran apreciadas; su verdadero valor estaba en la creatividad del pintor a través de ellas. Al crearlas, él alcanzaba su meta. En el instante de crearlas, él se volvía divino. Te conviertes en Dios siempre que creas.

Has oído una y otra vez que Dios creó al mundo. Yo te digo una cosa más: siempre que tú creas algo, te conviertes en un pequeño Dios por tu propio derecho. Si Dios es el creador, entonces el ser creativo es la única forma de llegar a él. Entonces te conviertes en un participante, entonces dejas de ser un espectador.

Van Gogh, reconocido o no, vivió una vida tremendamente bella en su mundo interior, con mucho colorido. La verdadera recompensa no llega cuando se vende una pintura y los críticos la elogian en todo el mundo; eso es solamente la recompensa de los tontos. La verdadera recompensa reside en el acto del pintor creándola. Cuando el pintor está perdido en su pintura, cuando el bailarín se ha disuelto en su danza, cuando el cantor ha olvidado quién es y su canción vibra llena de vida, ahí está la verdadera recompensa, ahí está el logro.

En el mundo exterior dependes de los demás. En la vida pública, en la vida política, dependes de los demás; eres un esclavo. En la vida privada comienzas a convertirte en el amo de tu propio ser.

Deja que insista en ello y lo resalte porque me gustaría que mis *sanyasins* fueran creativos de uno u otro modo. Para mí, la creatividad tiene una tremenda importancia. Una persona que no es creativa, no es, en absoluto, una persona religiosa. No estoy diciendo que tengáis que ser Van Goghs; no podéis. No estoy diciendo que tengáis que ser Leonardo da Vincis, o Beethovens, o Mozarts; no estoy diciendo que tengáis que ser Wagners, o Picasos, o Rabindranaths, no. No estoy diciendo eso. No estoy diciendo que tengas que convertirte en un pintor, o en un poeta famoso, o que tengas que ganar el premio Nobel. Si esa es tu idea, has caído de nuevo en lo político. El premio Nobel te llega desde el exterior; es la recompensa de los tontos, no es la recompensa auténtica. La verdadera recompensa llega desde dentro. No estoy diciendo que seáis capaces; no todos tienen la capacidad de llegar a ser Picasos. Y tampoco hay necesidad de ello, porque demasiados Picasos harían del mundo un lugar monótono. Está bien que solamente haya un Picaso y está bien que nunca se repita pues sino, llegaría a ser algo aburrido.

Pero todos podéis ser creadores de una u otra forma. No importa si alguien lo llega a saber o no; carece absolutamente de importancia. Puedes hacer algo que nazca del amor; entonces será algo creativo. Puedes disfrutar mientras lo haces; entonces se convertirá en creativo.

Mientras te estoy hablando, Astha está limpiando mi baño y mi habitación. Le pregunté si quería dejar el trabajo y acudir a mi charla. Me contesto, «Osho, el limpiar tu habitación es suficiente para mí». Es un acto creativo y ella lo ha escogido por amor. Y de verdad que ella no se está perdiendo nada. Tanto si me escucha como si no, carece de importancia. Si ella ama el limpiar el baño, si ella me ama, es una oración. Puedes estar aquí, pero puede que me escuches o que no me escuches. Ella no está aquí, pero me ha escuchado, me ha entendido. Entonces el mismo trabajo se convierte en un acto de culto. Entonces es creativo.

Me gustaría recordar una y otra vez a todos mi *sanyasins:* sed creativos. En el pasado, la mayoría de la gente religiosa demostró ser no creativa. Esto ha sido una calamidad, una maldición. Los santos han estado sentados sin hacer nada. Esta no es la auténtica religión. Cuando la auténtica religión hace explosión en las vidas de la gente, de repente también explosiona una gran creatividad.

Cuando Buda vivía hubo una gran explosión de creatividad. Puedes encontrar las pruebas en Ajanta, en Ellora. Cuando el Tantra era una religión viva, hubo una gran explosión de creatividad. Puedes ir a Puri, a Kanorak, a Khajuraho, y observar. Cuando los Maestros zen estaban vivos crearon muchas nuevas dimensiones; de pequeñas cosas, pero muy creativas.

Si no eres creativo simplemente significa que has estado practicando tu religiosidad, que debes de haberte encajado en un determinado modelo y que te has bloqueado, te has quedado congelado en ese modelo. Una persona religiosa fluye, discurre como un río, busca, explora, siempre en pos y explorando lo desconocido, siempre abandonando lo conocido y adentrándose en lo desconocido, siempre escogiendo lo desconocido en vez de lo conocido, sacrificando lo conocido en pos de lo desconocido. Y siempre dispuesto a ello. Un hombre religioso es un vagabundo, un trotamundos; en su mundo interior sigue viajando, yendo de un lugar a otro. Anhela conocer todos los espacios que conforman su ser.

Sé más creativo. Baila y no te preocupes por si a alguien le gusta o no le gusta tu danza; esa no es la cuestión. Si puedes disolverte en ella, eres un bailarín. Escribe poesía. No tienes porqué enseñársela a nadie. Si disfrutas, escribe y luego quémalo. Toca tu flauta o la guitarra o el sitar. Has de ver a nuestro tablista, Bodhi. ¡Cuán meditativamente toca su tabla! Eso es su meditación. El está creciendo, sumergiéndose en ello, disolviéndose, fundiéndose.

Lo subjetivo es el reino de todo arte y creatividad. Esos son los dos ámbitos comunes del ser.

El tercero, el verdaderamente religioso, es el trascendental. El primero es lo objetivo; lo objetivo es el mundo de la ciencia. El segundo es lo subjetivo; lo subjetivo es el mundo del arte. Y el tercero es lo transcendental, eso que va más allá de ambos, que ni es objetivo ni es subjetivo, que no está dentro ni afuera. En él, los dos están implícitos; en él ambos están implicados, pero aun así es superior a los dos, es mayor que ellos, está más allá de ellos. Lo subjetivo está más próximo a lo trascendental que lo objetivo, pero recuerda: con sólo ser subjetivo, no te volverás religioso. Has dado un paso hacia el ser religioso, un paso muy importante, pero con sólo ser subjetivo no vas a volverte religioso. Puedes encontrar poetas que no son religiosos, puedes encontrar pintores que no son religiosos,... la religión es más que el arte, más que las canciones.

¿En qué consiste este tercero? En primer lugar, empieza a observar tus pensamientos. Abandona el mundo público y sumérgete en el privado; observa tus sueños, tus pensamientos, tus deseos, tus emociones, tus humores y el clima que va cambiando en tu interior, un año tras otro. Obsérvalos. Esto es lo subjetivo.

Entonces viene el último y definitivo salto: poco a poco, al ir observando los pensamientos, empieza a observar al que ve, al testigo, al que está observando esos pensamientos.

Primero muévete desde los objetos a los pensamientos, luego desde los pensamientos al pensador. Los objetos pertenecen al mundo de la ciencia, el pensamiento pertenece al mundo del arte y el pensador es el mundo de la religión. Sigue yendo hacia adentro. La primera circunferencia exterior es de objetos; la segunda es de pensamientos y la tercera, el centro, tu propio ser, no es nada más que consciencia. No es nada más que ser un testigo.

Ve abandonando los objetos e introdúcete en el pensar; luego, un día, también los pensamientos serán abandonados y entonces quedarás solo en tu pureza. Entonces estarás absolutamente solo. En esta soledad está Dios, en esta soledad está la Liberación, el *moksha*, en esta soledad está el *Nirvana*, en esta soledad, por vez primera, estás en lo real.

Lo objetivo y lo subjetivo están divididos; existe una dualidad, un conflicto, una lucha, una división. La persona que es objetiva se está perdiendo algo; se pierde lo subjetivo. La persona que es subjetiva se está perdiendo algo; se pierde lo objetivo. Ambas son incompletas. El científico y el poeta son ambos incompletos. Solamente el santo es completo, solamente el santo es total. Y debido a que es total, lo llamo santo. (*)

* N. del T.- Juego de palabras en inglés, en el original entre *whole*= total, integro (leído jol) y *holy* =santo (leído joli).

Con «santo» no quiero decir que sea virtuoso; con «santo» quiero decir que es total. No queda nada sin implicarse, todo está implicado. Su riqueza es su totalidad; lo objetivo y lo subjetivo se han disuelto en él. Pero él no es la suma de lo objetivo más lo subjetivo; es algo más. Lo objetivo está en el exterior, lo subjetivo está en el interior y lo religioso está más allá. El más allá abarca ambos: interior y exterior, y aún así es más allá.

A esta visión yo la llamo espiritualidad; la visión del más allá.

Unas cuantas cosas más. En el mundo de lo objetivo, la acción es muy importante. Uno ha de estar activo porque únicamente la acción es relevante en el mundo de las cosas. Solamente haciendo algo puedes obtener más cosas; solamente haciendo algo puedes cambiar en el mundo de lo objetivo.

En el mundo de la subjetividad... la inacción. El hacer no es lo importante; lo es el sentir. Por eso los poetas se vuelven perezosos. Y los pintores, incluso grandes pintores y grandes poetas y grandes cantores tiene lapsos de actividad y luego recaen de nuevo en la pereza. La persona subjetiva es más dormilona, más soñadora, más perezosa; la persona objetiva es activa, está obsesionada con la acción. La persona objetiva siempre necesita hacer una cosa u otra, no puede sentarse a solas, no puede descansar. Puede quedarse dormido, pero una vez despierto, ha de hacer algo. La persona subjetiva es inactiva. Es muy difícil para ella activarse. Disfruta con el mundo de la fantasía; y ésta puede alcanzarse sin la acción. No ha de ir a ninguna parte, solamente ha de cerrar sus ojos y el mundo de los sueños se le abre.

La persona religiosa es el encuentro de los opuestos: acción en la inacción; inacción en la acción. Hace cosas, pero las hace de tal manera que nunca se convierte en el hacedor. Permanece siendo un vehículo de Dios, un medio; es lo que los chinos denominan *wu-wei,* inacción en la acción. Incluso cuando actua, no está actuando. Su hacer es jovial, no hay tensión en él, no hay ansiedad, no se obsesiona con ello. E incluso cuando está inactivo no está embotado; estando sentado, descansando o tumbado, está lleno de energía. No es letárgico; está radiante de energía. El, gracias a que los opuestos se han encontrado y han alcanzado una síntesis superior, puede actuar como si se encontrara en un estado de no-acción y puede permanecer en un estado de no-hacer, pero puedes sentir la energía en él, puedes sentir la vibración de una tremenda actividad alrededor de todo su ser. Vaya donde vaya, lleva vida a los demás. Con sólo su presencia la gente mortecina recobra la vida, solamente con su toque los muertos regresan a la vida.

Como Jesús... Cuando Lázaro murió, llamaron a Jesús. El se acercó a la tumba donde se encontraba Lázaro y le llamó, «¡Lázaro, sal!» Y el Lázaro muerto, salió y dijo, «Estoy aquí. Me sacaste de la muerte. Estoy aquí».

Una persona religiosa es activa, no porque sea su necesidad, sino porque tiene a su disposición una infinita energía. Una persona religiosa es activa, no porque tenga que hacer algo, no porque esté obsesionada con algo, no porque no sea capaz de relajarse, sino porque es una reserva de energía tan enorme que ha de rebosar; su energía es demasiada y no puede contenerla.

Por eso mientras está sentada en silencio... Puedes ver a Buda sentado en silencio debajo del árbol Bodhi, pero verás su energía desplegándose en torno a él; una gran aura de energía.

Se cuenta una bella historia de Mahavira: siempre que se desplazaba, en un entorno de varios kilómetros, la vida se revitalizaba. Y era un hombre muy inactivo. Simplemente se sentaba o permanecía de pie bajo un árbol durante horas, durante días, pero en un entorno de varios kilómetros la vida empezaba a latir con un nuevo ritmo. Se dice que los árboles florecían fuera de estación, que los árboles crecían más rápido, que de los árboles muertos brotaban nuevas hojas. Si esto sucedió o no sucedió, no es lo que importa, puede que solamente sea un cuento. Pero es muy indicativo, es muy simbólico. Los mitos no son cosas irreales; los mitos son símbolos muy significativos. Dicen algo.

¿Qué es lo que dice este mito? Simplemente dice que

Mahavira era un remanso tal de energía, una superabundancia tal de energía, una abundancia de Dios tal que, donde estuviera, la vida se aceleraba. A su alrededor, toda la Existencia se aceleraba. Puede que él no hiciera nada, pero las cosas empezaban a suceder.

Lao Tse dijo que la persona auténticamente religiosa nunca hace nada, pero que millones de cosas suceden a través de ella. Nunca actúa, pero a través suyo suceden muchas cosas. Ella simplemente sigue sentada y aún así el impacto de su ser en el mundo es tremendo. Puede que nadie llegue a saber nada de ella, puede que esté sentada en una gruta en los Himalayas y que nunca sepas de ella, pero incluso así tu vida se verá afectada por ella, porque ella está vibrando. Aporta una nueva energía, un nuevo pulso a la vida; da una nueva pulsa-ción a la vida. Puede que nunca sepas de él, pero te verás beneficiado por él.

Los opuestos se convierten en complementarios en un ser religioso. El día y la noche se encuentran y disuelven sus conflictos; el hombre y la mujer se encuentran en la persona religiosa y disuelven sus conflictos. Una persona religiosa es un *ardanarishvar*, medio hombre, medio mujer. Es ambos. Puede ser tan fuerte como un hombre y tan frágil como una mujer. Es tan frágil como una flor y tan fuerte como una espada. Es duro y es suave y es las dos cosas. Es un milagro, es un misterio. Debido a que los opuestos se encuentran, él va más allá de toda lógica, su ser es paradójico. Está tan vivo como el que más y está muerto, más muerto, que los muertos que están en las tumbas. Está muerto en un sentido y vivo en otro; juntos, al mismo tiempo. Conoce simultáneamente el arte de morir y el arte de vivir.

En la vida corriente la mente común siempre se encuentra dividida en opuestos y hay una gran atracción en el encuentro de los opuestos. El hombre busca la mujer, la mujer busca al hombre: el círculo del *ying-yang*. En un hombre religioso toda búsqueda se ha detenido, el hombre ha encontrado la mujer, la mujer ha encontrado al hombre. En su centro más interno la energía ha llegado a tal punto en que todo se ha disuelto en la unidad, en la no dualidad, en el *advaita*. Todos los opuestos se transforman en complementarios, todos los conflictos se disuelven y llega la cooperación. Entonces has llegado a casa, entonces no hay necesidad de que vayas a ninguna parte, entonces no hay nada que buscar, nada que desear. Este estado es el estado de Dios. Dios es un estado, Dios no es un objeto. Y Dios no es ni siquiera una persona porque Dios ni es objetivo ni subjetivo. Dios es trascendental.

Si estás en lo objetivo te diré, «Busca lo subjetivo; ahí está Dios». Si estás en lo subjetivo, te diré, «Ahora ve más allá. No hay Dios en lo subjetivo. Dios está más allá». Poco a poco uno ha de ir eliminando, poco a poco uno ha de ir abandonando cosas. Dios está presente cuando no hay objeto ni sujeto, cuando no hay objeto ni pensamiento, cuando no existe este mundo ni ese mundo. Cuando no hay materia y no hay mente, Dios existe. Dios ni es materia, ni es mente. Dios existe en ambas. Dios es una tremenda paradoja, absolutamente ilógica, más allá de la lógica. No puedes crear una imagen en madera o en piedra de Dios y no puedes hacer de Dios una imagen con conceptos e ideas. Cuando disuelves todas las imágenes, cuando has disuelto todos los dentro/fuera, hombre/mujer, vida/muerte, todas las dualidades, entonces lo que queda es Dios.

Ahora esta historia.

Un día, después de haberse vuelto ciego, el rabino Bunam visitó al Rabino Fishel. El rabino Fishel era famoso en todo el territorio por sus milagrosas curaciones.

«Confíate a mi cuidado», le dijo su anfitrión, «te haré recobrar tu visión».

«Eso no es necesario», le contestó Bunam, «veo lo que necesito ver».

Los ojos que solamente ven lo exterior, están ciegos. Aún no son verdaderos ojos. Son primitivos, rudimentarios. Los ojos que ven el interior son más reales. El rabino estaba en lo cierto. Dijo, «No hay necesidad de recobrar la visión, porque aunque no puedo ver los objetos, no deseo ya verlos más. Y el mundo que necesito ver, puedo verlo. Está bien que tenga esta ceguera porque he dejado de ser molestado y distraído por el mundo de los objetos».

Esto ha sucedido muchas veces. Milton se volvió ciego, y toda su poesía surgió solamente después de que se volviera ciego. Al principio se sintió conmocionado, por supuesto. Perdió su vista y no hubo forma de recuperarla. Pensó que su vida había acabado por completo. Era un buen poeta, ya famoso. Y desde luego, un poeta piensa, «Sin vista, ¿cómo vas a ver los árboles y la luna y cómo vas a ver el río y el salvaje océano? Sin vista, ¿cómo vas a ver el color de la vida? Desde luego que tu poesía se empobrecerá. Perderá color». Pero Milton estaba equivocado. Era un hombre religioso y aceptó su ceguera. Dijo, «De acuerdo, si Dios lo quiere así, entonces que sea así». Lo aceptó. Y poco a poco fue haciéndose consciente de un infinito nuevo mundo que se le hacía asequible: el mundo de los pensamientos internos. Se volvió subjetivo. Entonces no hubo necesidad de ver el exterior por lo que toda su energía estaba disponible.

¿Has observado a los ciegos? En sus caras descubrirás siempre una cierta gracia. Incluso los ciegos corrientes aparentan mucha dignidad, aparentan ser muy silenciosos. No tienen ninguna de las distracciones del mundo exterior.

Los científicos dicen que el hombre vive a través de los ojos; casi el ochenta por ciento de su vida está relacionada con los ojos. ¡El ochenta por ciento! Solamente el veinte por cien queda para los demás sentidos. Vives el ochenta por cien de tu vida a través de los ojos. Por eso, cuando ves a un ciego se despierta en ti mucha compasión. No sientes tanta compasión por un sordo o un mudo, no. Pero por un ciego surge una gran compasión. Sientes, «Pobrecito. Ha perdido el ochenta por ciento de su vida».

Los ojos son muy importantes. Toda la investigación científica depende de los ojos. ¿Has oído de algún científico que fuera ciego? Es imposible. Un ciego no puede estar implicado en la investigación objetiva; es algo muy difícil. Pero ha habido muchos buenos músicos ciegos, cantantes ciegos. En realidad un ciego posee unas tremendas cualidades en su oído que un hombre con visión no posee, porque el ochenta por ciento de su energía ha dejado de ser desperdiciada con los ojos. Esa energía se desplaza a sus oídos. Su oído se vuelve muy, muy receptivo y sensitivo. Empieza a ver a través de sus oídos. Sostén la mano a un ciego y te sorprenderás mucho. Descubrirás un toque muy vivo, un toque que no encontrarás en la gente que ve. Sostén la mano de un ciego y sentirás una calidez fluyendo hacia ti, porque el ciego no puede verte; solamente puede tocarte. Toda su energía va en su tacto.

Por lo general, tocas con los ojos. Una hermosa mujer pasa por tu lado; tú miras. La has tocado con tus ojos. Has tocado todo su cuerpo, y sin ofenderla, sin infringir ninguna ley. Poco a poco olvidas por completo lo que es tocar.

Los ojos se han convertido en un monopolio, han extraído muchas energías de diversas fuentes. Por ejemplo, del olfato. Los ojos están muy próximos a la nariz. La gente no olfatea. Han perdido su poder olfativo. Sus olfatos están muertos. Un ciego, tiene olfato. Su capacidad de oler es tremenda. Cuando te acercas a él, te identifica por tu olor, te reconoce por tu olor. Te toca, te reconoce por tu tacto. Oye tus sonidos; te reconoce por tus sonidos. Sus otros sentidos recobran la vida. Posee cierta gracia, porque los ojos crean mucha tensión.

Cuando Milton se volvió ciego, primeramente se quedó conmocionado, pero luego lo aceptó. Era un hombre religioso. Oró a Dios y le dijo, «Que sea tu voluntad». Poco a poco fue sorprendiéndose al descubrir que no era una maldición. Era una bendición. Se hizo consciente de infinitos colores en su interior. Era un mundo psicodélico. Sutiles tonalidades, sueños muy hermosos empezaron a abrírsele. Y toda su gran poesía surgió después de volverse ciego. Antes era un buen poeta, pero no un gran poeta. Pero cuando se volvió ciego dejó de ser un buen poeta; se convirtió en un gran poeta. La buena poesía es así-asá, sosa. Puede que no descubras ninguna falta en ella, pero eso es todo. La gran poesía posee una energía penetrante; la gran poesía es una fuerza revolucionaria, posee un impacto suficientemente fuerte como para sacudir al mundo entero, para cambiar al mundo entero.

Así ha sucedido muchas veces. Si, cuando una determinada persona se vuelve ciega repentinamente, puede aceptarlo, esa misma aceptación le brinda un nuevo mundo. Lo objetivo desaparece; lo subjetivo abre sus puertas. Y lo subjetivo está más próximo a lo trascendental; por eso todos los meditadores cierran sus ojos.

¿Te has dado cuenta? Todas las mujeres cierran los ojos cuando haces el amor con ellas; los hombres nunca cierran sus ojos. Son tontos. El hombre quiere ver a la mujer con la que está haciendo el amor. Le gustaría tener la luz encendida de modo que pudiera ver. Y hay muchos estúpidos que tienen espejos en sus habitaciones. No solamente les gustaría ver a la mujer, sino que les gustaría ver el reflejo por todo su alrededor. Y unos pocos han puesto cámaras en sus habitaciones, tomando fotos de forma automática, ¡porque si se pierden algo *in situ*, luego pueden verlo!

Pero las mujeres no son tan tontas. No conozco a las mujeres del Movimiento de Liberación, puede que hagan lo mismo porque han de competir en todo, sea lo que sea. Puede que hagan el amor con los ojos abiertos, pero entonces estarán perdiéndose algo. Los hombres hacen el amor en la dimensión objetiva; las mujeres hacen el amor en la dimensión subjetiva. Las mujeres cierran los ojos inmediatamente porque habiendo tanta belleza dentro, ¿qué hay que ver afuera? Cuando estás sumergido en la energía del amor, fundiéndote, fluyendo y el orgasmo se está acercando en tu interior, ésa es la realidad a la que hay que mirar. El hombre es simplemente estúpido; sólo mira al cuerpo. La mujer posee más comprensión. Ella mira la psique; un punto de vista superior.

Pero todavía no es religioso. Es artístico, estético, pero aún no religioso. Cuando te vuelves religioso, entonces surge la actitud tántrica. Entonces no ves con los ojos abiertos, ni ves con los ojos cerrados. ¡Simplemente ves al que ve! No te preocupas por la experiencia, observas al experienciador, observas al testigo. Entonces el amor se convierte en Tantra.

Tanto si es un hombre como si es una mujer la que se mueve en la dimensión del Tantra, él o ella no están interesados en lo que está sucediendo, o más bien, él o ella están más interesados en el testigo que lo está observando todo. ¿Quién es este testigo? Y cuando la energía explosiona de una forma tan natural y espontánea es mejor observar. Sé simplemente un observador en la colina. Olvídate de que eres un hombre o una mujer, olvídate de tu cuerpo, olvídate de que eres una mente y sé solamente un testigo; y entonces habrás llegado a lo trascendental. El Tantra es trascendental.

Y esta dimensión ha de expandirse a todas tus situaciones de la vida ordinaria. Hagas lo que hagas, puedes hacerlo de tres formas: objetivamente, esa es la forma científica, la forma occidental; o subjetivamente, esa es la forma oriental; o de forma religiosa, la forma trascendental, en la cual Oriente y Occidente se disuelven. El modo religioso no es ni oriental ni occidental. Occidente es científico, Oriente es poético. Occidente piensa en términos de historia; Oriente piensa en términos de mitos, de *puranas*. Occidente se preocupa más de la realidad; Oriente se ocupa más de la fantasía sobre la realidad, el sueño sobre la realidad. Occidente se ocupa más de la mente consciente; Oriente se ocupa más de la mente inconsciente. Pero la religión trasciende ambos. La religión es la de la mente superconsciente, la mente trascendental, que ni es occidental ni oriental.

Del mismo modo que el hombre y la mujer se encuentran, Oriente y Occidente se encuentran. Occidente es más masculino; Oriente es más femenino. Occidente es más la voluntad; Oriente es más la entrega. Pero la religión es ambos, y los trasciende.

«Eso no es necesario», le contestó Bunam, «veo lo que necesito ver».

En verdad una gran afirmación religiosa. Es suficiente, más que suficiente, si eres capaz de ver al que ve. Si puedes ver al que ve, si puedes ser tu consciencia, tu atención, eso es suficiente. Todo está a tu alcance. Te has convertido en Dios; no necesitas nada más.

Lucha por este estado de ser. Si vienes de Occidente, lucha por él. Si vienes de Oriente, entrégate por él. Si vienes de Occidente, anhélalo. Si vienes de Oriente, sé pasivo, espéralo.

Y si sois mis *sanyasins*, esos que no pertenecen ni a Oriente ni a Occidente, entonces abandonad toda dualidad, sed no-duales. Abandonad toda división. Sed simplemente individuos. Si me pertenecéis, entonces pertenecéis a lo trascendental. Eso es todo el significado de ser iniciado por mí. Te aporto lo Trascendental, te aporto lo Supremo, te traigo Eso que no puede ser visto exteriormente, Eso que no puede ser visto en el interior, pero tú puedes convertirte en Eso porque eres ya Eso.

X

SIMPLEMENTE
UNA MEZCOLANZA

*... los movimientos en Occidente como Arica, el zen, el
sufismo, la EST, la MT, etc...
¿son la inevitable síntesis entre el misticismo oriental
y la ciencia occidental?*

*¿Podrías por favor abrir esa flor
para que yo pudiera olerla intensamente?*

... ¿Cómo puedo ver ese miedo con mayor claridad?

¿Debería dejarte como a un mal hábito?

*...me pregunto a mí mismo,
«¿Cómo me va a proteger Osho de Osho mismo?»*

*... cuando te miro no hay lugar para los errores;
la ausencia de ego es perfecta.*

Osho, ¿por qué siempre sales con una toalla?

L a primera pregunta,

*Pareces estar en contra de la desmitificación de la vida.
En referencia a esto, ¿es correcto decir que los movimientos
en Occidente como Arica, el zen, el sufismo, la EST, la MT,
etc... (*) son la inevitable síntesis entre el misticismo oriental
y la ciencia occidental?*

La auténtica síntesis será la desaparición de Oriente y
Occidente. No será un encuentro. En la verdadera síntesis
Oriente no estará presente y Occidente no estará presente. Por
eso es que ayer la llamé trascendental.

Oriente y Occidente son dos polos. Si tratas de sinteti-
zarlos, tomando algo de Oriente y algo de Occidente y
haciendo una mezcolanza, será un montaje, no una síntesis.
Será algo mecánico, no orgánico. Puedes ensamblar cosas - ésa
será una unidad mecánica -, pero no puedes ensamblar un
árbol, no puedes ensamblar un ser humano. La unidad del
árbol crece, surge desde su centro más interno y se difunde
hacia su circunferencia. Surge del centro. Una unidad
mecánica puede ensamblarse desde el exterior; puedes
ensamblar un coche o un reloj, pero el reloj no posee un centro,
el coche no tiene un centro; el coche no tiene alma... Ese es el
significado cuando decimos que el reloj no tiene alma; quiere
decir que no tiene un centro propio. Es una unidad ensamblada
desde el exterior. Funciona, es útil.

* N. del T.- EST y MT, son las siglas de «Eckhardt Seminar Training»
y de «Meditación Trascendental»

Pero un árbol, un pájaro, un bebé humano,... ésos no puedesensamblarlos. Se desarrollan. Su unidad proviene de su centro más interno. Poseen un centro.

Un montaje es una unidad mecánica; una síntesis es un crecimiento orgánico. De modo que sea lo que sea lo que esté sucediendo ahora mismo, sea Arica, MT, o EST, es un tipo de unidad mecánica.

Y la unidad mecánica tiene sus peligros propios. El mayor peligro es éste: Oriente ha desarrollado una gran visión religiosa y Occidente ha desarrollado una gran visión científica. Cuando un occidental empieza a buscar en Oriente, su actitud es científica. Solamente puede entender lo que de científico contiene Oriente; trata de comprender esto. Y Oriente no ha desarrollado una actitud científica; la ciencia oriental es muy primitiva y rudimentaria. Cuando una persona religiosa entra en lo occidental desde Oriente, busca en la religión occidental que es muy rudimentaria, muy primitiva. Y él solamente es capaz de comprender el lenguaje religioso.

Por eso, cuando alguien perteneciente a Oriente se aproxima a Occidente, encara lo occidental desde el punto débil del crecimiento de Occidente. Y cuando alguien de Occidente se acerca a Oriente, encara lo oriental focalizándose en el eslabón más débil de su crecimiento.

¿Qué es lo que está ocurriendo ahora? Oriente y Occidente se están encontrando en Arica, en EST, en la MT, y en otros de los denominados movimientos espirituales; y justo lo opuesto a lo que se esperaba está sucediendo. No es la religión oriental la que encuentra a la ciencia occidental; es la ciencia oriental la que se encuentra con la religión occidental. Es un asunto desagradable.

Debes de haberlo oído.

Una actriz francesa le dijo a George Bernard Shaw que deseaba casarse con él.

Bernard Shaw preguntó el porqué.

Ella le contestó, «La lógica es simple. Tengo un cuerpo tremendamente hermoso. Mira mi cara, mis ojos, mi figura; son perfectos. Y tú posees un bello intelecto, la mayor inteligencia nunca habida. Nuestros niños serían hermosos: tú cerebro y mi cuerpo».

George Bernard Shaw dijo, «Me asusta el pensar que las cosas fueran mal. Nuestros niños pudieran tener mi cuerpo y tu cerebro».

¡Esto es lo que está sucediendo!

El declinó la oferta de matrimonio. Le dijo, «Es peligroso. No es seguro que ocurra así».

Desde luego que George Bernard Shaw tenía un cuerpo muy contrahecho, y las actrices nunca han sido conocidas por su intelecto. La inteligencia es un fenómeno extraño en las actrices; si no, ¿cómo podrían ser actrices?

EST, Arica y MT son subproductos del matrimonio entre Bernard Shaw y la actriz. Las cosas han salido mal. No es una síntesis, es un montaje, una mezcolanza. Y es muy peligrosa.

Se necesita una gran síntesis. Esa síntesis no llegará a través de movimientos; llegará solamente a través de unos pocos que alcancen esa síntesis en sus almas. No se trata de leer el Bhagavad Gita y de leer la Biblia y de descubrir las similitudes y sintetizarlas; eso sería una unidad mecánica. Pero mucha gente ha hecho eso.

El Dr. Bhagwandas ha escrito un libro muy versado: «La Unidad Esencial de Todas las Religiones». La cosa en su conjunto es una tontería. Leer el Corán, leer los Vedas, leer la Biblia, leer el Dhammapada, descubrir las similitudes... ; es muy fácil descubrir las similitudes, pero de hecho, el Corán es hermoso solamente debido a esas cosas que no se encuentran en el Gita. La belleza radica en su singularidad. Cuando encuentras algo... tal y como el *Mahatma* Gandhi hizo; leyó el Corán y encontró pasajes similares a los del Gita. Estaba buscando el Gita en el Corán. Fue injusto con el Corán, tampoco fue cortés con él porque estaba imponiendo un elemento extraño al Corán. Y todo aquello que no fuera similar al Gita, que no sintonizara con el Gita, lo pasaba por alto. Se olvidaba de que eso existía en el Corán. Y eso que descartaba era la singularidad del Corán.

Lo mismo puede hacer un cristiano. Puede buscar en el Gita y encontrar algo que satisfaga su mente cristiana. Entonces está buscando la Biblia en el Gita, pero el Gita es hermoso solamente en aquello en que no es similar a la Biblia. Ahí radica su singularidad. La belleza está en lo singular; las semejanzas se convierten en clichés, las semejanzas llegan a perder todo sentido, las similitudes son monótonas. Los Himalayas son bellos porque poseen algo único que no se encuentra en los Alpes. Y el Ganges es hermoso porque posee algo que no se encuentra en el Amazonas. Desde luego que ambos son ríos y que tienen mil y una similitudes, pero si sigues buscando similitudes vivirás en un mundo muy aburrido. No estoy en favor de eso.

No te diré que indagues en las escrituras orientales y en las escrituras occidentales y extraigas alguna clase de mezcolanza; no. Me gustaría que te sumergieras en tu ser más profundo. Si trasciendes el objeto, has trascendido Occidente; si vas más allá del sujeto, has trascendido Oriente. Entonces lo trascendental surge y ahí se encuentra la síntesis. Y cuando esto ha sucedido en tu interior, también eres capaz de difundirlo en el exterior. La síntesis ha de tener lugar en el interior de los seres humanos, no en los libros, no en las disertaciones, no en las tesis doctorales. Una unidad orgánica solamente es posible de una forma orgánica.

Esto es lo que yo estoy haciendo aquí. Estoy martilleándote para que trasciendas lo objetivo y lo subjetivo. No te estoy diciendo que reúnas en tu interior lo objetivo y lo subjetivo, porque ese encuentro no sería capaz de dar a luz a lo superior. Has de ir más allá. La Humanidad del futuro ha de ir más allá de Oriente y de Occidente; cada uno es una mitad, los dos son incompletos. No estoy a favor ni de Oriente ni de Occidente; estoy a favor de un mundo total, de un mundo completo.

Pero es natural en cierto modo... Arica, EST, MT; es natural en cierta forma. Porque la Humanidad corriente, la mente ordinaria trata siempre de encontrar atajos, métodos menos costosos. La gente no está interesada en la Verdad última;

están interesados como máximo en una vida confortable y cómoda. No están interesados en estar vivos y en ser aventureros; en realidad temen las aventuras. Quieren disponer las cosas de tal manera que todo sea confortable y que uno pueda vivir cómodamente y que uno pueda morir confortablemente. La comodidad parece ser la meta, no la Verdad. Y todo el mundo tiene sus propios prejuicios. El cristiano, el hindú, el musulmán, todos tienen sus prejuicios. Están muy arraigados. Puedes hablar del amor, pero siempre es superficial.

Deja que te cuente una anécdota.

El desesperado joven estaba encaramado en la cornisa del cuadragésimo piso de un hotel de la ciudad, amenazando con saltar. La policía solamente había podido acercarse hasta el tejado de un edificio adyacente unos metros más abajo. Sin embargo, todas las súplicas que se le hacían para que se pusiera a salvo no surtían efecto.

Se solicitó la presencia de un sacerdote de la parroquia más cercana y él se apresuró a intervenir.

«Piensa, hijo mío», se dirigió al presunto suicida en un tomo muy amoroso, «Piensa hijo mío, piensa en tu padre y en tu madre que te quieren».

«Oh, no me quieren», replicó el hombre. «Voy a saltar».

«No, hijo mío, ¡detente!», gritó el cura con gran amor en su voz. «Piensa en la mujer que te ama».

«Nadie me quiere. Voy a saltar», fue la respuesta.

«Pero, piensa, piensa hijo mío», imploró el cura, «Piensa en Jesús y en María y en José que te aman».

«¿Jesús, María y José?», preguntó el hombre. «¿Quiénes son esos?»

Y en este instante el clérigo le contestó gritando «¡Salta, judío bastardo, salta!»

Todo amor desparece de inmediato. El hablar de amor es simplemente superficial; hablar de tolerancia es, en lo profundo, intolerante.

La gente dice, «Sed tolerantes los unos con los otros». ¿Qué quieres decir cuando dices «Sed tolerantes los unos con los otros»? Esto es ya intolerancia. La misma palabra «tolerancia» es repugnante. Cuando toleras a alguien, ¿le amas? Cuando los hindúes toleran a los musulmanes, ¿les aman? Cuando los musulmanes toleran a los hindúes, ¿les aman? ¿Puede convertirse la tolerancia alguna vez en amor? La tolerancia puede que sea política, pero no es religiosa.

El que desea conocer la Verdad, la Verdad que está más allá de todas las polaridades: hombre-mujer, oriente-occidente, bueno-malo, cielo-infierno, verano-invierno,... uno que está interesado en saber, en indagar en busca de la Verdad que trasciende todas las dualidades, ha de abandonar todos sus prejuicios. Si carga con su prejuicio, ese prejuicio coloreará su mente. Para conocer la Verdad no necesitas ser un hindú, no necesitas ser un musulmán, no necesitas ser un cristiano, no necesitas ser un judío. Para conocer la Verdad has de desembarazarte de toda esa basura; has de ser simplemente tú mismo. No necesitas ser indio, no necesitas ser americano, no necesitas ser inglés, no necesitas ser japonés, chino. Para conocer la Verdad has de ser inmenso, vasto, has de ser vital, has de estar vivo, amoroso, inquisidor, meditativo,... pero sin prejuicios, sin libros sagrados, sin conceptos, sin filosofías. Cuando te has desnudado por completo de todo eso que te ha sido enseñado, cuando se han abandonado todos los condicionamientos, entonces, de repente, allí aparece la Verdad superior; y esa Verdad superior es una síntesis en sí misma; tú no necesitas sintetizar. Es una unidad orgánica. Y desde esa actitud puedes reírte de toda la estupidez creada en nombre de la religión, en nombre de la tolerancia, en nombre del amor, en nombre de las iglesias y templos y mezquitas.

La revolución ha de tener lugar dentro de ti; no ha de ser introducida en el mundo. Porque solamente tú estás vivo; la sociedad está muerta, la sociedad es solamente un nombre. Solamente tú posees algo del alma. La síntesis ha de ocurrir ahí. La síntesis no ha de tener lugar en Puna, o en Nueva York, o en Timbuktu, o en Constantinopla; la síntesis ha de darse en tu interior, en mi interior. Y cada individuo se ha de convertir en un gran experimento con miras a esa síntesis. Pero recuerda que cuando surja la síntesis, no serás capaz de decir si es una síntesis entre Oriente y Occidente, entre lo musulmán y lo cristiano, entre lo hindú y lo jaino. No. Inmediatamente serás capaz de ver que es un «trascender». La síntesis, la verdadera síntesis, la síntesis orgánica es un «trascender»; tu actitud ha cambiado, estás en la cumbre más alta. Desde allí observas.

Cualquier cosa que observemos, cualquier cosa que veamos, no es muy importante. Lo verdaderamente importante es el lugar en el que estás. Si te apegas a Oriente, veas lo que veas en Occidente será una interpretación errónea.

Hace solamente unos días estaba leyendo un periódico. Alguien había escrito un artículo en mi contra. El artículo preguntaba que cómo podían los americanos comprender la religión. Son incapaces; por lo tanto, todo mi esfuerzo es en balde. Esta es la mente hindú chauvinista. El hindú cree que nadie es capaz de comprender la religión excepto el hindú. Y eso no solamente ocurre con el hindú; ocurre con todos. Todo el mundo en lo más profundo carga con esa estupidez de que «Nosotros somos los escogidos». Esta idea es muy destructiva. No es cuestión de ser americano o indio; la Verdad no tiene nada que ver con esas etiquetas. La Verdad es accesible para cualquiera que esté dispuesto a desembarazarse de esas etiquetas. Solamente se comprende la Verdad cuando no eres ni americano, ni indio, ni hindú, ni cristiano. La Verdad es comprendida por una consciencia que ha dejado de estar obnubilada por todo condicionamiento, que ha dejado de estar obnubilada por el pasado. De lo contrario continuamos viendo en las cosas solamente aquello que somos capaces de comprender.

Estaba leyendo una hermosa anécdota...

La familia se las arregló para traer al abuelo patriarca desde Hungría y éste llegó para ver a su hija y a su familia.

El anciano estaba fascinado con Nueva York y todo lo que ofrecía.

Un día su nieto, Yunkel, lo llevó al zoo en Central Park. La mayoría de los animales le resultaron conocidos al viejo hombre. Sin embargo, cuando se acercaron a la jaula en la que estaba encerrada la hiena reidora, el anciano sintió curiosidad.

«Yunkel, nunca en mi país oí de un animal que riera".

Yunkel, viendo al cuidador en las proximidades, le preguntó, «Mi abuelo ha llegado recientemente de Europa. Dice que no tienen allí hienas reidoras. ¿Podría decirme algo sobre ellas para que yo pueda contárselo?"

El cuidador le dijo, «Bien; come una vez al día».

Yunkel se volvió hacia su abuelo y le dijo en *yidishi*, «Come una vez al día».

El cuidador prosiguió, «Se baña una vez a la semana».

«Se baña una vez a la semana». El anciano escuchó con atención.

El cuidador añadió, «Se aparea una vez al año».

«Se aparea una vez al año».

El anciano movió su cabeza pensativamente. «De acuerdo. Come una vez al día, se baña una vez a la semana, pero si se aparea solamente una vez al año, ¿de qué se ríe?»

Este anciano no es tan viejo. Su mente todavía está apegada, en cierta forma, a sus días de juventud. Su mente es aún sexual. No puede entender porqué la hiena se ríe si solamente se aparea una vez al año.

Hay gente que es incapaz de comprender que la felicidad es posible por medios distintos del sexo. Hay gente que no puede entender que existe el gozo más allá del sexo. Hay gente que no puede entender que exista la felicidad excepto en la comida. Hay gente que no puede comprender que exista la felicidad excepto en las mansiones, los grandes automóviles, el acumular dinero, poder y prestigio. Es imposible que comprendas más allá del punto en el que estás; la gente permanece confinada en sus propios puntos de vista. Esta es la auténtica prisión. Si quieres una síntesis deberás abandonar todas las cárceles, tendrás que salir de tus celdas. Son celdas muy sutiles y las has estado decorando durante mucho tiempo; puede incluso que las hayas estado comenzando a apreciar. Puede que hayas olvidado que son prisiones; puedes haber empezado a pensar que son tu hogar. Un hindú cree que el hinduismo es su hogar, nunca cree que sea una barrera. Todos los «ismos» son barreras. El cristiano cree que el cristianismo es el puente; nunca cree que el cristianismo es lo que le está impidiendo llegar a Cristo. La iglesia no es la puerta; es la barrera, es el muro, la Muralla China.

Pero si has estado viviendo demasiado tiempo, durante siglos, con ese muro, si la mente se ha acostumbrado a él, crees que es una salvaguarda, una protección, un refugio. Y entonces observas a los demás; desde tu celda en la prisión observas el exterior. El que tú estés en la celda corrompe tu visión.

Sal afuera bajo el cielo y las estrellas y la síntesis se ocupará de ella misma. No tienes necesidad de sintetizar Oriente y Occidente; simplemente has de ir más allá de esos puntos de vista. Ve a lo trascendental y allí está la síntesis.

La segunda pregunta,

Te he oído decir que el hombre es un proceso dirigido hacia una meta y que su destino son las estrellas. ¿Podrías por favor abrir esa flor para que yo pueda olerla intensamente?

La flor está abierta. Sospecho que es tu nariz la que está cerrada.

Tu olfato ha de ser abierto y has de exigir la capacidad de oler. Puede que hayas perdido la sensibilidad necesaria para oler. Has vivido tanto tiempo entre mentiras que cuando te encuentras con la Verdad no eres capaz de reconocerla. Incluso la Verdad se te ha de presentar, si es que la Verdad quiere ser reconocida, bajo la apariencia de una mentira. No eres capaz de ver directamente. Has aprendido a mirar de soslayo; nunca miras directamente, tu mirada nunca es inmediata. Siempre estás vacilando de aquí para allá y siempre te pierdes lo real. Yo estoy aquí. Esta es la flor de la que estoy hablando. Soy tu futuro. Eso que sucederá ya me ha sucedido a mí. Si eres incapaz de oler, no maldigas la flor; culpa a tu olfato.

Pero es difícil para el ego; el ego siempre está dispuesto a negar, nunca está dispuesto a transformarse a sí mismo. El ego puede decir que no existe Dios; no es capaz de decir «Puede que exista, porque tengo tantos bloqueos que soy incapaz de percibir a Dios». El ego puede negar que exista una flor, pero no puede reconocer el hecho de que ha perdido la capacidad de oler.

De ahí que haya tanta gente que niega a Dios. Es fácil negar a Dios. Es cómodo de hecho; debido a que no existe Dios no tienes que preocuparte de tu olfato, no necesitas trabajar sobre tu ser. Si Dios no existe, entonces no hay trabajo, entonces no hay crecimiento, entonces no hay búsqueda. Puedes ser perezoso, puedes sumirte en la letargia. Si no existe Dios, entonces no existe culpa.

Estoy en contra de la culpa, la culpa que ha sido creada por los sacerdotes, pero hay una clase distinta de culpa que no ha sido creada por los sacerdotes. Y esa culpa es muy significativa. Esa culpa surge si sientes que hay algo más en la vida y que no te estás esforzando lo suficiente por obtenerlo. Entonces te sientes culpable. Entonces sientes que, en alguna forma, estás creando obstáculos para tu propio crecimiento: que eres perezoso, letárgico, inconsciente, que estás dormido, que no tienes integración alguna, que no puedes avanzar hacia tu destino. Entonces nace la culpa. Cuando sientes que tienes la posibilidad y que no la estás actualizando, entonces surge la culpabilidad. Esa culpabilidad es totalmente distinta.

No estoy hablando de la culpa que los sacerdotes han creado en la Humanidad: no comas esto pues sino, te sentirás culpable; no hagas eso otro pues sino, te sentirás culpable,... han condenado millones de cosas, de modo que si comes, si bebes, si haces esto o eso otro, estarás rodeado por sentimientos de culpa. No estoy hablando de esa culpabilidad; esa culpabilidad ha de ser descartada. De hecho esa culpa te hace seguir estando en el lugar en que estás. Esos sentimientos de culpabilidad no te permiten descubrir la verdadera culpa en tu interior. Han creado una incontable confusión sobre toda clase de pequeñeces; comes por la noche y los jainos arman un tremendo alboroto: eres un pecador, eres culpable. ¿Por qué has comido por la noche? O te has divorciado de tu esposa o de tu marido y los católicos crean un sentimiento de culpa en ti: has hecho algo malo. No era malo vivir con la mujer y pelear continuamente, no era malo destruir a la mujer y destruirte a ti mismo, no era malo destruir a los niños - entre los dos, los estabais aplastando, toda su vida estaba siendo condicionada de forma errónea. - No, eso no estaba mal. Pero si te sales del matrimonio, si sales de ese infierno, te sientes culpable.

Esos sentimientos de culpabilidad no te permitirán ver la verdadera culpa espiritual que no tiene nada que ver con políticas, con ningún sacerdocio, con ninguna religión o iglesia. Ese sentimiento de culpa es muy natural. Cuando ves que podrías hacer algo y no lo estás haciendo, cuando ves el potencial que tienes, pero no actualizas ese potencial, cuando ves que contienes tremendos tesoros en forma de semilla y que no pueden florecer, y tú no estás haciendo nada por ello y simplemente continúas sufriendo, entonces sientes una gran responsabilidad hacia ti mismo. Y si no estás asumiendo esa responsabilidad, te sientes culpable. Esa culpa es tremendamente importante.

Estoy aquí; la flor está aquí. En zen se dice que la flor no habla, pero me gustaría contradecir eso. Me gustaría decirte que la flor también habla, pero que se requiere de una cosa: necesitas la capacidad de oír, necesitas la capacidad de oler. La flor posee su propio lenguaje. Puede que no hable en la lengua que tú comprendes, pero tu lengua es una lengua muy determinada. La flor habla el lenguaje universal.

Estoy aquí. Mira en mi interior, siénteme, trata de embeberte de mi espíritu, deja que mi llama se acerque a la tuya. En cualquier momento puede darse el salto. Mi llama puede saltar y encender tu vela apagada. Simplemente acércate más, acércate más,... y cuando digo que te acerques más quiero decir que te sumerjas más y más en el amor. El amor es la única proximidad que existe, el amor es la única intimidad que existe. No se trata de proximidad física. Es una cuestión de intimidad interior. Ábrete a mí del mismo modo que yo estoy abierto a ti, sé asequible a mí del mismo modo que yo estoy accesible para ti. No te asustes, no tienes nada que perder,... excepto tus cadenas.

La tercera pregunta,

En alguna parte existe ese miedo que me hace estar cerrado y endurecido y triste y desesperado y enfadado y desesperanzado. Parece tan sutil que nunca puedo estar en contacto con él. ¿Cómo puedo verlo con mayor claridad?

El único problema con la tristeza, con la desesperanza, con la ira, con la desesperación, con la ansiedad, con la angustia, con el sufrimiento, es que tú quieres desembarazarte de ellos. Esa es la única barrera.

Tendrás que vivir con ellos. No puedes simplemente escapar. Son la situación misma en la que la vida ha de integrarse y desarrollarse. Son los retos de la vida. Acéptalos. Son bendiciones disfrazadas. Si quieres escapar de ellos, si quieres liberarte en alguna forma de ellos, entonces surge el problema. Debido a que quieres desembarazarte de algo, nunca lo observas directamente. Y luego eso empieza a ocultarse de ti porque tú lo condenas; entonces eso se va desplazando más y más hacia el inconsciente, se esconde en el rincón más profundo de tu ser donde nunca podrás encontrarlo. Penetra en la misma base de tu ser y ahí se oculta. Desde luego, cuando más profundo penetra, más problemas crea porque entonces empieza a funcionar desde puntos desconocidos de tu ser y tú estás totalmente indefenso.

Por eso lo primero es: nunca reprimas. Lo primero es: sea lo que sea, es. Acéptalo y déjalo que venga, déjalo que se sitúe delante de ti. En realidad, solamente decir «no reprimas» no es suficiente. Si me permites decirlo te diría, «Hazte su amigo». ¿Tienes tristeza? Hazte amigo de ella, ten compasión de ella.

La tristeza también posee un ser. Permítela, abrázala, siéntate con ella, estrecha sus manos. Sé amistoso. Quiérela. ¡La tristeza es hermosa! No hay nada malo en ella. ¿Quién te dijo que había algo de malo en estar triste? En realidad solamente la tristeza te aporta profundidad. La risa es superficial; la felicidad es superficial. La tristeza penetra hasta los mismos huesos, hasta la médula. Nada profundiza tanto como la tristeza.

De modo que no te preocupes. Permanece con ella y la tristeza te llevará a tu centro más profundo. Puedes subirte en ella y podrás así conocer nuevas cosas sobre tu ser, cosas que nunca habías conocido antes. Esas cosas solamente pueden revelarse en un estado de tristeza, nunca pueden ser reveladas en un estado de felicidad. La oscuridad también es buena y la oscuridad también es divina. No solamente el día es de Dios; la noche también es suya. A esa actitud yo la llamo religiosa.

En alguna parte existe ese miedo que me hace estar cerrado y endurecido y triste y desesperado y enfadado y desesperanzado. Parece tan sutil que nunca puedo estar en contacto con él.

Se vuelve sutil si quieres desembarazarte de él. Entonces, obviamente, se protege, se esconde en los rincones más profundos de tu ser. Se vuelve tan sutil y se disfraza de tal manera que eres incapaz de reconocerlo. Empieza a surgir bajo diferentes nombres. Si estás muy en contra de la ira, entonces la ira surgirá bajo otro nombre distinto, puede ser orgullo, puede convertirse en ego, puede incluso convertirse en orgullo religioso, puede incluso convertirse en pío. Puede ocultarse tras tus virtudes, puede que empiece a ocultarse bajo tu personalidad. Entonces se vuelve muy sutil porque ahora se ha cambiado la etiqueta. Está desempeñando el rol de otro, pero en lo profundo permanece siendo ira.

Deja las cosa como son. Esto es lo que es el coraje religioso: permitir que las cosas sean como son.

No te estoy prometiendo ninguna rosa de jardín; las espinas

están ahí, las rosas también. Pero solamente puedes alcanzar las rosas cuando has pasado por las espinas.

Un hombre que nunca ha estado triste, no podrá ser verdaderamente feliz. Es imposible para él el ser feliz. Su felicidad será solamente un simple gesto, vacío, impotente. Puedes observarlo en las caras de la gente cuando ríen; su risa es muy superficial, solamente está dibujada en sus labios. No tiene relación alguna con su corazón; está absolutamente desconectada.

Es como el lápiz de labios. Los labios lucen rojos y rosáceos, pero esa rojez no pertenece a la rojez de la sangre. Está bien que los labios sean rojos, pero esa rojez debería provenir del estar vivo, de tus células sanguíneas, de tu energía, de tu vitalidad, de tu juventud. No; pintas tus labios, parecen rojos, pero es repugnante. El lápiz de labios es repugnante. Y solamente encontrarás a mujeres feas empleándolo. ¿Qué puede hacer una mujer hermosa con un lápiz de labios? En su conjunto parece absurdo. Si tus labios son rojos, vitales, vivos, ¿para qué pintarlos? Los estás volviendo feos y falsos.

Tu felicidad es también como lápiz de labios. No eres feliz y sabes que no eres feliz, pero no puedes aceptar el hecho porque seria demasiado demoledor para tu ego. ¿Tú, y no eres feliz? ¿Cómo puedes aceptarlo? Puede que por dentro no seas feliz, pero ése es tu problema; no has de expresarlo, no has de decir la verdad. Cara al mundo has de mantener una fachada, has de mantener una personalidad. De modo que sigues riendo. Observa la risa de la gente e inmediatamente distinguirás cuál es la risa que proviene del corazón. Cuando la risa surge del corazón, de inmediato puedes sentir una vibración diferente, un desbordamiento. Ese hombre es realmente feliz. Cuando la risa solamente está en los labios, es hueca. Es un simple gesto, no hay nada detrás. Es una fachada.

El hombre que no es capaz de reír profundamente es el hombre que ha reprimido su tristeza. No puede profundizar porque ha reprimido su tristeza. Incluso aunque profundice en su risa, existe miedo de que la tristeza pueda salir, pueda burbujear hasta la superficie. Siempre ha de estar en guardia.

De modo que, por favor, sea cual sea la situación, empieza a permitirla. Si estás triste, está triste. Eso es lo que Dios significa para ti; en este momento al menos, quiere que estés triste. Sé pues auténtico ... ¡está triste! Vive esa tristeza. Y si eres capaz de vivir esa tristeza, surgirá en ti una calidad distinta de felicidad. No será una represión de la tristeza, será trascender la tristeza.

Una persona que puede ser pacientemente triste, de repente descubrirá una mañana que la felicidad está surgiendo en su corazón desde un origen desconocido. Esa fuente desconocida es Dios. Te lo has ganado si has estado honestamente triste, si has estado auténticamente desesperado, desesperanzado, si has sido infeliz, miserable; si has vivido en el infierno, te has ganado el cielo. Has pagado su precio.

Estaba leyendo un chiste.

El Sr. Goldberg volvió desde la oficina a su casa de improviso y se encontró a su esposa en la cama con el Sr. Cohen, el vecino de al lado.

Frenético y encolerizado se dirigió corriendo a la casa de al lado y le espetó a la Sra. Cohen, «Sra. Cohen, su marido está en la cama con mi mujer».

«¡Cálmese, cálmese!», le dijo la Sra. Cohen, «Mire, no se lo tome tan a pecho. Siéntese y tome una taza de té. Relájese».

El Sr. Goldberg se sentó tranquilamente y se tomó su taza de té. Fue entonces cuando se dio cuenta de un cierto destello en los ojos de la Sra. Cohen.

Tímidamente, ella sugirió, «¿Quiere vengarse un poquito?»

Y diciendo esto se metieron en la cama e hicieron el amor. Luego tomaron otra taza de té y se vengaron un poquito más; luego otra tacita y más venganza; más té ...

Finalmente la Sra. Cohen miró al Sr Goldberg y le preguntó, «¿Qué tal si nos tomamos otra venganza?»

«Para ser sincero, señora Cohen», le dijo el Sr. Cohen pausadamente, «le confieso que ya no me quedan sentimientos de venganza».

Sea cual sea la situación, si estás triste, está triste; si estás con ánimo de venganza, tómate tu venganza; si estás celoso, está celoso; si estás enfadado, está enfadado. Nunca evites el hecho. Has de vivirlo; eso es parte del progreso de la vida, del crecimiento, de la evolución. Aquellos que lo evitan, permanecen inmaduros. Si deseas seguir inmaduro, entonces sigue evitándolo, pero recuerda que estás esquivando la vida misma. Sea lo que sea que evites, ése no es el punto; al evitar, evitas la vida.

Encara la vida, confróntala. Habrá momentos difíciles, pero un día verás que esos momentos difíciles te han proporcionado fortaleza debido a que los encaraste. Tenían que estar ahí. Esos momentos difíciles son duros cuando los estás atravesando, pero después verás que te han hecho más integrado. Sin ellos nunca habrías estado centrado, con una base.

Las antiguas religiones en todo el mundo, han sido represivas. La nueva religión del futuro será expresiva. Y yo enseño esa nueva religión... deja que el expresar sea una de las reglas más fundamentales de tu vida. Incluso aunque hayas de sufrir por ello, sufre. Nunca serás un perdedor. Este sufrir te hará más y más capaz de disfrutar la vida, de regocijarte en la vida.

La quinta pregunta,

Eres el mejor whisky con cola que he bebido nunca. Cada día salgo dando tumbos de tus lecturas, mi cabeza dando vueltas. ¿Debería dejarte como a un mal hábito?

Es muy difícil abandonar los malos hábitos. Los buenos hábitos son fáciles de dejar.

¿Quién ha oído de un hombre o mujer capaz de abandonar un mal hábito? Y si la religión se convertido en tu mal hábito, o el *sanyas,* has sido bendecido, eres muy afortunado. No me gustaría convertirme nunca en un buen hábito para ti, no. ¡Porque un buen hábito puede ser abandonado muy fácilmente!

Déjame contarte una anécdota.

San Pedro, preocupado por el estado de cosas en América, envió a su discípulo más conservador y formal, Sta. Teresa, a supervisar la situación e informarle personalmente. Ella se detuvo en primer lugar en Nueva York y llamó al cabo de tres días para decir que las cosas estaban aun peor de lo que habían temido.

«Déjame regresar a casa», le imploró.

«No», le dijo San Pedro. «Acaba el trabajo. Ve a Chicago».

De nuevo ella le llamó desde Chicago con una historia aún más desmoralizadora.

«Es un antro de corrupción», le informó con tristeza. «Hay pecadores por todas partes. No puedo aguantarlo más. Déjame volver al Cielo».

«Paciencia y fortaleza», la consoló San Pedro. «Me informaron que Hollywood es el peor lugar de todos. Date una vuelta por ahí y luego podrás volver a casa».

Pasaron dos semanas. Luego pasaron cuatro semanas, luego seis semanas, sin recibir una sola palabra de Santa Teresa. San Pedro, ansioso muy a pesar suyo, estaba a punto de ceder el caso al FBI celestial, cuando el teléfono sonó por fin y la operadora dijo, «Un momento, por favor. Hollywood al habla».

Y entonces se oyó una melosa voz, «Hola Pedro, querido. Es divino. Aquí Terry».

No me gustaría que os volvierais santas Teresas. Incluso aunque vayas a Hollywood, Hollywood no va a corromperte porque ya te he corrompido totalmente, absolutamente. Soy un mal hábito. Y nadie puede convertirme en un buen hábito porque los buenos hábitos no son confiables. Al quitarse el sombrero, los buenos hábitos desaparecen. Deja que la religión sea tu mal hábito; deja que la meditación sea tu mal hábito. Sí, es perfectamente correcto, deja que sea tu whisky con cola.

La sexta pregunta,

Cuando te vi por primera vez, Osho, sentí que había hallado protección. «Osho me protegerá». Pero ahora me pregunto a mí mismo, «¿Cómo me va a proteger Osho de Osho mismo?» Por favor, coméntalo.

Ese no es tu problema. Ese es mi problema. ¿Cómo voy a protegerte de mí mismo? Ese es mi problema. No es asunto tuyo.

Una cosa sí puedo decir... dejame contarla con una anécdota.

La vida se le había acabado. Su esposa le había abandonado y llevado a los niños. El había perdido su trabajo. El banco acababa de ejecutar la hipoteca sobre su casa. Decidió que lo único que le quedaba por hacer era saltar de un puente y suicidarse. Se dirigió hacia el puente de Brooklyn, subió tan alto como le fue posible y estaba a punto de saltar cuando oyó una voz allá bajo, chillando, «No saltes. Puedo ayudarte».

El contestó, «¿Quién eres?»

A lo que la voz replicó, «Soy una bruja».

Curioso, descendió y ante él se encontró con una fea vieja anciana. Ella le miró y le dijo, «Soy una bruja y si haces lo que te digo, te concederé tres deseos».

El pensó para sus adentros, «Las cosas no pueden empeorar, así que, ¿qué tengo que perder?» De modo que le dijo, «De acuerdo. ¿Qué he de hacer?»

Ella le dijo, «Ven a casa y pasa la noche conmigo».

El fue con ella a su tugurio y ella le ordenó que le hiciera el amor. Con gran esfuerzo complació todos sus deseos y finalmente se quedó dormido completamente exhausto. Cuando se despertó, allí estaba la repugnante vieja ante él.

El le dijo, «Ahora que he satisfecho tus deseos, vieja bruja, debes cumplir tu parte del trato y concederme tres deseos».

La vieja le miró y le preguntó, «¿Cuantos años tienes?»

El replicó, «Cuarenta y dos».

La vieja suspiró, «¿Quieres decir que aún crees en brujas?»

Escuchándome desde hace tanto tiempo, ¿me dices que aún crees en Osho?

Todo mi esfuerzo radica en quitarte todos los apoyos, todas las creencias. Incluido Osho. En primer lugar pretendo ayudarte... ¡porque ése es el único lenguaje que comprendes! Luego, poco a poco, iré desapareciendo de la escena. Primero te separaré de todos tus otros deseos y te ayudaré a apasionarte con el Nirvana, con la Liberación, con la Verdad. Y cuando vea que todos los deseos han desaparecido y que solamente queda un único deseo, entonces empezaré a martillear ese deseo y te diré, «Abandónalo porque es la única barrera».

El Nirvana es la única pesadilla. No puedes retroceder, porque una vez te has desembarazado de todos esos fútiles deseos, no puedes volver a ellos. Una vez te has desecho de ellos, su encanto, su misterio desaparece. No puedes creer que has estado cargando con ellos durante tanto tiempo. Todo en su conjunto aparece como tan ridículo, que eres incapaz de volver atrás.

Y empiezo a arrebatarte tu último deseo. Una vez este último deseo desaparezca, estarás Iluminado. Entonces tú serás un Osho. Todo mi esfuerzo aquí es hacerte capaz de declararte también a ti mismo Dios, y no sólo que lo declares, sino que lo vivas.

La séptima pregunta,

Cuando pienso en tu vida en esta Tierra y en porqué has venido, parece que puede existir un cierto riesgo en tu misión, con una posibilidad de fracaso, de que tu trabajo no pueda ser realizado, de que también seas capaz de errar, de cometer un error. Parece que, si no existe la posibilidad de errar, entonces no existe en absoluto la libertad. Pero cuando te miro no hay lugar para los errores; la ausencia de ego es perfecta. Por favor, coméntalo.

Lo primero: no estoy sometido a ninguna obligación de hacer nada. Esto no es una misión. No estoy realmente haciendo mi trabajo; no es trabajo lo que estoy haciendo. Puede que para ti sí sea trabajo; para mí no es trabajo. Estoy disfrutando del juego. Es un juego. Y en un juego no importa si cometes o no errores. No importa.

Los errores adquieren mucha, mucha importancia cuando eres serio con relación a algo. Cuando haces algo como si fuera un trabajo importante, entonces los errores se vuelven muy importantes. Pero no lo estoy haciendo seriamente. Es una risa, es un baile, es un juego para mí. Estoy disfrutando con ello. Y no poseo un plan, ni un respeto hacia ello. ¿Cómo voy a cometer un error? Puedes errar si tienes un plan; entonces sabes que te has equivocado. Yo no llevo planes conmigo. No tengo huellas. Simplemente voy haciendo lo que surja en el momento. De modo que, suceda lo que suceda, está perfectamente bien porque no hay forma de juzgarlo, no existe un criterio, no hay una piedra de toque. Esa es su belleza. Y eso es lo que es la libertad. En un trabajo serio nunca puedes ser libre; en un trabajo serio la ansiedad siempre te acechará; en el trabajo serio siempre te encuentras temiendo que algo vaya mal.

Conmigo nada puede ir mal porque no hay nada que esté bien. Si hay algo que está bien, entonces algo puede ir mal. Si no hay nada que esté bien, entonces nada puede ir mal. Este es el significado del concepto oriental de *lila*: un juego. Ganas de jugar. Mientras esté aquí, estoy disfrutando de estas ganas de jugar. Estoy disfrutando terriblemente, disfrutándolo terrorífica-mente.

Me preguntas, «*Cuando pienso en tu vida en esta Tierra...*» estás pensando en términos equivocados. Estás pensando de la forma en que esas religiones han condicionado a tu mente para pensar. Pensáis como lo hacen los cristianos, los hindúes, los musulmanes, los jainos. No habéis aprendido aún mi lenguaje.

Los cristianos piensan que Cristo vino para liberar al

mundo del pecado. ¡Todo tonterías! Puedes ver que el mundo aún no ha sido liberado. De hecho, si el mundo hubiera sido completamente liberado no habría quedado trabajo para Cristo. Hubiera quebrado. Hubiera ido a la bancarrota. Hubiera tenido que cerrar la tienda. Los jainos creen que los *Tirtankaras* vinieron para ayudar a la Humanidad. Puedo comprenderlo: necesitas ayuda, de modo que la proyectas.

Pero un *Tirtankara* no te servirá de ayuda. El está, sencillamente, disfrutando de él mismo. Y si tú quieres disfrutar, puedes participar. El, simplemente, abre una puerta del desarrollo espiritual, del gozo espiritual. Y no le preocupa si vas o no vas, no le preocupa si llegan unos millones o unos pocos. Si no acude nadie es tan correcto como si acuden millones. No busca clientes. El es feliz. Las cosas están perfectamente bien para él. Si unos pocos acuden y bailan con él, bien. Si nadie va, él baila solo. Su danza sigue siendo perfecta. No es un trabajo.

Los hindúes creen que los *avataras* vienen cuando el mundo está sumido en el sufrimiento, cuando el mundo está sumido en la ignorancia. Cuando la religión desaparece del mundo, entonces llegan los *avataras*. ¡Pura estupidez! Los *avataras* han venido muchas, muchas veces, pero el sufrimiento no ha desaparecido, la ignorancia no ha desaparecido.

La religión nunca se convierte en un hecho perfectamente establecido; en realidad, en el momento en que se establece, deja de ser religión; se convierte en iglesia. La religión establecida deja de ser religión; la religión solamente sigue siéndolo cuando no está establecida. La religión es una rebelión. No puedes establecer nada mediante ella; es intrínsecamente rebelde. Y el juego continúa.

Pero puedo entender cómo la gente ha proyectado su necesidad de ayuda en todo el mundo. Esa es su esperanza. Están sumidos en el sufrimiento, eso es cierto, y anhelan que alguien les ayude. ¿Por qué quieres que alguien te ayude? Porque tú no quieres asumir la responsabilidad. Primero dices que los demás te han hecho un desgraciado; ahora dices que alguien ha de sacarte del sufrimiento. ¿Qué es lo que estás haciendo? Tú no creas tu propio sufrimiento, tú no puedes salir de él... ¿existes pues o no existes?

La responsabilidad es existencial, la responsabilidad te otorga tu ser. Si continúas descargando la responsabilidad en algún otro - es el Diablo el que crea el sufrimiento y es Dios quien se convierte en Cristo, quien se convierte en Mahoma, quien se convierte en Mahavira, y te saca de tu aflicción - ¿qué estás haciendo? Parece que eres como el fútbol: de un lado el Diablo, del otro lado Dios y tú estás siendo pateado de aquí para allá. ¡Ya basta! Di simplemente, «¡Basta! No voy a dejar que me pateen más».

¿Eres como el fútbol? Reclama la responsabilidad.

No estoy aquí para ayudarte. Puede que tú estés aquí para que te ayuden, pero yo no. Solamente disfruto con lo mío. Estoy haciendo mis cosas. Y serás más beneficiado si abandonas la idea de ayuda y de trabajo y de Cristo y de los *avataras*. Serás más beneficiado si abandonas todas las ideas de ayuda. Simplemente permanece conmigo. No metas los negocios en esto. Déjalo que sea puro juego.

«Parece que puede existir un cierto riesgo en tu misión...» No hay nada, no hay riesgo, porque no es una misión. No estoy asumiendo ningún riesgo porque no hay nada que arriesgar, no hay nada que perder. Todo lo que es, siempre es. Y todo lo que no es, nunca es. Así que ¿dónde está el riesgo?

Si alguien llega y me mata, solamente mata mi cuerpo, que está ya muerto, siempre ha estado muerto; forma parte de la tierra. Así que, polvo convertido en polvo. No puede matarme. Yo ya era antes de nacer; seguiré siendo después de morir. ¿Qué es pues lo que ha hecho? Nada muy importante, nada serio. Puede que piense que ha hecho algo muy importante, que me ha matado, que ha crucificado a Jesús o que ha matado a Sócrates. Esa es su idea. Pero en mí, lo que es materia volverá a la materia y lo que es consciencia volverá a la consciencia, de forma que nadie puede matarme. Puedes dispararme, pero no puedes acabar conmigo. Puedes cortarme la cabeza, pero tu espada no me tocará. La espada es material y no puede tocar lo espiritual.

No existe un riesgo y por tanto no hay posibilidad de fracaso, porque tampoco hay posibilidad de éxito. Al no poder triunfar, ¿cómo puedo fracasar? De hecho, la terminología misma de éxito, fracaso, beneficio, pérdida, es absurda, irrelevante.

Me preguntas, «... *que tu trabajo no pueda ser realizado, de que también seas capaz de errar, de cometer un error. Parece que, si no existe la posibilidad de errar, entonces no existe en absoluto la libertad*».

La libertad es tan absoluta que no existe ni lo bueno, ni lo malo. La libertad es tan absoluta que hagas lo que hagas está bien. No es que tengas que hacer algo y a veces esté bien y a veces esté mal... Trata de comprender mi punto de vista, desde dónde yo estoy, desde mi centro. Todo lo que hagas está perfectamente bien; no ha de satisfacer criterio alguno de lo que está bien; simplemente no existe el criterio de lo que está bien. Por eso puedo estar con los hasidas, puedo estar con los sufíes, puedo estar con los tántricos, puedo estar con los yoguis. Esto es muy difícil para la mal llamada gente religiosa. Si están con Mahavira, ¿cómo van a estar con Mahoma? Imposible. Si uno tiene razón, el otro está equivocado. Si están con Krishna, ¿cómo van a estar con Cristo? Si uno está en lo cierto, el otro está equivocado. Sus matemáticas son claras: solamente uno está en lo cierto. Para mí no existe criterio. No puedes juzgar quién está en lo cierto y quien está equivocado. Mahavira tiene razón porque disfrutaba con lo que hacía; Buda tiene razón porque también disfrutaba con lo que hacía; Mahoma tiene razón porque disfrutaba con lo suyo, tremendamente. El gozo es lo correcto. De modo que todo lo que hago lo disfruto tremendamente. Y ser dichoso es estar en lo cierto.

Incluso, aunque según tú, cometo errores... Puede que a veces sientas que cometo errores. Eso será de acuerdo contigo porque sostienes un determinado criterio.

Estuve una vez en casa de una familia jaina. Un anciano, de noventa años, vino a verme y tocó mis pies y me dijo, «Eres casi el vigésimo quinto *Tirtankara*».

Le dije, «Espera, no te precipites. Simplemente obsérvame».

El dijo, «¿Qué quieres decir?»

Le dije, «Simplemente obsérvame. Si no lo haces, puede que tengas que retirar tus palabras».

El se incomodó un poco. Era el atardecer, el sol estaba ocultándose, la noche estaba cayendo y una mujer, la esposa de mi anfitrión, entró y dijo, «Su cena está servida».

Le dije, «Espera».

El anciano me dijo, «¿Qué? El sol ya se ha ocultado tras el horizonte. ¿Vas a cenar?»

Le dije, «Sí, le estoy diciendo a esta mujer que espere un poco. Me he de bañar y luego cenaré».

El se levantó. Dijo, «Lo siento. Tengo que retirar mis palabras. Tenías razón. ¿Cómo puedes cenar? ¿No sabes ni eso? ¿Qué clase de Iluminado eres?»

El tiene un determinado criterio: un Iluminado no puede comer por la noche. Este es el criterio jaino.

Si acudes a cualquier persona verás que posee un criterio y que mira a través de esa ventana para ver si encaja o no encaja. Pero yo no estoy aquí para cumplir con tus expectativas. Siempre estoy en lo cierto porque no cargo con ningún criterio. No existe. Ni siquiera puedes descubrir en mí contradicciones, porque ¡todo lo que he dicho hasta ahora es irrelevante! Me tiene sin importancia. Ahora ya es para lo estúpidos eruditos, ¡para mí se ha acabado! En el instante en que digo algo, disfruto diciéndolo; eso es todo. Más allá no es cosa mía. Cuando hago algo lo disfruto infinitamente; más allá no es cosa mía.

«Pero cuando te miro no hay lugar para los errores; la ausencia de ego es perfecta. Por favor, coméntalo». ¿Cómo puede ser perfecta la ausencia de ego? La idea misma de la perfección es el ego; la ausencia de ego no puede ser perfecta. La ausencia de ego simplemente significa que el ego no está presente. ¿Puede ser imperfecta una ausencia? La ausencia no puede ser imperfecta, de modo que ¿cómo puede ser perfecta una ausencia? La ausencia es simplemente ausencia. El ego

puede ser imperfecto, el ego puede ser perfecto, pero la ausencia de ego no puede ser ninguna de las dos. No hay nadie para ser perfecto.

Cuando el ego ve el punto de que todo el juego del ego es absurdo, el ego desaparece. No queda nada. Hay plenitud pero no hay perfección. Hay totalidad, pero no hay perfección.

Las antiguas religiones estaban todas orientadas hacia la perfección. Toda mi enseñanza está orientada hacia la plenitud. Te digo que seas pleno, no que seas perfecto. Y la diferencia es tremenda. Cuando te digo que seas pleno, estoy permitiendo que te contradigas. Sé totalmente contradictorio. Cuando te digo sé total, no te suministro una meta, un criterio, un ideal, no deseo crear ansiedad en ti. Simplemente deseo que en este momento, siempre, estés lo que estés haciendo y seas lo que seas, seas total en ello. Si estás triste, está totalmente triste; tú serás pleno. Si tienes rabia, enójate totalmente. Sumérgete en ella totalmente.

La idea de la perfección es absolutamente diferente, diametralmente opuesta; ni incluso diferente, opuesta. Los perfeccionistas dirán, «Nunca te enojes, sé siempre comprensivo. Nunca te sientas triste, sé siempre feliz». Se escoge un extremo en vez del otro. En la totalidad aceptas ambos extremos: los valles y las alturas, los arribas y los abajos. La plenitud es total. Y tú has de ver toda la estupidez del ego; si no, puede que se presente por la puerta trasera. Si te digo, «Vuélvete ahora perfectamente carente de ego», tendrás que demostrar que no existe nadie que carezca tanto de ego como tú.

Déjame contarte una anécdota.

Una familia con un hijo a punto de celebrar su «*bar-mitzvah*» (*), deseaba festejar el acontecimiento de una forma única. El dinero no era un obstáculo. El organizador sugirió muchas cosas: celebrar la fiesta en Disneylandia, alquilar la Ca-

* N. del T.- Ceremonia judía cuando un chico cumple los trece años.

sa Blanca, celebrarlo en un submarino nuclear. Todas esas ideas fueron rechazadas por la familia como se rechaza un sombrero viejo. No fue hasta que el organizador dio con la idea de celebrar el *bar-mitzvah* en un safari en Africa, que a la familia le gustó. Se repartieron las invitaciones a doscientos invitados, se compraron doscientos billetes de avión y todo el grupo partió hacia Africa.

En Africa el grupo se encontró con doscientos elefantes, cincuenta guías, siete cornetas y trescientos porteadores que les iban a transportar su comida. Cada invitado montó en su propio elefante, con el padre del chico que celebraba su *bar-mitzvah* cerrando la procesión.

Habían penetrado solamente unos kilómetros en la jungla cuando la caravana se detuvo repentinamente. Desde la retaguardia el padre gritó, «¿Qué es lo que pasa?»

Y la pregunta fue repetida doscientas veces hasta que llegó al guía al frente de la comitiva. La respuesta volvió por la misma línea, «Hemos de detenernos aquí durante un rato».

«¿Por qué?» gritó el apurado padre.

«¿Por qué?», cantaron los doscientos invitados a medida que la pregunta seguía su camino.

Y entonces llegó la respuesta.

«¡Hay otro *bar-mitzvah* delante!»

Todo el viaje del ego es como eso. Te mueves en un círculo, nunca puedes ir delante, nunca. Siempre habrá otro *bar-mitzvah* por delante. Incluso en las más remotas selvas de Africa no podrás encontrar algo que no haya sido hecho antes, no podrás ser nada que antes no haya sucedido, no podrás ser único. Por eso es que el ego nunca puede sentirse satisfecho. El ego sigue siendo imperfecto y continua exigiendo perfección.

Todo mi mensaje es ver la Verdad, ver el infierno que crea el ego en el nombre de la perfección, de la singularidad, y dejarlo desvanecerse. Entonces surge una tremenda belleza, sin ego, sin yo, solamente una profunda vacuidad. Y de esa profunda vacuidad surge la creatividad, de esa nada, surge el gozo, *satchitananda*, la Verdad. El ser, el gozo, todo surge de esa absoluta pureza. Cuando el ego no está presente, tú eres virgen. Cristo nació de una virgen; tu vacuidad es esa Madre Virginal, la Madre María.

La última pregunta, y la más importante. En realidad es una pregunta de importancia histórica.

Osho, ¿por qué siempre sales con una toalla? ¿Por qué no te deshaces de ella ahora?

En primer lugar: la toalla ha estado conmigo durante casi veinticinco años. ¡Es un año de bodas de plata!

Y estoy muy sorprendido por la pregunta, porque hace solamente una noche que decidí dejarla.

Esto me recuerda una historia.

Un hombre llegó a ser muy viejo, llegó a los cien años, y los periodistas fueron a hacerle una entrevista. Le hicieron muchas preguntas. Un periodista, dudando un poco entre hacer la pregunta o no hacerla - éste debe de haber sido el caso del que ha planteado esta pregunta; él o ella debe de haber estado dudando mucho tiempo entre plantear una pregunta tan absurda o no plantearla - preguntó, «Señor, desearía saber una cosa más, ¿qué opina sobre las mujeres?»

El viejo le dijo, «Es algo extraño. ¡Justamente esta mañana decidí dejar de pensar en las mujeres!»

¡Un anciano de un centenar de años y lo decide justamente esa mañana...! Y dijo, «Por favor, ¡no me tentéis de nuevo!»

Yo lo decidí solamente ayer noche.

Pero es bueno que lo hayas preguntado. Es una larga historia ésa de cómo la toalla empezó a estar conmigo, y antes de que yo deje de estar en su compañía es mejor que te lo cuente.

Cuando empecé a vivir en Jabalpur, había tantos mosquitos, - no te rías porque en Puna no es nada comparado con Jabalpur; no es nada - que tenía que estar persiguiéndolos con la toalla durante todo el día. Era imposible sentarse tranquilamente.

Una vez un monje budista, un erudito muy famoso, Bikkshu Jagdish Kashyap, estaba conmigo. Era mi invitado.

Cuando vio los mosquitos dijo, «Creía que Sarnath era el máximo en cuanto a mosquitos, pero parece que Jabalpur ha ganado a Sarnath».

Y dijo, «Te voy a contar una historia sobre Sarnath y Buda».

«Buda solamente fue una vez a Sarnath. Su primer sermón lo dio en Sarnath, pero nunca regresó de nuevo. Por eso, durante siglos, los budistas han dicho que si él nunca regresó fue debido a los mosquitos».

Le dije a Bikkshu Jagdish Kashyap que una vez dejara Jabalpur nunca volvería otra vez. Y no he vuelto desde que me fui. Puedo comprender la dificultad de Buda. ¿Cómo pudo habérselas arreglado sin una toalla? En toda su vida, visitó muchas ciudades en numerosas ocasiones: Shravasti al menos treinta veces, Rajgir unas cuarenta veces,... y nunca volvió a Sarnath. Debe de haber algún secreto en eso.

En realidad los mosquitos son viejos enemigos de los meditadores. Siempre que meditas, tanto si el Diablo acude a tentarte como si no, los mosquitos siempre llegan.

Estuve durante dieciocho años en Jabalpur. Mi toalla se convirtió en mi constante compañera. Cuando dejé Jabalpur y fui a Bombay pensé en dejar mi toalla, pero la gente empezó a especular con teorías esotéricas sobre ello. Seguí usándola tan solo para salvar a los teóricos.

Ahora es una superstición. La palabra «superstición» proviene de una raíz que significa: algo que ha sido útil antes, pero ahora que las circunstancias han cambiado, ha dejado de ser útil. Pero continúa. Esta toalla es una superstición y yo he continuado llevándola solamente por complaceros, porque están los teóricos, los esotéricos, que siempre han de basar sus teorías en algo.

Una mujer, una de mis bellas *sanyasins* de las Filipinas, me dijo que había descubierto la verdad sobre mi toalla. Le pregunté que cuál era. Me dijo, «Tú no eres nadie, vives en la nada, tienes que agarrate a algo pues sino desaparecerías». Le dije, «¡Correcto, absolutamente correcto!»

Solamente poseía tres cosas: mi *lunghi*, mi vestido y mi toalla. Mi *lunghi* ya no está, puedes verlo. Parijat me ayudó a renunciar a él. Parijat es mi costurera oficial, nombrada por Su Santidad, Osho Sri Sri Rajneesh Marajah. Ella me hizo unos vestidos tan hermosos que el *lunghi* se convirtió en algo absurdo. Empezó a parecer un carromato al lado de un Cadillac. Por pura necesidad tuve que dejarlo.

Ahora se va mi toalla. Lo único que me queda es mi vestido. ¡Por favor, no preguntes nunca nada sobre él!

Déjame contarte una anécdota.

Una joven pareja judía se iban a casar según la tradicional ceremonia judía en compañía de, al menos, doscientos familiares y amigos. La habitación estaba en completo silencio y el rabino empezó la parte del ritual que decía: «Os doy todos mis bienes terrenales».

El padrino se volvió hacia la madrina y le dijo, «¡Ahí va la bicicleta de Erwin!»

Y aquí va la toalla de Osho. Es todo lo que tengo. Por eso he de recordarte otra vez: nunca preguntes nada acerca de mi vestido.

Lanzaré la toalla. Aquél sobre el que aterrice se convertirá en su orgulloso propietario, pero nadie debe levantar las manos o tratar de cogerla. Hmmm... Manteneos en meditación, absolutamente pasivos. ¡Esta también es la forma en que Dios desciende! Si tratáis de cogerla no podréis ser su dueño.

Y si surge algún problema o alguna disputa, si dos o tres personas reclaman la toalla, siempre podéis acudir a Mulla Nasrudin. Será algo difícil localizarle porque es un hombre muy sutil e invisible. Pero es el mejor. Si no podéis localizarlo, podéis ir a la siguiente persona más indicada, Swami Yoga

Chinmaya. El decidirá sobre la disputa, sobre quién es el propietario. Y si no puede aclararse entonces podéis partirla.

Recordad que no podéis cogerla. Si tratáis de cogerla, perderéis la oportunidad. Dejad que aterrice sobre alguien.

¡Aquí va la toalla de Osho...!

ACERCA DEL AUTOR

Osho es un místico contemporáneo cuya vida y enseñanzas han influido a millones de personas de todas las edades y condiciones.

Ha sido descrito por el *Sunday Times,* de Londres, como uno de los «mil artífices del siglo xx», y por el *Sunday Mid-Day* (India), como una de las diez personas —junto con Gandhi, Nehru y Buda— que han cambiado el destino de India.

Acerca de su propio trabajo Osho ha dicho que está ayudando a crear las condiciones para el nacimiento de un nuevo tipo de ser humano.

Él ha caracterizado a menudo a este ser humano como «Zorba el Buda»: capaz de disfrutar de los placeres de Zorba el Griego y de la silenciosa serenidad de Gautama el Buda. Como un hilo conductor a través de todos los aspectos del trabajo de Osho se encuentra una visión que conjuga la sabiduría intemporal de Oriente y el potencial más elevado de la ciencia y la tecnología occidentales.

También es conocido por su revolucionaria contribución a la ciencia de la transformación interna, con una perspectiva de la meditación que reconoce el ritmo acelerado de la vida contemporánea. Sus singulares Meditaciones Activas **OSHO°** están diseñadas para liberar primero el estrés acumulado del cuerpo y la mente, y así facilitar la experiencia de la meditación, un estado relajado y libre de pensamientos.

RESORT DE MEDITACIÓN OSHO INTERNACIONAL

El RESORT DE MEDITACIÓN OSHO INTERNACIONAL es un gran lugar de vacaciones en donde la gente puede tener una experiencia directa de una forma de vivir con más conciencia, relajación y diversión. Está situado a unos 160 kilómetros al sureste de Bombay, en Puna (India). Originalmente construida como el lugar de veraneo de los marajás y la adinerada colonia británica, Puna es hoy una ciudad moderna y vibrante asiento de numerosas universidades e industrias de alta tecnología.

Las instalaciones del Resort de Meditación se extienden sobre 32 acres en un barrio lleno de árboles conocido como Koregaon Park. En torno a unas 15.000 personas procedentes de más de cien países diferentes lo visitan cada año y encuentran acomodo adecuado entre una gran variedad de hoteles y apartamentos privados, dependiendo de la duración de su visita.

Los programas del Resort están todos basados en la visión de Osho de un nuevo tipo cualitativo de ser humano que es capaz de participar alegremente en la vida de cada día y relajarse en el silencio y la meditación. La mayoría de los programas se desarrollan en lugares modernos y con aire acondicionado e incluyen una gran variedad de sesiones individuales, cursos y talleres. Muchos de los miembros del equipo son líderes mundiales en sus respectivos campos. La oferta del programa cubre todo, desde las artes creativas hasta los tratamientos holísticos, el crecimiento personal y la terapia, las ciencias esotéricas, la visión zen de los deportes y el entretenimiento, problemas de relación y crisis de transición para hombres y mujeres de todas las edades.

Ambos, las sesiones individuales y los grupos, se ofrecen durante todo el año, acompañados de un programa diario de meditaciones activas, además de mucho espacio para la relajación en el esplendor de los jardines tropicales, o en la piscina y las instalaciones del Resort de Meditación. Cafés al aire libre y restaurantes dentro del Resort ofrecen la cocina tradicional india y una variedad de platos confeccionados con vegetales orgánicos cultivados en la propia granja del Resort. Ésta tiene su propio suministro de agua convenientemente tratada.

OTRAS OBRAS DE **OSHO** EN CASTELLANO

Gulaab (Madrid)

Tantra: la suprema compresión

La alquimia suprema (vols. 1 y 2)

El bote vacio

El verdadero sabio

Sobre los derechos humanos

Meditación: el arte del éxtasis

Yoga, la ciencia del alma (vols. 1 al 4)

Arkano Books (Madrid)

Tantra, espiritualidad y sexo

… y llovieron flores

Los misterios de la vida

El libro de los chakras

El libro del Hara